普通高等学校"互联网+"立体化教材

U0636998

现代大学体育俱乐部教程

《现代大学体育俱乐部教程》编委会　编

北京体育大学出版社

策划编辑：王　健
责任编辑：魏国旺
责任校对：谢占伟
版式设计：高荣华

图书在版编目（CIP）数据

现代大学体育俱乐部教程 /《现代大学体育俱乐部
教程》编委会编 . -- 北京：北京体育大学出版社，
2017.8（2021.8 重印）
　ISBN 978-7-5644-2709-2

　Ⅰ.①现… Ⅱ.①现… Ⅲ.①体育组织—俱乐部—高
等学校—教材 Ⅳ.① G807.4

中国版本图书馆 CIP 数据核字（2017）第 202605 号

现代大学体育俱乐部教程　　　　　**《现代大学体育俱乐部教程》编委会　编**

出版发行：北京体育大学出版社
地　　址：北京市海淀区农大南路 1 号院 2 号楼 2 层办公 B-212
邮　　编：100084
网　　址：http://cbs.bsu.edu.cn
发 行 部：010-62989320
邮 购 部：北京体育大学出版社读者服务部 010-62989432
印　　刷：北京荣泰印刷有限公司
开　　本：787mm×1092mm　1/16
成品尺寸：185mm×260mm
印　　张：19
字　　数：381 千字
版　　次：2017 年 9 月第 1 版
印　　次：2021 年 8 月第 4 次印刷
定　　价：38.00 元

本书如有印装质量问题，请与出版社联系调换。

《现代大学体育俱乐部教程》编委会

前　言

学校体育是我国教育事业的重要组成部分，也是我国体育工作的战略要点。高等学校体育在培养德、智、体、美全面发展的社会主义优秀人才中肩负着重任。为了适应新形势下高校体育教育的变化和发展，进一步完善高等学校体育教学工作，根据教育部颁布的《全国普通高等学校体育课程教学指导纲要》的精神和《国家学生体质健康标准》的要求，并结合当前体育教学改革的实际和高校体育的需要，我们组织编写了这本《现代大学体育俱乐部教程》。

本教材分为基础理论篇和运动实践篇。基础理论篇是学生应该了解和掌握的体育理论知识，包括大学体育俱乐部概述、现代健康观、体育锻炼的科学方法、运动与营养、健康体适能以及运动损伤与防护。运动实践篇包括球类、跆拳道、游泳、武术、健美、健美操、瑜伽、街舞、轮滑、毽球、定向越野等体育锻炼项目俱乐部，有助于学生了解体育项目的学习内容与方法。本教材具有以下显著特点：

第一，理念新颖。本教材遵循"健康第一""以人为本"的新理念。在理论上，紧紧围绕体育锻炼与健康关系进行阐述；在实践上，重点选编学生经常选修的运动项目，使学生掌握运动技能，充分认识到体育锻炼的重要性。采用体育俱乐部教学模式，并将课堂学习与课外锻炼相结合，以学生为主体，激发学生的锻炼动机。

第二，内容全面，知识体系完整。本教材融合了体育、休闲、健康等诸多学科的理论知识和实践技能，构成了一个互相依存、互相渗透、互相促进的知识体系，实现了知与行的结合、理论与实践的统一。

第三，实用性。本教材注重对大学生进行体育素养、运动技能与体育锻炼方法的传授与介绍，加强了理论与实践的结合；内容丰富、翔实，体育项目全面，具有一定的实用性。

第四，新增"互联网+"新媒体教学。本教材在相应的章节增加了二维码资源，学生扫描二维码可以阅读相关知识、观看运动项目技战术视频，有助于学生更好地理解和掌握运动项目动作要点。

在本教材的编写过程中，我们参考并借鉴了大量国内外相关文献、专著和教科书，从中汲取了有益的思想、理论和方法，在此表示由衷的感谢。

由于编者水平和能力有限，教材中若有不妥之处，恳请读者给予批评与指正，以便今后进一步完善和提高。

目　录

基础理论篇

运动实践篇

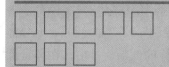
第一章

大学体育俱乐部概述

第一节 体育俱乐部概述

体育俱乐部主要有以下两种模式：一类是由体育教育行政或实施部门所组建的体育教学俱乐部；另一类是由学生社团组织或体育爱好者自发组织成立的课外体育锻炼俱乐部。

> 体育俱乐部原指一种群众性体育组织，是群众体育活动的场所。随着体育俱乐部的发展，其内涵得到了进一步的拓展，在形式上也呈现出多样化的格局。体育俱乐部既可作为一种组织，是一种自发的由社会兴办的开展体育活动的基层组织，是"人的集合"，是以体育爱好者自发性、自立性结合为基础，是为增进健康和促进相互间的协调和睦而进行持续性体育活动的组织；也可作为一种组织的活动形式或活动过程。

一、大学生体育俱乐部

大学生体育教学俱乐部是一种融国外大学体育俱乐部活动与国内传统体育教学两种特色为一体的新型体育教学模式。它的主要特征为：将传统班级授课制改革为由学生自主选择授课时间、授课项目、授课教师的教学俱乐部形式，且一般实行学分制或学年选课的教学管理制度。它规定授课时效，强调以学生以"会学体育"为目的，将传统的以教师为主体的班级授课制改革为"主导制"或"辅导制"，充分体现了"以学生为主体"的指导思想，实现了体育教育目标的创新。目前，在体育课程改革不断深化的前提下，其教学形式已经在全国许多高校实施，并各具特色。它与专项体育课或选项体育课存在许多不同点。

二、大学生课外体育锻炼俱乐部

大学生课外体育锻炼俱乐部是一种融国外大学体育俱乐部与国内学生课外体育自主锻炼两种形式为一体的课外体育锻炼活动模式。其主要特征为：将学生课外体育锻炼"计划安排制""自主锻炼制""随机组合制"改革为"有机组合制""主动参与制"。在"自觉、自愿"的基础上缔结了相对固定的活动伙伴，并实行"自主自律、自我管理、自我发展"的管理方式。通过俱乐部活动，有利于学生缔结活动伙伴关系，塑造和培养团队精神，培养俱乐部活动骨干的组织与管理能力。这一活动形式或活动过程与传统的课外体育锻炼俱乐部存在着许多差异。

第二节 大学体育俱乐部的地位和作用

一、大学体育俱乐部的地位

大学体育俱乐部是高等学校教育的重要组成部分，是国民体育的基础，是实现全民健身计划的重要手段和保障。体育教学俱乐部进行体育教学，不仅可以使大学生掌握基本的体育技能，提高运动技术水平，更重要的是可以使学生更好地获得增强体质与健康的基本知识，培养体育能力和体育锻炼习惯。课外体育锻炼俱乐部是课内体育教学俱乐部的延伸，通过课外体育俱乐部的组织，加强了体育教学俱乐部的基础地位，丰富了大学生业余体育生活，营造了良好的校园体育文化氛围。

二、大学体育俱乐部课堂教学的作用

（1）启发和引导学生用自己的智慧和能力进行体育学习。

（2）有利于对大学生体育生活进行引导和规范，使高校体育教学与课外体育锻炼保持连贯性和统一性。

体育教学
俱乐部

课外体育锻炼
俱乐部

国外大学体育
俱乐部的现状

我国大学生
体育俱乐部的
现状

（3）以终身体育、素质教育为主线，使大学体育教育功能超越学制的限制，终身受益。

三、大学体育俱乐部课外锻炼的作用

课外体育锻炼俱乐部是开展群众性体育活动的一种主要发展模式，课外体育锻炼俱乐部一般开设篮球、排球、足球、乒乓球、羽毛球、网球、舞蹈、武术、健身健美等项目。

（1）根据大学生的体育爱好、身体状况和学校体育条件等进行组织，由爱好该活动项目的学生自愿选择自己喜爱的运动项目，使课堂教学与课外体育锻炼活动有机地结合起来。

（2）促进大学生在运动技术、身体素质等方面得到进一步的提高和发展。

（3）有利于培养学生自我锻炼习惯和体育锻炼能力的提高，为今后步入社会，从事终身体育锻炼打下良好的基础。

（4）积极推动校园体育文化，促进了高校体育竞技水平的提高。大学体育俱乐部可以有目的、有计划地开设"运动俱乐部"和举办各种体育竞赛活动及裁判员培训班，培养体育骨干。大学体育俱乐部是高校校园文化的一个重要内容，已成为大学生课余生活的重要组成部分，有利于培养大学生健康、科学、文明的生活方式。以大学体育俱乐部形式开展的各种体育比赛，有利于促进各高校之间的相互交流和了解，增进学校之间的友谊，提高运动竞技水平。

第三节 大学体育俱乐部制课程模式

一、俱乐部制体育课程实施的背景和意义

俱乐部一词源于欧美，又称总会，为社会团体及公共娱乐场所的总称。美国最早的社会体育俱乐部创建于1732年的费城。在18世纪末到19世纪初的时间里，许多进入大学的学生将他们在家乡学到的体育活动知识带到校园，于是在美国的一些大学班级之间有了体育比赛，大学体育俱乐部便产生了。1843年，耶鲁大学成立了划船俱乐部；1850年，哈佛大学成立了常青藤体育俱乐部；1857年，圣保罗学院成立了划船、板球俱乐部；1922年，美国成立了高校体育俱乐部指导者联合会。

国外体育俱乐部经过200多年发展，已成为世界大多数发达国家高校开展体育

活动的重要组织形式。值得注意的是，世界范围内的大学体育必修课在迅速减少，根据日本学者1993年的考察报告，苏联和东欧很多国家在国家体制发生巨变之后，大部分国家都取消了大学体育必修课；1991年日本取消了国家对大学生设立体育必修课的强制性限制；1993年，韩国也取消了国家对大学的体育必修课的强制性限制，这一趋势表明国外大学体育课程与教学的重心已经转向于体现"人本主义"教育观、以学生自主学习和自主锻炼为主要形式的、以体育俱乐部为载体的高校体育教学、训练与锻炼的新模式。

这一趋势，为我国高校体育改革提供了经验。目前，我国高校在体育教学形式由选修课向俱乐部方向发展的改革，探索顺应了这种改革潮流。

20世纪80年代以来，我国大学体育受世界大学体育思想和高等学校体育管理模式的影响，体育俱乐部作为大学体育改革的成果在我国高校中悄然兴起。与俱乐部最初的内涵有所区别的是，我国高校体育俱乐部多以课外体育的组织形式开展活动。

在新的发展时期，中共中央国务院提出的《关于深化教育改革，全面推进素质教育的决定》中明确指出："体育课程教学是素质教育和健康教育的重要途径。"《全国普通高等学校体育课程教学指导纲要》提出："根据学校教育的总体要求同层次、不同水平、不同兴趣学生的需要。""要充分发挥学生的主体作用和教师的主导作用，努力倡导开放式、探究式教学，努力拓展体育课的时间和空间。在教师的指导下，学生应具有自主选择课程内容，自主选择任课教师，自主选择上课时间（三自主）的自由度，营造生动、活泼、主动的学习氛围。"

体育俱乐部教学模式，更符合《全国普通高等学校体育课程教学指导纲要》的要求。"素质教育"与"健康第一"的指导思想正是实施发展高校体育俱乐部的理论依据。我国经济体制和教育体制的改革奠定了发展高校体育俱乐部的物质基础和思想基础。我国的经济体制已向社会主义市场经济转轨，国家总体经济实力有了很大的提高，为增加教育投入创造了前提，为高校建立体育俱乐部提供了财力保证。

教育改革的根本目的在于提高全民族素质。改革开放以来，高校体育也加快了改革的步伐，取得了较大进步，特别是在体育观念上发生了很大的变化，树立了素质教育、终身体育和健康教育的观念，许多高校在体育改革中实行了选课制，学生能较自由地根据个人情况选择学习，学生从客体变为主体，学习氛围从封闭变为开放，深受学生和教师的欢迎。如今，在很多学校均已出现了各种单项体育协会、长跑俱乐部、健美俱乐部等多种形式的运动组织。这些都为在我国大学实行学校体育俱乐部管理体制提供了实践基础。

二、课程指导思想与目标

（一）课程指导思想

结合学校全面推行素质教育，培养素质全面的应用型人才的办学指导思想，体育课程以"以人为本，健康第一"为指导方针，以培养学生"终身体育"意识为主线，以"三自主"满足学生的兴趣需求，发展学生的个性，实现体育课内、课外的一体化，提高体育教学的有效性，并创建学习型、实践型的有特色的俱乐部制大学体育课程，为学生搭建多内容、多形式、多渠道的体育平台，并有力地推进学校的体育文化建设。

（二）课程目标

（1）使学生能有效地掌握两种以上运动项目的健身方法与技能，至少能在一个运动项目上具备一定技术、技能水平与实践运用能力。

（2）尊重学生的个体差异，使体育课程更能适合大学生生理、心理的发展规律，以及大学学习的规律，有效地体现学生的主体地位，注重对学生的兴趣培养与兴趣的发展，保证学生体育学习四年不间断。

（3）培养学生积极参加体育活动的意识，形成自觉锻炼的习惯，发展体能，提高学生自我科学锻炼的能力，使学生具备一定的体育文化欣赏能力，促进学生"终身体育"意识的形成。

（4）运用多样的体育教育手段，正确地引导和规范大学生体育生活，发扬体育精神，让学生学会合理地健康投资与体育消费，促使学生形成良好的体育生活习惯与积极进取、乐观开朗的生活态度。

（5）通过体育教学俱乐部的各项体育活动与赛事，在学校形成一种具有较高层次的、多元化的校园体育氛围，有效地推动校园体育文化建设，并促进学校竞技体育水平的提高。

三、俱乐部制大学体育课程教学体系

为了进一步推进学校体育教学改革，全面提高学生身体素质的需求，通过体育俱乐部的形式来培养学生终身体育意识与能力，使学生掌握一两项长期从事体育锻炼的技能和方法，充分发挥学生的体育才能、兴趣与爱好，以俱乐部形式组织课内外体育教学和以群体活动为形式开展校内外体育培训、竞赛活动，全面提高学生的身体素质。体育俱乐部是在学校体育运动委员会的统一领导下，在体育军事部的统一组织指导和监督下，有计划地分阶段地开展体育俱乐部活动。每个俱乐部配备一名指导教师，负责专项技术指导和监督工作。

（一）体育俱乐部制阶段类型、学习内容与学时分配

1.体育俱乐部阶段类型

大一：俱乐部基础课程（预备课程），第一学期至第二学期为俱乐部基础课程。以基本的身体素质练习结合太极拳、体育与生存两门特色课程为主要内容，以生命安全和传统文化的内容为框架，其目的是使学生掌握终身运用的基本生活与生存技能。

大二：俱乐部兴趣技能培养课程，第三学期至第四学期开设兴趣技能培养课程。学生根据自身的情况和兴趣任选两个运动项目参与学习，学生可自由选择上课时间、自由选择项目、自由选择教师。在此32学时中、有4～6学时可通过参加俱乐部各种活动取得。实现每位学生能够熟练掌握1～2项健身运动的基本技能、基本理论知识，能科学地进行体育锻炼，了解和掌握常见的运动损伤的基本处理方法的运动技能目标。

大三、大四：课内外体育俱乐部活动，第五学期至第八学期俱乐部的教学以形式多样的校内外、课内外体育群体活动。实行"开放式教学"，学生根据自身的情况和兴趣选择修满不少于40学时的俱乐部群体活动，其途径可以为参加学校体育代表队训练、参加体育项目俱乐部活动、参加校内各项群体活动或赛事等。这一阶段的目的是使学生养成自觉锻炼身体的习惯，形成终身体育的意识，能够编制可行的个人锻炼计划。

2.体育俱乐部学习内容

俱乐部学习内容包括：身体素质训练、体能训练、专项技能教学、运动常识、主题教学与体验等。

每个学期学生根据自身的情况和兴趣任选专项项目包括：篮球、排球、足球、软式排球、乒乓球、羽毛球、网球、跆拳道、太极拳、体育与生存、太极柔力球、体育舞蹈、健美操、定向运动、越野跑、啦啦操、男子健美、拓展、瑜伽、体育保健等20个项目。

3.体育俱乐部学分设置

体育俱乐部学分设置见表1-3-1。

表1-3-1　体育俱乐部学分设置

俱乐部课程设置	开展内容	学段安排	学分设置	学时数	备　注
俱乐部基础课程（预备课程）	太极拳与身体素质训练	第一学期	1学分	32学时	
	体育与生存技能训练	第二学期	1学分	32学时	
兴趣、技能培养课程	任选一项参加	第三学期	0.5学分	32学时	
	任选一项参加	第四学期	0.5学分	32学时	
俱乐部课程设置	开展内容	学段安排	学分设置	学时数	备　注

续 表

俱乐部课程设置	开展内容	学段安排	学分设置	学时数	备 注
俱乐部活动	社团、群体、竞赛活动	第五到第八学期	1学分	不少于64学时	各单项俱乐部组织有教师参加的技术指导课程，每学期应不少于8学时
合 计			4学分	≥192学时	

*注：每生每学期最多完成计32学时，超出部分不累计

（二）体育保健课程

体育保健课程是学校体育课程中一门特殊课程，特别为部分有生理缺陷、疾病、体质虚弱等运动机能障碍的学生开设，属于体育养生与保健教学俱乐部。在校期间，学生因某些原因，导致其不能正常修读学校体育教学俱乐部课程的，可以选择本课程学习，选择该课程的学生应单独组班学习。

（1）对象：有生理缺陷，患急、慢性疾病，体质虚弱、受伤或者其他原因导致运动机能障碍的学生。

（2）办理：学生在申请进入体育保健与康复课程学习时，须出具相关县级以上医疗单位的医学证明，并明确说明有运动机能方面的障碍，由学生所在院、系确认，到体育军事部教学秘书处申请办理进入保健班学习。对已经进入保健班学习的学生，依据自身实际情况也可以申请转出保健班进入其他俱乐部课程学习。

（3）需要进入体育保健与康复课程学习的学生，可不参与俱乐部选项课程的选课，直接到体育军事部申请办理进入体育保健班学习。

（4）体育保健与康复课程的学习管理与其他课程一样，考核合格，获得相应学分。

四、大学生体育俱乐部选课指导

针对学生的兴趣爱好开展多样化的体育课程教学是当前各大学体育教学所面临的一个挑战，而自主选课方式也给许多大学生带来了不少困惑，盲目、随大流，乃至后悔、放弃而白白浪费了许多的时间、精力。正确选择一项心仪的体育项目，可以提高学习兴趣，有助于获得更好的效果。那么，如何选择项目才是最合理有效的呢？

据调查显示，当前大学生的选项的价值取向主要包括：身体发展和人格形成、比赛取胜、娱乐、保健与康复、促进人际关系、体育成绩（拿奖学金）等方面。以短期效应或以功利性为目的的选项，有违体育运动精神，因此建议大学生在选择体

育项目时应考虑以下几点。

（一）以体质特征为基础，以个人兴趣为方向确立选项，注重个性发展

首先，每个学生应根据自身的体质特征、身体条件及原有的运动基础等确认自己的选项及学习层次。如身体不壮实，易于患病，病情迁延不愈，有消化不良、食欲不振、精神萎靡等多种症候的虚弱型体质的人，适宜选择运动量小，有养生功效的太极拳等传统武术项目。体质健壮，反应敏捷，身体素质好的学生可以选择篮球、足球、散手、跆拳道等直接对抗型项目。隔网对抗型项目由于运动量适宜、安全、无直接身体对抗、趣味性强，可以提高人的全面协调能力，适合大多数人选择。需要提高心血管系统功能或需要减肥的学生可以参加有氧训练，如健美操、定向运动等项目。

其次，在确定身体能力允许的情况下，从个性发展的角度考虑个人兴趣爱好，选择运动项目。例如，篮球是大多数男生喜爱的运动项目，几乎适合所有有兴趣的学生选择。此外，还要确定学习层次，是选择基础班还是提高班。

不同的、有特殊需要的学生群体对体育教学有不同的需求，体型肥胖者需要通过体育课改善自己的体格形态，提高健康水平；身体瘦弱者需要通过体育课的锻炼达到增进健康、强健体魄的目的；体质差多病者及先天性疾病者则要通过体育课的学习掌握一些康复性体育保健知识、技术和科学的锻炼方法、手段，从而改善体质状况；运动能力低下者则需要通过体育课的学习提高自己的运动能力。随班就读大学生则需要根据自身的具体情况，以个人兴趣为导向，选择适合自己的体育项目。

随班就读学生的体育活动参与方法以助学伙伴和个别辅导与集体教学结合为主，但由于学生的特殊性，个别训练和协作教学还有所欠缺。随班就读学生在选择体育课时应根据身体状况，选择一些自己力所能及的体育项目

（二）扬长补短，注重身心协调发展

体育教学是一个动态体系，学生是活动的主体，在兴趣爱好的培养、体能的发展、心理需要的满足等方面，都能影响个体的身心协调发展。运动项目的选择不能投鼠忌器，要成为一个全面发展的人，不但要发展个性特长，而且要弥补短缺。心理学家巴甫洛夫发现，神经系统平衡的人能有效地分配注意力，同时做好几件事情，有利于学习一些有复杂动作的运动项目。神经过程不平衡的人，如兴奋占优势的神经类型则在分配注意力上有一定困难，可以通过太极拳、慢跑等舒缓的运动来调节神经，加以平衡。

（三）正确选项，纠正心理缺陷，培养健全人格

大量的体育心理学研究证明，各项体育运动都需要较高的自我控制能力、坚定

不同性格的
项目选择

的信心、勇敢果断和坚忍刚毅的意志性格等心理品质作为基础。因此，有针对性地进行运动锻炼，是纠正心理缺陷、培养健全人格的有效心理训练方法。但是，人体各异，选择体育锻炼项目也应有的放矢。

（四）以职业需要为前提，为将来的工作做准备

大学生在体育选项的过程中必须有理性的认识，个人兴趣爱好应强调注重理性的主观需求。首先，要对自己的身体机能、个性心理品质、兴趣爱好、职业倾向等有所了解，通过综合分析评定个体特性与社会需求、职业需求之间的差异。一味地强调个人兴趣只能是盲目无效的选择，关键是个人选择体育项目的目标是什么，希望通过什么样的方式、过程来实现自己的目标。要学以致用、练有所得，才能使身体、心理都得到健康的发展。如果说未来职业需要有强健的体魄、快速敏捷的神经功能，那就要选择运动量较大、能够体现快速多变的运动项目，如足球运动等。如果将来的职业需要稳重、细心、平和，而自己的个性却是典型的 A 型行为模式，那么建议在职业需要与个人爱好上选取平衡点，参加一些太极拳等缓慢的有氧练习，以此磨炼自己，逐步向职业化需求靠拢。

给大学女生的
选课建议

知识树

健康小故事

第二章

现代健康观

 第一节　健康概述

一、健康的定义

健康一词最早是在 20 世纪 30 年代由美国健康教育专家鲍尔和霍尔提出的。当时它是指人们在身体、心情和精神方面都自觉良好、活力充沛的状态。1948 年，世界卫生组织给健康下了一个著名的定义：健康是指在身体、心理和社会适应各方面都完美的状态，而不仅是没有疾病和衰弱。

 健康的十条标准

（1）精力充沛，能从容不迫地应付日常生活和工作的压力而不感到过分紧张。

（2）处事乐观，态度积极，乐于承担责任，不挑别事物的巨细。

（3）善于休息，睡眠良好。

（4）应变能力强，能适应环境的各种变化。

（5）能够抵挡一般性感冒和传染病。

（6）体重得当，身材均匀，站立时头、肩、臂位置协调。

（7）眼睛明亮，反应敏锐，眼睑不发炎。

（8）牙齿清洁，无空洞，无痛感；齿龈颜色正常，不出血。

（9）头发有光泽，无头屑。

（10）肌肉丰满、皮肤富有弹性，走路轻松有力。

二、健康的多维观

1989 年，世界卫生组织将健康的定义进一步深化为："一个人只有在身体健康、心理健康、社会适应性良好和道德等四个方面都健全，才算是完全健康的人。"随着社会的发展和科学技术的进步，人们完全突破了原先的思维模式，对健康的概念有了新的认识。从世界卫生组织给健康提出的定义来看，对健康的评价已经不仅基于医学、生物学的范畴，而且扩大到了心理学和社会学的领域。

（一）健康三维观

由美国学者奥林斯提出的三维健康模式，强调从生物、心理和社会三个方面来评价人的生命状态。其中，每个方面均包含着健康和疾病两极，由此得出健康状况的三维表象。根据这种表象所确定的方案，可以大致区分出普通人的八种健康模型。（表 2-1-1）

表 2-1-1　八种健康三维模型

类　型	标　志	身体方面	心理方面	社会方面
1	正常健康	健康	健康	健康
2	悲　观	健康	不健康	健康
3	社会方面不健康	健康	健康	不健康
4	患疑难病症	健康	不健康	不健康
5	身体不健康	不健康	健康	健康
6	长期受疾病折磨	不健康	不健康	健康
7	乐　观	不健康	健康	健康
8	严重疾病	不健康	不健康	健康

注：表 2-1-1 选自沃林斯基，F. D. 健康社会学[M]. 北京：社会科学文献出版社，1992.

（二）健康五要素

一个与健康三维观相似的健康定义，即个体只有身体、情绪、智力、精神和社交等五个方面都健康（也称健康五要素）（图 2-1-1），才称得上是真正的健康，或称之为完美状态。目前，人们常用完美一词来替代健康。

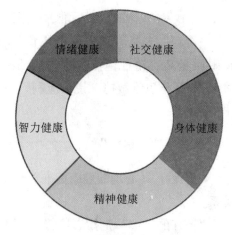

图 2-1-1

1. 身体健康

身体健康不仅是指无病，而且包括体能，后者是一种满足生活需要和有足够的能量完成各种活动任务的能力。具备这种能力，就可以预防疾病，增进健康，提高生活质量。

2. 情绪健康

情绪涉及我们对自己的感受和对他人的感受。情绪健康的主要标志是情绪的稳定性。情绪稳定性是指个体应对日常生活中人际关系和环境压力的能力。当然，生活中偶尔情绪高涨或情绪低落均属正常，关键是在生活的大部分时间里要保持情绪稳定。

3. 智力健康

智力健康是指在长期的学习和生活中，大脑始终保持活跃状态。有许多方法可以使大脑活跃、思维敏捷，如听课、与朋友讨论问题和阅读报刊书籍等。努力学习和勤于思考还能使人有成就感和满足感。

4. 精神健康

精神健康对于不同信仰、文化和国籍的人意味着不同的内容，主要包括理解生活基本目的的能力及关心和尊重所有生命体的能力。

5. 社交健康

社交健康是指个体与他人及社会环境相互作用中所具有的和谐的人际关系和实现社会角色的能力。社交健康会使人在交往中有自信感和安全感，也会使人少生烦恼，心情舒畅。

三、健康的评判标准——"五快三良好"

1999 年，世界卫生组织针对人体健康问题提出了几项易记又便于理解的新标准，即"五快三良好"。

（一）"五快"

"五快"（躯体的健康标准）是指快食、快眠、快便、快语、快行。

"快食"包括胃口好、不挑食、不偏食、不狼吞虎咽；"快眠"是指入睡快、睡眠质量高、精神饱满；"快便"是指大小便通畅、便时无痛苦、便后感舒适；"快语"是指思维敏捷、说话流利、口齿清楚、表达正确；"快行"是指行动自如、步伐轻捷。

（二）"三良好"

"三良好"（心理的健康标准）是指良好的个性、良好的处世能力、良好的人际关系。

"良好的个性"是指心地善良、乐观处世、为人谦和、正直无私、情绪稳定；

"良好的处世能力"是指观察事物客观现实，有良好的自控能力，能较好地适应复杂的环境变化；"良好的人际关系"是指助人为乐，与人为善，心情舒畅，人缘关系好。

第二节 健康的生活方式

科学的生活方式有利于机体各种生理机能的发挥，有利于身体健康，也有利于提高学习和工作效率。学生的生活要有一定的规律，就一天来说，起床、吃饭、学习、工作、运动和休息，都要有规律地安排好，按规定的时间进行。讲求良好的生活方式，对学生来说十分重要。

一、养成良好的睡眠习惯

睡眠是保证学生健康的先决条件之一。因为在睡眠的过程中，内分泌系统释放出的生长素比平时多3倍。这些生长素可以作用于全身的组织细胞，促进它们的生长发育，对骨骼生长的促进作用尤为明显。如果睡眠不足，就会出现烦躁、易怒、食欲减退、体重减轻和生长发育缓慢等后果，还会导致睡眠困难、夜间易醒。

二、养成良好的体育锻炼习惯

对于体育锻炼的重要意义，每个学生都有一定的认识。但在实际生活中，有的学生却往往忽视了体育锻炼；有的学生认为自己年轻，身体很好，现在最重要的是抓紧时间学习，将来再锻炼也可以。其实，在学生期间养成每日锻炼的习惯会使人一生都受益无穷。我国大学生曾经在积极从事体育锻炼活动中总结出"8-1 > 8"的经验。实践证明，如果我们每天从8小时的学习中抽出1小时进行体育锻炼，其学习效率要大于8小时的学习效率。科学研究也证明，体育锻炼对智力发展有非常重要的作用，主要表现为有助于大脑两个半球的全面发展，消除大脑疲劳，提高大脑的工作效率，提高大脑的反应速度、综合分析能力和促进大脑的生长发育等。

三、养成良好的卫生习惯

学校是学生生活和学习的重要场所，一个学校的环境卫生是否符合卫生要求，直接关系到学生的身心发展和身体健康。因此，每个学生都要养成良好、文明的卫生习惯，要保持校园、教室和宿舍的卫生环境。

四、不吸烟，适量饮酒

世界卫生组织曾把吸烟称为"20世纪的瘟疫"。吸烟是21世纪人类面临的两大公害之一。大量的调查研究表明，吸烟能诱发和加重多种疾病，降低人体的健康水平，甚至缩短人的寿命。

吸烟的危害在于香烟中含有大量的有毒物质，这种有毒物质中危害最大的是烟碱（尼古丁）、焦油和微尘，其中，烟碱是神经系统和血液循环系统的杀手；焦油则与喉癌、口腔癌、食道癌和胃癌，特别是与肺癌关系密切；微尘则会刺激气管黏膜，引发咽喉炎、咳嗽、支气管炎和声音沙哑等疾病。吸烟不仅危害自身，而且危害他人，被动吸烟的危害不亚于主动吸烟。

酒的主要成分是酒精（乙醇）。过量饮酒会危害人体的细胞，对身体产生破坏作用，直接影响身体健康。酒精对心脏的危害较大，长期过量饮酒会使心脏失去其正常的弹性而增大。医学上的"啤酒心"，指的就是长期过量饮用啤酒，使心脏扩大而形成的心脏变形。另外，酒精对神经系统也有危害，有的人饮酒后变得非常"健谈"，这就是中枢神经系统在酒精的作用下失去调节功能的表现。酒精还会使血液中的脂肪物质沉淀在血管壁上，使血管变窄，血压升高。

健康的生活方式

因国情不同，健康的生活方式的具体内容也有所差异。世界卫生组织提出的健康生活方式有：不吸烟；不酗酒；平衡膳食；锻炼身体；心理平衡。我国提倡的健康生活方式有：不吸烟，不酗酒；营养适当，防止肥胖；坚持锻炼，劳逸结合；生活规律，善用闲暇；心胸豁达，情绪乐观；与人为善，自尊自重；家庭和谐，适应环境；爱好清洁，注意安全。

第三节 关爱生命，珍惜健康

一、健康与寿命

一个人在没有外援性因素影响的情况下，正常的寿命是多少岁才算寿终正寝呢？世界卫生组织对人的年龄段是这样划分的：44岁及以下为青年人；45岁到59岁为中年人；60～74岁为年轻老年人；75～89岁为老年人，90岁以上为长寿老人。

（一）根据生物学原理

人的寿命是其生长期的5～7倍，而人的生长期是20～25岁。由此推算，人的正常寿命应该是120岁左右。

（二）根据生物学规律

人的寿命是性成熟期的8～10倍，人的性成熟期是13～15岁。由此推断，人的正常寿命应是120岁左右。

（三）根据细胞分裂理论

按照一些动物的细胞分裂次数和寿命来推断。人的细胞分裂为40～60次，平均分裂50代，每代周期2.4年，按代数与周期计算，人的寿命也应该是120岁左右。

世界卫生组织发布的2016年版《世界卫生统计》报告指出，到2015年为止，全球人口平均寿命为71.4岁，日本人的平均寿命是83.7岁，而我国的人均寿命为76.1岁。

据世界卫生组织的一项全球性调查结果显示，全球人类的健康状况不容乐观。现在健康的人只占了5%，而患有各种疾病的人达到了20%，75%的人处于亚健康状态。是什么原因造成目前这种健康状况的呢？主要是由于人们对医学普遍存在认识和习惯上的误区以及对健康认识上的不良习惯。

1. 医学上的误区

医学分为预防医学、保健医学、营养医学和临床医学四门学科。而我们绝大多数人却把临床医学当成医学的唯一。

2. 对健康认识上的不良习惯

（1）大多数人死于无知，而非死于疾病。也就是没有预防和保健意识，饮食营养不科学。

（2）大多数人前半生用命换钱，后半生用钱买命。有人觉得只要有了钱，一切都不是问题。

（3）大多数人是病死，而非（自然）老死。例如，有些人认为老年人年龄大了得了病，觉得治不治没有多大意义，有的人就放弃了治疗。

（4）过于依赖药物和医生的治疗。

维护健康有三道防线

第一道防线，是预防。① 饮食要科学营养；② 适当运动，打打球，做做健身操；③ 休息充分，要保持 6 ～ 8 个小时的睡眠，有的同学晚上忙到 12 点不睡觉，这样的朋友要注意了，这样是不利于健康的；④ 心理平衡，正确对待一切人和事物，不要看别人怎么样，有问题要在自身找原因；⑤ 环境优良，要有环保意识；⑥ 养成良好的个人习惯，戒烟戒酒。

第二道防线，是保健。保健是调节亚健康有效的方法之一。现代临床及营养学领域普遍认为，有效保健需要从清、调和补三个环节进行：清是清除体内毒素；调是调节人体机能；补是补充均衡营养。

第三道防线，是治疗。治疗的方式主要包括药物治疗和手术治疗。

二、维护青少年健康的必要性

广大青少年身心健康、体魄强健、意志坚强和充满活力，是一个民族旺盛生命力的体现，是社会文明进步的标志，是国家综合实力的重要方面。党中央、国务院历来高度重视青少年的健康成长。改革开放以来，我国青少年体育事业蓬勃发展，学校体育工作取得了很大的成绩，青少年的营养水平和形态发育水平不断提高，极大地提升了全民健康素质。但是，我们必须清醒地认识到，一方面，由于片面追求升学率的影响，社会和学校存在着重智育、轻体育的倾向，导致学生课业负担过重，学生的休息和锻炼时间严重不足；另一方面，由于体育设施条件不足，学生的体育课和体育活动难以保证。近期体质健康监测表明，青少年耐力、力量和速度等体能指标持续下降，视力不良率居高不下，城市超重和肥胖青少年的比例明显增加，部分农村的青少年营养状况亟待改善。这些问题如果不切实加以解决，将严重影响青少年的健康成长，乃至影响国家和民族的未来。

青少年时期是身心健康和各项身体素质发展的关键时期。青少年的体质健康水平不仅关系到个人的健康成长和幸福生活，而且关系到整个民族的健康素质，关系到我国人才培养的质量，关系到国家的富强和民族的昌盛。体育锻炼和体育运动，是加强爱国主义和集体主义教育、磨炼坚强意志、培养竞争意识与合作精神的重要途径，是促进青少年全面发展的重要方式，对青少年思想品德、智力发育和审美素养的形成都有着不可替代的重要作用。各地和各级各类学校必须全面贯彻党的教育方针，高度重视青少年体育工作，使广大青少年在增长知识、培养品德的同时，锻炼和发展身体的各项素质和能力，成长为中国特色社会主义事业合格的建设者和接班人。大学生拥有健康的体魄是他们为祖国人民服务的基本前提，也是保持中华民族旺盛生命力的体现。

体育教育家马约翰：为何梁思成、钱伟长都感谢他？

著名的体育教育家马约翰教授，因为体育而成为清华大学的标志性人物。他说：体育可以带给人勇气、坚持、自信心、进取心和决心，培养人的社会品质——公正、忠实、自由。

清华大学当时每年要送出 100 名学生到美国。送出去的学生不能像"东亚病夫"，因此学校很重视体育。著名科学家钱伟长，1931 年考进清华大学时，身高只有 1.49 米，体重也不够 50 千克。在马约翰教授不断的雪耻健身和体育报国的教育下，他充分发挥其顽强拼搏的精神，从没有停过一天的体育运动，成为当时全校闻名的中长跑运动员，在那期间打下了良好的健康底子。晚年的梁思成常笑着对后辈说："别看我现在又驼又瘦，当年可是马约翰先生的好学生，有名的足球健将，在全校运动会上得过跳高第一名，单双杠和爬绳的技巧也是呱呱叫的……我非常感谢马约翰。"

1958 年，76 岁的马约翰和土建系的一位中年教授合作，轻松地夺得北京市网球双打冠军，首创了 76 岁老人达到一级运动员标准的纪录。马约翰教授树立了坚持体育锻炼的典范。

第三章

体育锻炼的科学方法

知识树

第一节　体育锻炼的功能

一、体育锻炼的健身功能

体育以身体运动为基本表现形式，通过体育锻炼给予各器官、系统以一定强度和量的刺激，身体在形态结构、生理机能等方面发生一系列适应性反应，由此达到强身健体的目的，主要表现在以下几个方面。

（一）养成正确身体姿态，促进身体生长发育

实践证明，体育锻炼对人的身体姿势，促进人的生长发育具有重要作用。参加体育活动，可以促进人的各器官系统的生长发育，尤其是对青少年的生长发育有着重要的作用。

（二）提高身体的机能水平

体育锻炼对提高身体机能起着重要的作用。参加体育活动使人的能量代谢产物增加，新陈代谢旺盛，从而使机体的各个器官系统的功能水平得到改善和提高，如神经系统、呼吸系统、消化系统、血液循环系统等。

（三）提高基本活动能力和发展身体素质

人的基本活动能力包括走、跑、跳、投、攀登、爬越等，而体育活动能够有效地提高人的基本活动能力。同时，体育活动对发展人的五大身体素质，即速度、力量、耐力、灵敏性和柔韧性也有着重要的促进作用。

（四）增强对外界环境的适应能力

外界环境既包括自然环境也包括社会环境。自然环境对人的生命和健康有一定的影响作用，人体必须随时调节自身和器官系统的功能来适应自然环境，使人体的内外环境能够保持相对的平衡。而经常参加体育锻炼可以提高人对自然环境的适应能力，并且增强对疾病的抵抗能力。

> 2010 年 9 月 7 日，《成都日报》刊登了一篇《请不要为不运动找借口》的文章，以下节选了其中一部分。
>
> 中国香港李锦记健康产品集团高级副总裁杨国晋是创造"千人赤足行"吉尼斯世界纪录的 1141 人之一，光脚走完全程后他笑着谈了自己的感受："这是我第一次在室外赤脚走上 30 分钟，感觉非常舒服，就像做了一次脚底按摩。"杨国晋作为中医药国际协会会长、中华中医药学会常务理事，在健身健康理念方面有着很高的权威，他直言不讳地指出，目前很多人对运动健身缺乏认识，这一后果可能会很严重。
>
> "现代医学研究表明，缺乏运动的危害性仅次于吸烟，运动不足往往容易导致心血管疾病、肠胃疾病，影响人的大脑以及情绪，长期如此后果很可怕。遗憾的是，很多人对此缺乏清醒认识。这一次，我们不是为创纪录而创纪录，举办'世界行走日'活动的目的就是为了向更多人宣传自主健身观念，改变人们的生活习惯。"杨国晋说。

二、体育锻炼的教育功能

体育对人的教育有着不可缺少的作用，体育是教育的重要组成部分，主要表现在以下几个方面。

（一）促进智力发展

体育活动，可以促进人的智力发展，促进人的神经系统的发育。人在体育运动时，视觉、听觉、触觉、平衡觉、本体感觉等多种感觉器官参与，从而刺激了大脑的细胞并提高了大脑的供氧量，有利于促进大脑的思维活动，使人头脑清醒、思维敏捷，对培养和训练记忆能力、诱导想象力和提高创造力具有重要作用。

（二）形成良好的社会风气，培养人的优良品德

体育活动对人的心理发展有着重要作用。体育活动中的公平、公正、规则意识和尊重、合作、民主、竞争等观念对营造良好的社会风气起着重要作用，对培养

遵纪守法、遵守社会规范的合格社会公民起到促进作用。人们在这些体育参与中深深地体验到了运动的快乐，通过欣赏各种体育比赛更好地培养人们顽强拼搏的精神，激发人们的爱国热情；在探险性旅游中战胜自我，超越自我，等等。同时，体育活动对培养勇敢、顽强、抗挫折和克服困难的能力以及爱国主义和集体主义精神、社会责任感和荣誉感等，都有着不可替代的作用。

（三）培养高尚的审美情趣和体育精神教育

体育锻炼可以使人的体魄健美、身材匀称、姿态幽雅、动作矫健，运动中的形体美、动作美、节奏美、服饰美以及行为举止美都会给人以强烈的美感体验，使其得到美的享受。因此，体育可以培养人鉴赏美、表现美和创造美的能力，这是其他学科无法替代的审美情趣的培养作用。

体育精神为现代人所追求。体育精神是通过体育运动而形成并集中体现人类的力量、智慧与进取心等最积极意识的总和。它不仅包括了人类挑战自然、征服自然的精神，而且包括了人类向自身挑战的精神。体育运动，尤其是竞技体育以最直接、最不加掩饰的竞争方式呼唤人的本质力量。在体育运动中，运动员追求的更高、更快、更强等自强不息的精神，以及战胜自我、超越自我的精神，无不影响和感染着人们。在体育运动中，人们也感受到了个性的张扬和集体的配合，相互支持、相互协作，等等。体育精神的魅力对现代人产生了强大的感染力和征服力，不断地影响和指导人类的生活方式和生存态度。在现代这个处处充满竞争和协作的社会，体育精神更为人们所欣赏和追求。这对人们形成良好的生活方式有积极的作用。

> 体育是教育的重要组成部分。大学体育不但要使学生身体得到锻炼，身体素质得到发展，运动能力得到提高，而且要通过体育教育，培养学生活跃的思维，敢于创新的开拓进取精神，并使其终身得以受益。

三、体育锻炼的娱乐功能

（一）体育运动成为现代人休闲方式的核心

现代社会，由于科技的迅猛发展提高了生产率，人们获得了更多的闲暇时间。在现代社会中人们已经有了丰富的物质基础和充裕的闲暇时间。追求丰富人类本身的精神、文化、娱乐等休闲生活方式便是现代人生活的一个重要内容。同时，高雅、文明、健康的休闲方式受到人们的欢迎，因为人们需要通过这些方式从紧张的工作节奏和巨大的压力下解脱，寻找人性的回归。体育运动，尤其是轻体育的产生让人们把它作为休闲方式的核心。参与体育活动已成为人们休闲娱乐的生活时尚。体育生活方式是生活方式的一个具体内容。在现代体育的发展，尤其是奥运会的不断发展壮大的影响下，人们对体育运动的喜爱程度逐渐提高，也更愿意投入更多的时间、精力和金钱亲身参与体育运动，并且人们在各种世界大赛期间通过电视、网络或现场观看体育比赛来消遣娱乐。同时，人们对运动服饰的消费也逐渐增多，认为它是健康、青春、活力的象征。因此，在现代社会中人们已经把体育作为提高生活质量的重要休闲娱乐方式之一。

（二）体育是属于高层次的休闲娱乐方式

网球、高尔夫球、羽毛球、台球、体育舞蹈等运动项目是国内外群众体育运动的热门项目，成为人们休闲方式的重要内容。人们在体育运动中自由地宣泄压抑，感受和体验发自内心的愉悦和畅快的运动方式，这对人体的健康起着促进作用。与其他任何一类社会文化娱乐和休闲方式相比，体育运动具有最广泛的社会适应性，适宜的身体运动不仅有利于机体健康，而且有益于心理健康。因此，体育运动成了现代人休闲方式的核心。

跑步者的愉悦

跑步者的愉悦感是指当运动量超过某一阶段时，体内便会分泌内啡肽，内啡肽能使人产生愉悦感。长时间、连续性的中量至重量级的运动、深呼吸也是分泌内啡肽的条件。长时间运动会把肌肉内的糖原用尽，只剩下氧气，内啡肽便会分泌。这些运动包括跑步、游泳、越野滑雪、长距离划船、骑单车、举重、有氧运动舞或球类运动（如篮球、足球或美式足球）。

（三）体育可以丰富人们的精神生活

人们可以通过参加体育活动，一方面，调节心情，丰富业余文化生活，缓解压力，消除脑力劳动的疲劳；另一方面，通过对体育比赛和表演的观看和观赏，会使人得到心理上的满足和精神上的享受，扩大社会交往并获得自我展现的机会。除此之外，体育还会影响人们的体育态度甚至是人生态度，在人的社会化过程中，体育能促进个体从"生物人"向"社会人"转化。

四、体育锻炼对文化传承和经济发展的促进功能

体育是文化的重要组成部分，体育可以丰富社会文化的内容。在体育文化的传

播中，体育基本知识、基本技术和科学锻炼身体方法的不断丰富和发展，使体育文化的内容得以一代代地传递和延续，如奥林匹克文化的传播及与各国文化的融合等。同时，体育产业及体育服务业对社会经济有着重要影响，体育产业可以促进国民经济的增长，为社会提供更高素质的劳动力以及工作岗位等。

第二节 体育锻炼的原则与方法

一、体育锻炼的原则

在体育锻炼过程中，一定要讲求科学性，要遵循以下几个基本原则。

（一）适宜负荷原则

适宜运动负荷原则是指在身体锻炼中，运动负荷的安排要合理适度，使之既能满足增强体质的需要，又要符合身体的实际承受能力。运动负荷掌握的准确程度，决定身体锻炼的效果。负荷过小，身体机能处于常态工作范围，不能引起机体的效能反应，锻炼不能起到强壮身体的作用；运动负荷过大，组织器官的活动超过允许极限，身体则可能受到破坏，锻炼只能产生事与愿违的后果。只有适量运动，使身体负荷处于有效价值之间，锻炼后才能产生积极效用，体质才会逐步增强。

（二）循序渐进原则

循序渐进原则是指身体锻炼、身体娱乐的内容方法、技术难度和运动负荷等，应按由小到大、由浅入深的合理顺序安排。学习身体锻炼的知识必须遵循由易到难的认知规律，提高锻炼技术必须遵照泛化、分化到自动化的动作技能形成规律，增强身体的机能和素质需要，经过刺激、适应、再刺激、再适应的连续过程。因此，循序渐进、逐步提高是必要的。

（三）差异性原则

差异性原则是指体育锻炼要结合锻炼者的年龄、性别、体质状况、锻炼目的以及不同地区、不同气候特点、不同时期的特点来安排，做到因地、因人、因时制宜，以保证课余体育锻炼能科学合理地进行。锻炼的客观条件也是千差万别的，不同地区的自然条件差异很大；同一地区也存在着体育物质设备条件的差异；个体差异普遍存在，不同年龄、性别、健康状况以及生理、心理和锻炼需求等方面都存在差异。因此，强调锻炼的针对性和从实际出发是必要的。

（四）全面发展原则

全面发展原则是指体育锻炼必须追求身心全面和谐发展，使身体形态、机能、身体素质及心理素质等方面得到全面协调的发展。人体是由各局部构成的一个整体，各局部均按"用进废退"的规律发展，体育锻炼能促进新陈代谢的普遍旺盛，使身体各系统、组织、器官和谐发展，达到身体相对的完善和完美。

在体育锻炼时，要注意活动内容的多样性和身体机能的全面提高。身心的全面发展，要从适应环境、抵御疾病能力，改善机体形态、提高机体功能，陶冶心情、丰富文化生活等方面进行。体育锻炼的内容、方法要尽可能考虑身体的全面发展，一般以一些功效大、兴趣较浓的运动项目为主，以其他项目为辅进行全面锻炼。注意全身的活动，不要限于局部。在全面锻炼的基础上，有目的、有意识地加强专业实用性的体育锻炼。

（五）经常性原则

经常性原则是指体育锻炼必须经常性进行，使之成为日常生活中的重要内容。经常参加体育活动，锻炼的效果才明显、持久，因此体育锻炼要经常化，不能三天打鱼、两天晒网。虽然短时间的锻炼能对身体机能产生一定的影响，但一旦停止体育锻炼后，这种良好的影响作用会很快消失。体育锻炼对机体给予刺激，每次刺激都会产生一定的作用痕迹，连续不断的刺激作用则会产生痕迹的积累。这种积累使机体结构和机能产生新的适应，体质就会不断增强，动作技能形成的条件反射也会不断得到强化。因此，体育锻炼贵在坚持，不能设想在短时间内取得显著效果，必须要有长久的积累。

（六）自觉积极性原则

自觉积极性原则是指体育锻炼者有明确的健身目标，充分认识体育锻炼的价值，自觉积极地从事体育锻炼活动。体育锻炼是一个自我锻炼、自我完善，并需要克服自身的惰性，战胜各种困难的过程。另外，还要有一定的作息制度做保证，把体育锻炼当作生活中不可缺少的一部分，才能奏效。

二、体育锻炼的方法

（一）重复锻炼法

在运动锻炼的过程中，用多次重复同一练习，两次（组）练习间安排相对充分休息，从而增加负荷的锻炼方法叫作重复锻炼法。此方法的关键是一次练习后，间歇时间应当充分，这样可以有效也提高锻炼者的无氧、有氧混合代谢能力，提高各种技术应用的熟练性与机体的耐久性。重复次数的不同，对身体的作用就不同，重复次数越多，身体对运动反应的负荷量就越大。如果重复次数不断持续增加，则可能使身体承受的负荷超过极点，乃至破坏身体的正常状态而造成损害。运用重复锻炼法的关键是掌握好负荷的有效价值（最有锻炼价值负荷量下的心率），并据此调节重复的次数。通常认为，普通大学生的负荷心率在 130～170 次/分的范围内较为适宜。

（二）间歇锻炼法

在运动锻炼的过程中，对多次锻炼时的间歇时间做出严格规定，使机体处于不完全恢复状态下，反复进行锻炼的方法叫作间歇锻炼法。该方法的关键是严格控制间歇时间，使机体处于不完全恢复状态，要求每次练习的负荷时间较长、负荷强度适中。此方法可使锻炼者的心脏功能明显增强。调节负荷强度，可使机体各机能产生与锻炼项目相匹配的适应性变化，提高有氧代谢供能能力，增强体质。同重复锻炼方法一样，间歇时间也要依据负荷的有效价值去调节。一般说来，当负荷反应（心率）指标低于有效价值标准时应缩短间歇时间，而高于有效价值标准时可延长间歇时间。实践中，一般心率在 130 次/分左右时，就应再次开始锻炼。间歇时不要静止休息，而应边活动边休息，如慢速走步、放松手脚、伸伸腰或做深而慢的呼吸等。

让运动不那么枯燥的建议

（1）找个搭档一起练。若能聘请私教，那是最好不过了。

（2）一边训练，一边听音乐或看视频，感觉时间就会过得很快。

（3）经常改变训练内容。有氧运动、力量训练和柔韧练习变换着进行训练会更有趣。

（4）确保充分的休息和恢复。运动过量会造成运动损伤。

（5）坚持写训练日记。在 App 上传自己的锻炼心得也是不错的方法。

（三）连续锻炼法

在锻炼的过程中，为了保持有价值的负荷量而不间断地连续进行运动的方法叫作连续锻炼法。此方法要求负荷强度较低、负荷时间较长、无间断地连续进行运动。从增强体质出发，需要间歇就停一会儿，需要连续就接二连三地进行下去，不能仅讲究间歇，还要讲究连续。连续、间歇、重复都是在整个锻炼过程中实现的。连续、间歇、重复等各因素各有其独特的作用，连续的作用在于持续保持负荷量不下降，维持在一定的水平上，使身体充分地受到运动的作用。连续锻炼时间的长短，同样要根据负荷价值有效范围而确定，通常认为在 140 次/分左右的心率下连续锻炼

20～30分钟便可使机体的各个部位都长时间地获得充分的血液和氧的供应，因而能有效地发展有氧代谢能力，发展耐力素质。

（四）循环锻炼法

循环锻炼法是在练习前，设立几个不同的练习点（或称作业站），练习者按照既定的顺序和路线，依次完成每个练习点的练习任务。即一个点上的练习一经完成，练习者就迅速转移到下一个点，下一个练习者依次跟上。练习者完成了各个点上的练习，就算完成了一次循环。这种练习方法就叫作循环锻炼法。其结构因素有每点的练习内容、每点的运动负荷、练习点的安排顺序、练习点之间的间歇、每遍循环之间的间歇、练习的点数与循环练习的组数。循环锻炼法对技术的要求不高，且各项目都采用比较轻度的负荷练习，因此连起来简单有趣，可有效地提高不同层次和水平的练习者的运动情绪和积极性；可以合理地增大锻炼过程的密度；可以随时根据情况加以调整，做到区别对待；可以防止身体局部负担过重，延缓疲劳的产生，交替刺激不同的体位，有利于综合锻炼，从而达到身体全面发展的效果。就大学生而言，锻炼时既要发展四肢，也要发展躯干；既要运动胸背部，又要运动腰腹部；既要追求形态的健美，也需要注意机能、素质的全面发展。为此，就必须科学地搭配运动项目。根据已有的经验，一般选择6～12个已为锻炼者掌握的简单易行的项目为宜。

（五）变换锻炼法

不断变换运动负荷、练习内容、练习形式以及条件，以提高锻炼者的积极性、适应性及应变能力的方法称作变换锻炼法。此方法可以有效地调节生理负荷，提高兴奋性，强化锻炼意识，克服疲劳和厌倦情绪，以达到提高锻炼效果的目的。例如，刚参加锻炼时，可多做些诱导性练习和辅助性练习。随着锻炼水平的提高，应加大练习的难度，如用越野跑代替在田径场的长跑等。由于锻炼条件的变化，可使锻炼者的大脑皮质不断产生新异的刺激，提高兴奋性，激发锻炼的兴趣，从而提高机体对负荷的承受能力，提高锻炼效果。另外，不断地对锻炼的内容、时间、动作速率等提出新的要求，可有效地调节生理负荷，使机体不断产生适应性变化，达到更好的锻炼身体的目的。

（六）负重锻炼法

负重锻炼法是使用杠铃、哑铃、沙袋等重物进行身体运动来锻炼身体、增强体质的方法。负重的方法既适用于锻炼身体，又适用于各项运动员进行身体训练，还适用于身体疾患者的康复。一般来说，为增强体质而进行负重锻炼，应该采用最大摄氧量和最大心输出量以下的负荷。因为过大的负荷可能给心血管和呼吸系统带来不良的影响，为了保证这种锻炼方法对身体的良好作用，在运动负荷价值阈范围内（心率为120次/分～140次/分）可以多次重复或连续。

如何养成每天锻炼的好习惯？

（1）确定每天锻炼的时间。

（2）事先把运动装备准备好。

（3）什么都不想，马上出发。

（4）开始时运动量不要过大，逐步加大运动量。

（5）在日历上画"笑脸"。

第三节　运动健身方案的制订

运动健身方案一般由运动方式、运动强度、运动时间、运动频率、运动量和运动进程六个部分组成。

一、运动方式

不同的人对相同运动健身方案的反应不同，取得的运动健身效果也不同。因此，在执行运动健身方案时，要充分考虑体育锻炼者的个性特征，使体育活动更有针对性。

运动方式是体育锻炼者采用的具体健身手段和健身方法，即具体的运动项目。不同的运动方式具有不同的健身效果。

在选择运动项目时，要充分考虑到可能影响体育锻炼效果的各种因素，以便科学、合理地选择运动项目。

（一）年龄状况

不同年龄的人，选择的运动方式往往不同。青少年适合做一些趣味性强的集体项目和对抗性运动，如健美操、球类运动、力量训练等。

（二）根据健身目的

体育锻炼者在选择运动项目时，要考虑运动项目的健身效果是否与自身的健身目的一致，要根据运动健身的目的确定运动方式。例如，要增加体力活动量，可以选择任何你喜欢的运动项目；若要想健美，则应当选择力量练习和纵跳等运动方式。

（三）根据兴趣爱好

体育锻炼者在选择运动项目时，应当尽量选择自己感兴趣的运动项目。否则，很难长期坚持。如有氧运动是提高心肺功能的最有效方法，但如果对健步走、慢跑等运动没有兴趣，选择游泳、爬山等运动方式，可以达到同样的健身效果。

有时候兴趣爱好要服从于健身目的，如高血压患者最有效的运动方式是健步走。因此，以降低和控制血压为主要目的的体育活动者，即使对健步走没有兴趣，也要选择这种运动方式，在运动中慢慢培养兴趣。

（四）根据动作难度

在刚参加体育锻炼时，应当尽量选择一些动作技术相对简单、对运动技能要求不高的运动项目。当身体机能和身体素质逐渐提高后，再选择一些技术难度高的运动项目。例如，青少年刚参加体育活动时，可以先选择慢跑、健美操、游泳等运动方式，当运动能力提高以后，再选择足球、篮球等动作技术难度较大的运动项目。

二、控制运动强度

运动强度是制订运动健身方案中最重要的内容。运动强度过小，达不到对身体的刺激强度，没有明显的健身效果；运动强度过大，不仅对运动健身无益，还可能造成运动伤害。

运动强度可以根据运动对机体的刺激强度和身体对运动的反应程度确定。心率是评定运动强度的简易指标，以有氧运动为例，根据运动中的心率变化可将有氧运动分为小强度运动、中等强度运动和大强度运动。

小强度有氧运动：运动对身体的刺激程度较小，运动中心率一般不超过 100 次/分，如散步等。

中等强度有氧运动：运动对身体的刺激强度适宜，运动中心率一般在 100～140 次/分，如健步走、慢跑、自行车运动、太极拳等。运动中主要通过消耗糖原和脂肪供能。中等强度以上的运动效果较佳。

大强度有氧运动：主要指一些强度相对较大的长时间耐力运动。运动中最大心率超过 140 次/分，如跑步、快节奏的健身操和快速爬山、登楼梯等。篮球、足球等球类运动中既有大强度运动，又有中等强度有氧运动。

在实施运动健身方案时，要严格控制运动强度，以确保运动健身的安全、有效。一般常有的监控运动强度的简易指标有运动中心率、运动的呼吸变化和运动中自我感觉等。

（一）用心率控制运动强度

运动强度越大，心脏和身体对运动的刺激反应就越明显，心率也就越快。一般常用最大心率百分数和运动中的实际心率数控制运动强度。

最大心率是指人体在运动过程中所能达到的最快心跳频率，用次/分表示。测定最大心率的方法有直接测定法和间接推测法。直接测定法是采用跑台或功率自行车测试，逐渐增加运动负荷至最大负荷，记录运动负荷结束时或运动过程中的最高心率数，即为最大心率。采用直接测定法测定的最大心率，可以客观地反映人体运动时的最大心率数，具有个性特点。体育锻炼者如果有条件，应该到专门机构中采用直接测定法测定最大心率。

人体的最大心率与年龄有关，随着年龄增加，最大心率逐渐减慢，据此，采用下列公式可以间接推算最大心率。

$$最大心率（次/分）=220-年龄（岁）$$

在用心率控制运动强度时，要考虑年龄、体质状况、锻炼习惯和运动方式等多种因素。以有氧运动方式为例，一般采用60%～80%的最大心率范围进行中等强度有氧运动。对于具有一定运动习惯、身体机能较好的人，也可以采用70%～80%的最大心率进行大强度有氧运动；而对于初参加体育锻炼或身体机能较差的人，可采用50%～60%的最大心率范围进行中小强度有氧运动。

在制订具体的运动健身方案时，要根据每个人的年龄、身体状况、运动能力测定结果，对体育锻炼者的运动能力进行综合评价，确定控制运动强度的心率范围，并在实施运动健身方案中不断调整，以适应个体状况。

例如，一个有运动习惯的20岁男性大学生，运动能力测试表明其身体状况较好，在进行有氧运动时，可采用下列方式推算其在运动中的心率范围，控制运动强度。

$$最大心率（次/分）=220-年龄（岁）=220-20=200$$

由于身体状况较好，且有运动习惯，推荐他进行60%～80%最大心率范围的中等强度有氧运动。

计算运动中心率控制范围：$200×（60\%～80\%）=120～160$。因此，他运动中的心率应控制为120～160次/分。

在体育锻炼过程中，有两种方法监测运动中的心率。一是采用心率测试表监测运动过程中的心率变化，心率测试表可在专门的运动健身器材商店购买，监测方法可参见说明书。二是测定运动中或运动结束后即刻10秒的桡动脉或颈动脉脉搏，乘以6，即为运动中心率。例如，在慢跑后即刻，测定的脉搏次数为20次每10秒，乘以6，等于120次，表示慢跑运动中的心率为120次/分。

（二）用主观体力感觉控制运动强度

在运动过程中，身体主观感觉与心率和运动强度有密切关系。因此，人可以根据主观体力感觉控制运动强度。瑞典著名的生理心理学家博格先生通过大量实验证实运动过程中心率、最大摄氧量、能量消耗、呼吸频率、肌肉疲劳程度与主观体力感觉之间的关系，并建立了主观体力感觉等级表，以综合反映包括生理变化和心理变化在内的主观体力感觉，用于评定运动强度。

人体在运动过程中的主观体力感觉可分为6～20个等级（表3-3-1），6级为正常安静状态下的感觉。小强度运动的主观体力感觉为10～11级，中等强度运动为12～14级，大强度有氧运动为15～16级，剧烈运动为17～19级，力竭状态下的主观感觉为20级，无法继续坚持运动。

表 3-3-1　主观体力感觉等级表

自我感觉	等　级
根本不费力	6
极其轻松	7
	8
很轻松	9
	10
	11
轻　松	12
	13
稍　累	14
累	15
	16
	17
很　累	18
极　累	19
力　竭	20

主观体力感觉等级与运动心率密切相关。研究证实，运动过程中的主观体力感觉等级数乘以10，即相当于运动中的心率（次/分）。例如，运动中主观体力感觉等级数为12，即相当于运动中的心率为120次/分。

体育锻炼者可以通过主观体力感觉控制运动强度。一般来讲，在进行中等强度有氧运动时，主观体力感觉可保持在12～14级，即在运动中感觉比较轻松或比较累。

三、运动时间

运动时间是指每次体育活动的持续时间。运动时间和运动强度决定了一次体育活动的总运动量。体育锻炼只有达到一定的总运动量，才能取得明显的健身效果。运动时间过短对提高身体机能效果甚微；而运动时间过长，则容易造成疲劳累积，也不会进一步增加健身效果。研究发现，产生健身效果的运动时间不能少于5分钟，而体育锻炼的有效运动时间最好不要超过1小时。

在进行中小强度运动时，需要足够长的运动时间；而在进行大强度运动时，运动时间相对较短。在体育锻炼的初期，运动时间较短，经过一段时间的体育锻炼对运动产生适应后，可以延长运动时间。

运动时间也与从事的运动项目有关。在进行持续性有氧运动时，运动时间可以长一些；进行力量、速度运动时，运动时间可以短一些。在进行一些球类运动项目时，如网球、羽毛球、门球等，运动中有一定的间歇时间。因此，运动过程的时间可以长一些，但有效运动时间最好也不要超过1小时。

对于经常参加体育锻炼的人，推荐每天有效运动时间为30～60分钟。进行中等强度有氧运动时间应该在30分钟以上，进行大强度的运动时间为20～25分钟。

四、运动频率

运动频率是指每周参加体育活动的次数。从运动生理学角度分析，每周只进行1天体育活动，虽然会使身体机能有所改善，但这种健身效果不能持续积累，而且由于间隔时间较长，每次运动后都有比较明显的肌肉酸痛症状和疲劳感觉，对增强体质的作用不大；每周进行2天体育活动，可以提高身体机能或保持已经获得的运动效果；每周进行3天或3天以上的体育活动，运动健身效果明显，养成运动习惯后，从事同样的运动方式和运动强度，没有明显的疲劳感。建议大学生每天运动1个小时。

研究发现，进行一段时间的体育活动后，由于某些原因中止了体育锻炼，那么，已有的运动健身效果会逐渐消失。运动健身效果的消失速度大约相当于获得效果的1/3。因此，体育锻炼要持之以恒。

五、运动量

运动量是由运动的频率、运动强度和运动时间（持续时间）共同决定的，即训练的FITT。运动量对促进健康体适能的重要作用已被证实，它对身体成分和体重管

力量练习时的
运动强度控制

理的重要性尤为突出。每周的运动量可以用来评价运动量能否到达了促进健康体适能的推荐量。

计步器是一种促进体力活动的有效工具，并且可以通过每天行走的步数来估算运动量。人们经常提到，"每天步行10000步"，但是每天步行至少5400～7900步就已满足推荐量。为了到达每天5400～7900步的目标，人们可以考虑使用以下方法估算总运动量：① 以100步/分钟的速度步行大约相当于中等强度的运动；② 每天以中等强度步行30分钟，相当于每天走3000～4000步。如果运动者的目的是通过运动来管理体重，那么他/她需要走得更多。以维持正常体重为目的的男性运动者可能需要每天步行11000～12000步，女性需要8000～12000步。使用计步器估算运动量存在潜在的误差，因此最明智的做法是将步/分与目前推荐的运动时间/持续时间结合使用（如以150步/分的速度每次步行30分钟，或以此速度每周步行150分钟）。

六、运动进程

运动计划的进度取决于运动者的健康状况、健康体适能、训练反应和运动计划的目的。专业人员在实施进度计划时，可以通过增加运动处方的FITT原则中运动者可以耐受的一项或几项来达到目的。在运动计划的开始阶段，建议逐渐增加运动的时间/持续时间（即每次训练课的时间）。推荐给一般成年人的较合理的进度是在计划开始的4～6周中，每1～2周将每次训练课的时间延长5～10分钟。当运动者规律锻炼至少1个月之后，在接下来的4～8个月里，逐渐增加FITT直到达到推荐的数量和质量。训练时，应该遵照循序渐进的原则，避免大幅度增加FITT-VP中某一项，这样可以将肌肉酸痛、运动损伤、过度疲劳的发生以及过度训练的长期风险降到最低。若因运动量增加而产生了不良反应，如运动后的呼吸急促、疲劳和肌肉酸痛，运动者无法耐受调整后的运动计划时，应降低运动量。

综上所述，我们推荐有运动健身习惯的成年人每周进行150分钟以上的中等强度有氧运动或75分钟以上的大强度有氧运动。这相当于每天进行30～60分钟的中等强度有氧运动，每周至少运动3～5天，或每天进行20～25分钟的大强度有氧运动，每周运动3天以上。

第四节   准备与放松活动

一次完整的运动健身活动至少应包括准备活动、基本活动和放松活动三部分内容。本节着重介绍准备活动和放松活动。（表3-4-1）

表3-4-1   一次健身活动基本内容及安排

活动构成	主要活动内容	活动时间（分钟）
准备活动	慢跑、全身关节活动、牵拉练习	5～10
基本活动	有氧运动、力量练习、球类活动、中国传统健身方式	30～60
放松活动	行走、慢跑、牵拉练习	5～10

一、准备活动

在进行体育锻炼前做好充分的准备活动，对于体育锻炼者来说是非常重要的。准备活动的意义和作用，是身体从安静状态进入运动状态的一个过程。有些人对准备活动的生理作用不了解，不重视体育锻炼前的准备活动，因此不愿做。这往往会影响到体育锻炼的效果，甚至会引起各种运动损伤的发生。

准备活动是人们在运动或比赛前所做的各种热身活动，其练习目的的主要是会使人体由相对的安静状态逐步转入紧张的工作状态，使中枢神经系统逐渐兴奋起来，并通过大脑皮质传至躯体各部神经和植物性神经，再由躯体神经和植物神经支配身体各部位，各器官参加运动。肌肉运动是受躯体性运动神经支配的，人体的最高司令部大脑皮质发出的命令（兴奋波）直接传达脊髓前角细胞，命令运动神经纤维支配肌肉运动。我们身体的内脏器官，如心脏、血管、呼吸器官等，都是受植物性神经支配的，也是从人体的最高司令部大脑皮质发出命令（兴奋波），经过二级司令部（皮层下中枢）和各个交通站（神经节），最后到达所支配的内脏器官的。植物性神经传递兴奋的速度比躯体性运动神经慢，而内脏器官又有一定的惰性。因此，做准备活动就十分必要了。

人的运动器官可以迅速地从安静状态进入到剧烈的运动状态，就是说一下子就可以跑出去。但是，人虽然很快地跑出去了，可身体内必须有一定能量来适应这一疾跑，如需要大量氧气和营养物质的供应。而身体里因新陈代谢产生的废物还必须尽快地排泄出去，这时对心脏、呼吸等内脏器官就提出了高的要求，这些内脏器官必须要尽力工作才能满足运动器官的需要。然而，运动不能一下子把内脏的机能全部动员起来，便出现了运动器官和内脏器官之间不相适应的矛盾，人会产生不适感。因此，若想克服内脏机能的惰性，必须做好充足的准备活动，才能充分地发挥出人体的运动能力。在进行正式运动之前做一些准备活动，还能够提高各个神经机能中枢（也包括内脏的机能中枢）的兴奋性，使身体能预先克服内脏的机能惰性，为正式运动创造有利条件，会缩小运动机能和内脏机能之间的差距，使身体能力最大限度地发挥出来。另外，提高肌肉温度，克服肌组织的黏滞性，预防运动损伤的发生。在体育锻炼前进行一定强度的准备活动，可使肌肉的代谢过程加强，肌肉温度升高，这样既可以使肌肉的黏滞性下降（不发僵），还可以增加肌肉、韧带的伸展性和弹性，减少由于肌肉剧烈收缩而造成的运动损伤。

二、放松活动

怎样进行放松
活动

运动过后的"冷却"，如同运动之前的"预热"一样不可忽视，只有这样，放松活动才能够收到运动的功效。在现实生活中，我们常常看到有的人进行剧烈运动之后，不做放松运动就离开了，这样的运动是不完整的，也不科学。运动后马上静止不动，会让高度运转的神经、肌肉得不到缓冲，这时候激素水平、血压等都没降下来，对心脑血管很不好。而运动后做放松活动，会让机体的各个部位逐渐适应从运动到停止运动这一变化，保护身体健康。

放松活动是指在体育锻炼后，所采用的一系列放松练习和运动后按摩等恢复手段，其目的是消除疲劳，恢复体能，提高锻炼效果。

放松活动可以促使机体迅速偿还"氧债"。运动时需要大量的氧气供代谢使用，机体在代谢过程中会产生大量废气（如二氧化碳）随呼吸排出体外。剧烈运动，机体往往一时供应不上氧气，这就使机体欠下"氧债"，体内二氧化碳也因不能及时排出体外而堆积。如果在剧烈运动结束而做一些放松活动，使呼吸保持一定强度，就可以及时吸入氧气，呼出二氧化碳，保持机体酸碱平衡，迅速消除疲劳。

放松活动可以使紧张的肌肉得到放松。在运动中，肌肉毛细血管大量开放，肌肉高度紧张。如果激烈运动后立即静止不动，肌肉内淤积的血液就不能及时流回心脏，肌肉僵硬，疲劳不易消除。相反，运动后做一些整理活动，使运动慢慢缓和下来，或通过按摩挤压肌肉和穴位，就可以使肌肉得到充分的放松和休息。曾有报道，23岁的刘先生平时酷爱运动，半个月前他加大了自己的运动量，一个星期前他的右下肢逐渐肿胀起来，走路都疼痛难忍。到医院检查发现，从股动脉到小腿静脉有一根长达50厘米的血栓。若不及时取出，血栓很容易通过静脉回流进入肺腔，引起肺动脉栓塞而危及生命。专家说，这是因为刘先生在剧烈运动过后没有注意做放松运动，使肌肉的代谢产物没有得到及时消退，引起了炎症并导致形成血栓。

放松活动可以促进血液循环，使躯体和内脏比较一致地恢复到安静状态。运动后立即停止肌肉活动，四肢就无法利用肌肉的收缩将血液送回心脏，而这时心脏仍跳动很快并继续将血液送回四肢，这种不平衡会造成这样的结果：一方面四肢特别是腿部瘀血；另一方面脑部和其他脏器因回心血量减少而无法获得心脏送去的血液，这时轻者出现头晕、乏力，重者出现晕厥。因此，剧烈运动后，进行放松活动是保证躯体和内脏运动平衡的重要措施。

人体在运动之后，需要逐步恢复到相对安静的状态，缓解锻炼时心理的紧张。从心理学角度看，运动之后进行放松运动可以帮助紧张心理上的恢复。良好的心境对人的行为具有促进作用，而消极的心境也可能使原先感觉很有兴趣的事情变得索然无味。

第四章

运动与营养

知识树

第一节　健康膳食

一、健康膳食的重要性

当今社会，追求健康的生活方式已经成为一种时代的潮流，科学养生、合理膳食已经成为一个时代的主题，成为构建和谐社会、建设健康中国的一项重要内容。营养科学是一门揭示身体状况和饮食关系的科学。营养科学证明，饮食对机体的长期影响，超过了其他任何所能控制的因素。"先天遗传，后天营养"，人的生命首先在于营养，营养是健康之本，合理营养的目的在于满足人体的正常生理需要，有助于人体的吸收与利用，减少机体负担。

在世界营养学的发展历史中，我国的《黄帝内经》最早提出了饮食整体杂食观的思想，《黄帝内经》明确指出，五谷为养，五果为助，五畜为益，五菜为充，气味合而服之，以补精益气。这就是中国传统的膳食金字塔，它包含了饮食四平衡：生态平衡、体质平衡、营养素平衡、酸碱平衡。

现代通行的健康膳食金字塔，与《黄帝内经》提出的膳食结构是一致的，核心思想都是平衡膳食。通过人体对营养素的需求与膳食供给之间保持平衡，从而保证人体从食物中获取合理的营养。当今社会，出现了很多不良的饮食习惯导致的疾病。因此，要想健康，就必须把健康饮食放在首位。

中国居民膳食
指南建议

二、平衡膳食

（一）平衡膳食的概念

平衡膳食是指膳食中所含的营养素种类齐全、数量充足、比例恰当，膳食中所供给的营养素与机体的需要，两者保持平衡。平衡膳食不仅能满足机体的各种生理需要，而且能预防多种疾病的发生，是人类最合理的膳食。合理营养是健康的物质基础，而平衡膳食是合理营养的根本途径。

中国居民平衡膳食宝塔简称平衡膳食宝塔（图4-1-1），是根据《中国居民膳食指南》的要求并结合我国居民的膳食结构特点设计的。它把平衡膳食的原则转化成各类食物的质量，并用宝塔形式表现出来，以直观的方式告诉人们食物分类的概念以及每天所吃食物的合理范围，便于大家理解并在日常生活中实行。具体地说，平衡膳食宝塔共分为五层，包含人们每天应吃的主要食物种类。宝塔各层位置和面积不同，这在一定程度上反映出各类食物在膳食中的地位和应占的比重。谷类食物位居底层，是膳食中能量的主要来源，每人每天的摄入量为350～650克；蔬菜和水果占据第二层，每天应吃蔬菜300～500克，水果200～350克，要注意水果和蔬菜是两类食物，不可以相互替代；鱼、禽、肉、蛋等动物性食物位于第三层，每天的摄入量为125～200克，主要提供身体所需的蛋白质和一些重要的维生素和矿物质；奶类和豆类食物居第四层，每天的摄入量为奶类食物及其制品300克，豆类食物25～35克。第五层塔尖是油脂类，每天的摄入量为25～30克。平衡膳食宝塔建议的各类食物摄入量是一个平均值和比例。

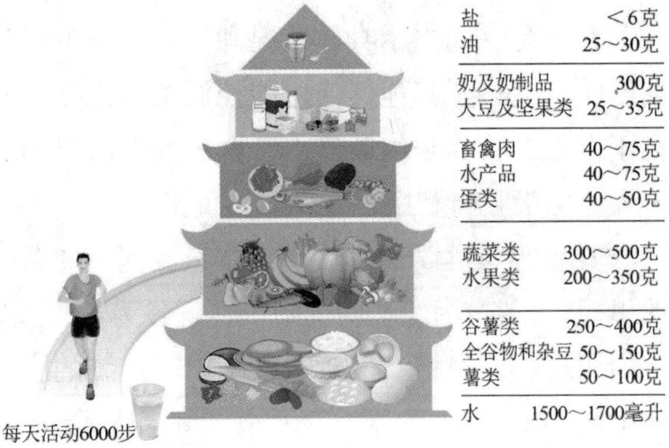

盐	＜6克
油	25～30克
奶及奶制品	300克
大豆及坚果类	25～35克
畜禽肉	40～75克
水产品	40～75克
蛋类	40～50克
蔬菜类	300～500克
水果类	200～350克
谷薯类	250～400克
全谷物和杂豆	50～150克
薯类	50～100克
水	1500～1700毫升

每天活动6000步

图4-1-1

（二）平衡膳食的要求

1. 食物多样，谷类为主

每天的膳食应包括谷薯类、蔬菜水果类、畜禽鱼蛋奶类、大豆坚果类等食物。每天摄入谷薯类食物250~400克，其中全谷物和杂豆类50~150克。平均每天应摄入12种以上的食物，每周应摄入25种以上的食物。

2. 吃动平衡，健康体重

食不过量，控制总能量摄入，保持能量平衡。各年龄段人群都应天天运动，保持健康体重。坚持日常身体活动，每周至少进行5天中等强度的身体活动，累计150

分钟以上，主动身体活动最好每天 6000 步。

3. 多吃蔬果、奶类、大豆

蔬菜水果是平衡膳食的重要组成部分，奶类富含钙，大豆富含优质蛋白质。保证每天摄入 300～500 克的蔬菜，其中，深色蔬菜应占 1/2。天天吃水果，果汁不能代替鲜果，保证每天摄入 200～350 克新鲜水果。吃各种各样的奶制品，相当于每天液态奶 300 克。经常吃豆制品，适量吃坚果。

4. 适量吃鱼、禽、蛋、瘦肉

鱼、禽、蛋和瘦肉的摄入要适量，每周吃鱼 280～525 克，畜禽肉 280～525 克，蛋类 280~350 克，平均每天摄入总量 120～200 克。优先选择鱼和禽，吃鸡蛋不能弃掉蛋黄，少吃肥肉、烟熏和腌制食品。

5. 少盐少油，控糖限酒

培养清淡饮食习惯，少吃高盐和油炸食品，成人每天食盐不超过 6 克，每天烹调油 25～30 克。控制添加糖的摄入量，每天摄入不超过 50 克，最好控制在 25 克以下；每日反式脂肪酸摄入量不超过 2 克，儿童少年、孕妇、乳母不应饮酒。成人如饮酒，男性一天饮用酒的酒精量不超过 25 克，女性不超过 15 克。足量饮水，成年人每天 7～8 杯，1500～1700 毫升，提倡饮用白开水和茶水，不喝或少喝含糖饮料。

6. 杜绝浪费，兴新食尚

珍惜食物，按需备餐，提倡分餐不浪费；选择新鲜卫生的食物和适宜的烹饪方式；食物制备生熟分开、熟食二次加热要热透；传承优良文化，兴饮食文明新风；多回家吃饭，享受食物和亲情；学会阅读食品标签，合理选择食品。

第二节　运动营养处方

一、运动中的营养补充

近年来，随着体育科学的迅速发展，运动营养学受到了人们特别的注意与重视，尤其是运动中能量的消耗与补充。一些体育科学发达的国家，已开始将运动营养学与训练有机地结合在一起，使运动训练效果和运动成绩迅速提高。运动和比赛不同时期的营养补充有以下特点。

（一）比赛前期的营养特点

赛前 10 天左右，一般属于调整期，这时训练的强度突出而量却较小，膳食中热量应减少，以防止不适宜地增加体重，对比赛不利。参加短跑和跳跃项目者的膳食应保证有较多的蛋白质和足够的糖，减少脂肪的摄入；参加投掷项目者在此阶段主要进行类似比赛强度的完整技术练习，对肌肉的最大力量及爆发力要求较高，应注意高蛋白质食物摄取，每千克体重不少于 3 克；对从事耐力项目者而言，为了提高比赛时的运动能力，应特别注意增加体内糖原的储备，可选择高糖膳食，膳食中的糖含量应达到 60% 或以上，不要过多进食蛋白质和脂肪等酸性物质，以防止体液偏酸，不利于比赛。

此外，比赛前 10 天内还应多吃蔬菜、水果，以供给充足的维生素和微量元素，尽量使它们在体内达到饱和状态。每日维生素 A、维生素 B_1、维生素 B_2、维生素 C、维生素 E 等的摄入量可增加到平时的 1 ~ 2 倍。维生素 C、维生素 E 摄入后 40 ~ 60 分钟即可发挥作用，短、中跑可以在赛前 60 分钟服维生素 C 和维生素 E 各 100 毫克，长跑、马拉松可在赛前 30 分钟服维生素 C、维生素 E 各 200 毫克，这对维持心脏、肌肉、红细胞的功能都有好处。

（二）比赛当日的营养特点

1. 赛前饮食

不要空腹参加比赛，应在赛前 2 ~ 3 小时进食最后一餐。食物应体积小、热量高、易消化、合胃口，以糖为主。尽量不吃豆类、肥肉、韭菜、芹菜、粗杂粮等难消化、纤维多、产气多，易造成腹胀的食物。短时间结束的项目，不用考虑能量足不足的问题；长时间耐力项目，饮食热量应充足，除供应高糖外，还应吃些蛋白质和脂肪性食物，以维持饱感，运动时还可以节省糖，以免糖过早耗尽而出现疲劳现象，另外，还要补充维生素和无机盐。赛前 30 ~ 90 分钟内不要服糖。因为可能引起比赛时出现低血糖反应而影响比赛。如果运动前 20 ~ 30 分钟内服糖，则有防止低血糖发生的作用，但是服用量不能超过 60 克。

2. 赛中饮料

在超长距离项目的比赛中，由于人体水分、盐分丢失多，能量消耗大，途中通过饮料补充能量、盐分和水分，对维持运动能力有良好作用；摄入量视气温而定，原则是少量多次，饮料通常多由鲜果汁、糖、柠檬酸、食盐等加水配制。

运动时，饮用适量的运动饮料可增强体力，推迟运动性疲劳的出现。例如，从事耐力项目，可饮用含糖较高的饮料，如健力宝、高能运动饮料、沙棘精等；短时间的剧烈运动中会出现缺氧症状，酸性物质生成较多，可选用碱性电解质饮料；当体力下降，身体机能不佳，血色素低时，可选择滋补强身的饮料，如沙棘精、枣汁等饮料。

（三）比赛后恢复期的营养特点

参加长时间竞赛，如马拉松、足球等项目，恢复期补充营养的主要目的是尽快恢复体液平衡和体能平衡，消除疲劳。比赛结束后即饮用一杯含 100～150 克葡萄糖的果汁，对促进肝糖原的恢复、防止肝脂肪浸润、消除中枢神经疲劳有良好的作用。然后按照补水原则逐步恢复机体的水盐平衡。在休息 2～3 小时后，可吃一些精细、可口、高热量的食物，以促进热量及其他营养素恢复平衡。

比赛后两三天内的膳食，仍应维持较高的热量和丰富的营养素。因为比赛时所消耗的热量和营养素不可能在一天内就得到恢复。此外，恢复期因为身心负担小，运动负荷和训练强度都较低，食欲会不断增加，因此要注意控制体重的增长。

二、营养处方

（一）营养处方的定义

不同种类的食物中所含营养素不同：动物性食物（包括肉、鱼、禽、蛋、奶及奶制品）和豆类含优质蛋白质；植物性食物中的蔬菜、水果含维生素、矿物盐及微量元素；谷类、薯类和糖类含碳水化合物；食用油含脂肪；肝、奶、蛋含维生素A；肝、瘦肉和动物血含铁。为了获得充足的营养，人体需要摄取均衡的膳食。所谓均衡膳食，是指选择多种食物，经过适当搭配，满足人们对能量及各种营养素需求的膳食。不同年龄、不同需求的人群均衡膳食的搭配又不相同，因此，为了指导人们科学地摄取营养，需要根据个人的实际情况制订膳食营养计划，就像医院的医生为不同的患者开出的医疗处方一样，我们把膳食营养计划称为营养处方。一般情况下，营养食谱需要有一定营养学知识背景的专业人员来制订，但大学生通过必要的学习，完全可以独自制订一份自己专属的营养处方。

（二）营养处方的制订

营养处方的制订需要五个步骤。

1. 膳食评价

通过回顾法将个体过去某个有代表性的一天内所有摄入的食物、饮料等进行分类、归总，再按照最新的《中国居民膳食指南》，对被评价者平均每日膳食总热量、各热能营养素的比例、各主要营养素的摄入量进行粗略计算和分析。

营养处方的构成

就像医疗处方有患者一般信息、诊断、药物名称和使用建议一样，营养处方的内容如下。

（1）使用者的一般资料：姓名、性别、年龄、职业、体力活动水平。

（2）膳食评价：现在平均每日膳食总热量、各热能营养素的比例、三餐的热能比。

（3）膳食建议：建议今后每日膳食总热量、各热能营养素的比例、各类食物的种类及摄入量、三餐的热能比及膳食制度。

（4）食谱推荐：包括早、中、晚餐的具体食物搭配建议。

（5）注意事项：如何加餐、如何进行同类食物之间的置换、如何与运动相结合。

2.确定每日热能供给量

在制订营养处方之前，需要对需求者的一般信息进行采集，包括性别、年龄、职业、平均日常体力活动水平，以便确定其每日合理的热能供给量。其中最主要的是评估日常体力活动水平，一般体力活动分级标准和不同性别成年人对应的热能供给推荐量见表4-2-1。

表4-2-1　一般体力活动分级标准和不同性别成年人对应的热能供给推荐量

体力活动水平	体力活动描述	男性热能供给量千卡（按标准体重65千克计算）	女性热能供给量千卡（按标准体重55千克计算）
极轻体力劳动	主要处于坐姿	2400	2200
轻体力劳动	主要处于站姿	2600	2400
中等体力劳动	指学生的日常活动、驾驶等	3000	2800
重体力劳动	指农业、车床、体育活动等	3600	3400
极重体力劳动	指装卸、伐木、采矿、开荒等	4200	

3.确定热能营养素所占比例和三餐的热能分配

一般人群的糖、蛋白质和脂肪在一日总热能中各占60%～70%、12%～15%、20%～25%；脂肪超标欲控制体重者，可强化低糖、高蛋白质饮食，热能比可调整为50%、25%、25%；有增肌需求的健美爱好者，可采用60%、20%、20%的比例搭配。不仅每天热能摄入量要合理，一日三餐的能量分配要合理，根据人体每日食物消化、吸收的规律和作息特点，而且三餐热能分配一般遵循3∶4∶3的比例或各

中国儿童少年
膳食指南

占 1/3。如果有加餐，可根据时间将加餐分别归入相应的三餐中计算。此外，一般加餐的热量不超过全天总热量的 10%。

4. 确定三大营养素的摄入量

每克营养素在人体内氧化产生的能量值（千卡）称为产热系数，糖、蛋白质和脂肪的产热系数分别为 4、4、9，故在确定三大热能营养素所占比例后，根据各自的产热系数即可计算摄入量。

5. 确定各类食物的种类及摄入量

从营养学的角度，食物一般分为五类。

（1）谷类（包括米、面、杂粮）及薯类（包括马铃薯、甘薯、木薯等）主要提供碳水化合物、蛋白质、膳食纤维及 B 族维生素。

（2）动物性食物（包括肉、禽、鱼、奶、蛋等）主要提供蛋白质、脂肪、矿物质、维生素 A 和 B 族维生素。

（3）豆类和坚果（包括大豆及其他干豆、花生、核桃、杏仁等）主要提供蛋白质、脂肪、膳食纤维、矿物质和 B 族维生素。

（4）蔬菜水果类（包括鲜豆、根茎、叶菜、茄果等）主要提供膳食纤维、矿物质、维生素 C 和胡萝卜素。

（5）纯热能食物（包括动植物油、淀粉、食用糖和酒类）主要提供能量，植物油还可提供维生素 E 和必需脂肪酸。

根据《中国食物成分表》中提供的数据，将上述确定摄入量的营养素分别分配到不同的食物中，实现食物多样化的同时，摄入足够的蔬菜和水果，以保证维生素、矿物质和膳食纤维的摄入。

中国老人膳食
指南

素食人群
膳食指南

第三节 体重控制

一、适宜体重

体重指数（Body Mass Index，BMI），是用体重（千克）除以身高（米）平方得出的数字，是目前国际上常用的衡量人体胖瘦程度以及是否健康的一个标准。

$$体重指数（BMI）=体重（千克）/身高（米）^2$$

因为体重指数没有把一个人的脂肪比例计算在内，所以一个 BMI 指数超重的人，实际上可能并非肥胖。如经常健身的人群，由于体重有很大比例的肌肉，BMI 指数较高，可能会被过高估计肥胖程度；而老年人群，其 BMI 过低又可能被低估肥胖程度。因此，在应用BMI指数中，同时测定、体脂率，有助于准确判断肥胖程度。中国成人超重和肥胖的BMI、腰围界限值及相关疾病危险的关系见表4-3-1。

表4-3-1　中国成人体重指数分级与腰围界限值及相关疾病危险关系

分　类	体重指数	腰围（厘米）		
		男：＜85　女：＜80	男：＜95　女：＜90	男：≥95　女：≥90
低体重	＜18.5	—	—	—
正　常	18.5～23.9	—	增　加	高
超　重	24～27.9	增　加	高	极　高
肥　胖	≥28	高	极　高	极　高

注：相关疾病指高血压、糖尿病、血脂异常与危险因素。低体重提示可能有其他健康问题。

　　腹型肥胖比例大是中国人肥胖的特点和潜在危险，中国人体重指数超过25的比例明显小于欧美人，但腹型肥胖的比例比欧美人大。研究中发现，体重指数正常或不高的人，若腹围男性大于101厘米，女性大于89厘米，或腰围/臀围比值男性大于0.9，女性大于0.85的腹型肥胖者，其危害与体重指数高者一样大。

体重的组成

　　人体的体重组成可以分为两部分：脂肪体重和去脂肪体重（瘦体重）。去脂肪体重主要是由肌肉、骨骼、软组织和水分及其他非脂肪组织组成的。它与体力、有氧能力以及最大摄氧量成正相关。运动员为比赛减轻体重的理想方法是尽可能减去多余脂肪组织而保留瘦体重和糖原储备。因此，在运动员减控体重时期要定期检测运动员身体成分的变化。

二、体重控制

　　体重控制包括增加体重、维持健康体重和减轻体重，预防发生超重和肥胖。
　　体重控制的主要因素包括：健康的生活方式，合理膳食营养，体力活动与体育锻炼。影响体重的因素十分复杂，包括了生理因素、心理因素、生活方式与行为习惯、膳食营养摄入、体力活动和社会文化因素，以及一些其他特殊因素。这些因素之间发生交互作用，使体重控制更加复杂，并非简单的能量摄入与能量消耗之间的平衡问题。
　　体重并不是完全能够被人为控制的。上述因素当中，有的因素可以改变，另外一些因素却无法改变。可以改变的因素包括：膳食食物的数量和质量，体力活动的频率、强度和时间，健康的生活方式和情绪状态。然而，对于个体来说，通过对具

减脂营养处方

体重的影响
因素和调节

体情况进行分析，对可以改变的因素进行调节控制，从有益于身体健康和健康的生活行为方式出发，与合理膳食营养相结合，既可以改善健康状态，也可以改变和控制体重。

（一）体重偏轻

一个成年人在体重偏轻的情况下，如果很健康，可以保持现在的体重。如果希望增加肌肉，可以通过力量训练和全身肌肉的均衡训练，增加瘦体重。如果有体重过轻相关的健康问题，则需要加强营养，注意平衡膳食，增加总能量摄入。在增加体重过程中，体育锻炼和营养同等重要，必须注意平衡膳食，摄入足够的能量和蛋白质，同时避免摄入过多脂肪。健康的生活方式也很重要，如戒烟、限酒、规律生活、充足睡眠。

（二）保持健康体重

对于处于健康体重和通过减少体重达到健康体重的人来说，需要认识到，体重控制是一个复杂且缓慢的过程，并且是一个终生进行的过程，绝非短期行为，保持健康体重和身体脂肪含量是生活方式和生活态度的一部分。

为保持健康体重，总的原则是保持平衡膳食，有足够的体力活动和坚持进行体育锻炼，养成良好的生活习惯。节食和经常使用减肥餐膳不会带来预期的效果，反而可能引起较多的健康问题，各种低脂肪零食点心和餐膳可以作为加餐食品，应少量食用。

足够的体力活动和规律的体育锻炼是保持健康体重的关键：① 增加能量消耗；② 维持肌肉量，增加脂肪消耗；③ 保持较高的静息代谢率，增加每日能量消耗；④ 帮助调节食欲；⑤ 帮助控制精神压力和精神压力导致的进食过多或不足；⑥ 增加自信，处于良好的精神状态，改善睡眠；⑦ 维持合理的体脂含量。

（三）减轻体重

对于超重和肥胖且无明显其他疾病的人来说，通过控制膳食能量摄入与体育锻炼相结合以降低体重。减轻体重并不以减轻瘦体重为目标，所减轻的体重，是身体过多的脂肪；限制能量摄入是在平衡膳食的基础上，严格限制脂肪摄入（占总能量20%以下），适量减少碳水化合物摄入，使能量摄入和能量消耗之间保持能量负平衡，保持足够的蛋白质、维生素、矿物质和水分摄入；可以合理安排平衡膳食，每周监测身体脂肪含量。

控制饮食和增加体力活动要制订计划，持之以恒，循序渐进。每周减轻体重以1～1.5 千克较为适宜，每日能量负平衡不能超过 1000 千卡；不提倡节食，不提倡过快减轻体重，从有益于身体健康和健康的生活行为方式出发，使增加体力活动和规律的体育锻炼与合理膳食营养相结合，在健康的生活方式和良好的情绪状态中，

增肌人群
营养处方

减少身体多余的脂肪。例如，减轻体脂健身人群在膳食营养方面的措施为：① 能量摄入低于消耗（通过计算来确定）；② 安排好饮食量和营养素结构，按照平衡膳食金字塔的要求，保持平衡膳食；③ 合理选择食物和烹调方法，严格限制脂肪摄入，适量减少碳水化合物摄入量；④ 蔬菜、含糖量低的水果不限制；⑤ 奶、豆制品为主要蛋白质来源；⑥ 足量饮水；⑦ 谨慎使用减脂营养品。

跳绳运动

从运动量来说，持续跳绳 10 分钟，与慢跑 30 分钟或跳健身舞 20 分钟相差无几，是一项耗时少、耗能大的运动。有测试显示，跳 5 分钟、每分钟跳 140 次的运动效果就相当于慢跑半小时。只要你能保证以每分钟 120 ～ 140 次的速度，1 个小时就可燃烧掉 600 ～ 1000 卡的热量。加上跳绳花样繁多，随时可做，一学就会，因此跳绳一直是流行的健身方法和减肥方式。

健康体适能

第一节　体适能概述

一、体适能的概念

体适能源自美国体育界的健康、体育和舞蹈组织的健康体适能教育计划。这一体育健康新概念于 20 世纪 90 年代被引入我国，并逐步融入了我国的体育健康教育领域，极大地影响了我国的体育教育和健康观念，促进了人们体育观念的快速转变。在我国，不同的专家和学者对体适能的定义不同，但大多数专家将"Physical Fitness"翻译成"体适能"。

体适能的定义可视为身体对生活、活动与环境的综合适应能力，是一种满足生活需要和有足够的能量完成各种活动任务的能力。

二、体适能的分类

体适能一般分为三类：与健康有关的体适能，称为健康体适能，包括心肺耐力、柔韧性、肌肉力量和肌肉耐力以及身体成分；而与动作技能有关的体适能，称为运动体适能，包括灵敏性、平衡性、协调性、速度、肌肉爆发力和反应时间等；与代谢相关的体适能，称为代谢体适能。（图 5-1-1）

知识树

健康体适能

运动体适能

代谢性体适能

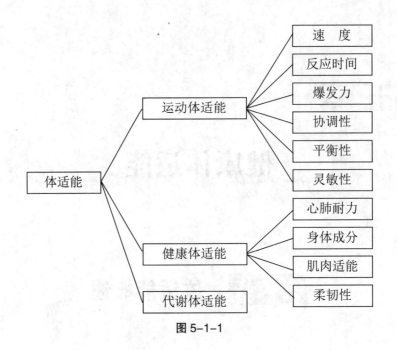

图 5-1-1

第二节 心肺耐力的锻炼方法

心肺耐力是指一个人持续身体活动的能力。在进行有一定强度的活动时，良好的心肺功能则显得更加重要。评价心肺耐力的主要指标包括最大摄氧量、运动经济性、最大摄氧量的速度、乳酸/换气阈值等。定期做有氧运动能够有效提升心肺耐力。有氧运动泛指那些可以有节奏地、连续地、长时间地活动全身大肌肉组群的活动，如急步行、缓步跑、游泳、跳舞、各类球类活动等。

一、有氧运动形式的选择

有氧运动是指人体需氧量和摄氧量达到动态平衡的运动。做有氧运动时，体内较少产生乳酸堆积，心率和呼吸保持在较为稳定的状态，因而持续运动时间长、安全性高、脂肪消耗多，有利于改善心血管系统的功能。常见的提高心肺耐力的锻炼方式包括慢跑、步行、爬山、跳绳、划船、骑自行车和游泳等。凡是有大肌群参与的慢节奏的运动都是有效的有氧锻炼方式。户外运动和各种有音乐伴奏的有氧健身形式都属于有氧运动的范畴。

心肺适能的
测量与评价

二、有氧练习的方法

（1）综合练习：综合练习是由几种不同的锻炼内容所组成的。如第一天是跑步，第二天为游泳，第三天骑自行车。综合练习的一个优点就是可避免长期进行同一种练习的枯燥感，并且可以防止身体局部的过度疲劳。

（2）持续练习：持续练习是指长时间、长距离、慢节奏的中等强度（强度保持在约70%最大心率）的练习，是受欢迎的心肺锻炼方法之一。一次锻炼时间可持续40～60分钟。

（3）间歇练习：间歇练习是指重复进行练习，且练习的强度、持续时间、运动量和间歇时间较固定的锻炼方法。练习内容不同，练习持续的时间各不相同，一般为1～5分钟。每次练习后有一个休息期，休息期的时间与练习时间相等或稍长于练习时间。间歇练习与持续练习相比能使学生完成更大的运动量，且锻炼的方式可以有所变化。

（4）法特莱克（Fartlek）练习："fartlek"是瑞典词，意思是"速度运动"，是一种与间歇练习相似的长距离跑的锻炼方式，但练习时间与休息时间的比例不固定。法特莱克的锻炼地点比较随意，可以减少枯燥感。

三、有氧练习的有效练习强度和频率

健身效果与有氧训练的频率、强度和每次训练的持续时间有关。因此，练习者在进行有氧练习时，要科学地控制练习强度和频率。

（1）选择主要以大肌肉群参与为主，而不是以小肌肉群参与为主的运动方式。

（2）每周练习3～5次，一次练习的运动持续时间为30～60分钟。

（3）运动强度控制在"靶心率"范围内。在这个心律范围的练习既安全，又有效。

（4）运动强度是有氧锻炼的一个重要因素。因为它与能量来源、能量需求、氧消耗量、运动损伤等因素都相关。运动强度的大小常以心率、耗氧量及安静时能量或耗氧量的倍数来表示。年龄、体能和健康等状况存在个体差异。因此，每个人的有氧锻炼量亦不相同。（表5-2-1）

提高心肺耐力
的运动处方

表5-2-1 不同人群有氧锻炼适宜心率参考值

人群分类	最大心率	有氧锻炼心率
体能良好者	220 -年龄	（70%～85%）×最大心率
体能普通者	220 -年龄	（60%～75%）×最大心率
体能不佳者	220 -年龄	（50%～70%）×最大心率

肌肉适能的
测量与评价

第三节　肌力和肌肉耐力的锻炼方法

负重抗阻练习是增强肌肉力量的基本手段，通过长期的渐增阻力的力量练习就可以发展肌肉力量。不论练习者的性别和年龄差异，只要每周进行适当的力量练习，都可以增加肌肉组织含量，提高肌肉力量，促进健康。

根据肌肉收缩的类型，力量练习可分为等张练习、等长练习和等动练习三种。

一、等张练习

肌肉以等张收缩的形式进行负重或不负重的动力性抗阻练习，称为等张性练习或动力性练习。等张练习是最常用的力量练习法。等张练习能有效地发展动力性力量，改善神经肌肉的协调性，但不足之处是在整个动作过程中不能保证肌肉每一次收缩的负荷都相等，容易造成在某些关节运动角度上肌肉负荷不足。因此，只能按照力量最弱的关节运动角度来安排负荷，在整个练习中负荷往往偏小。

二、等长练习

肌肉以等长收缩的形式使人体保持某一特定位置或对抗固定不动的阻力练习，称为等长性力量练习或静力性练习。它能有效地发展静力的最大力量和静力耐力。

等长力量练习与等张力量练习主要有两个方面的区别。① 等长力量的发展是高度特异性的，如果采用等长练习来发展某一特定动作的力量，可在动作的所有范围内的某几点上进行不同的等长性练习，而等张练习在整个动作的关节范围内肌肉力量都能得到发展。② 大强度等长练习，由于血液循环条件不良和憋气等因素的影响，大脑血流量减少，容易引起头晕眼花、引发隐性心脏病发作等不良反应。

三、等动练习

等动练习是借助于专门的等动训练器，在动力状态下完成练习的方法。在整个练习中，关节运动在各角度上均受到相同的较大负荷，从而使肌肉在整个练习中均能产生较大的张力。

第四节　柔韧性的锻炼方法

一、发展柔韧性的方法

发展肌力、
肌耐力的
运动处方

发展柔韧性的目的是提高关节周围的肌肉、肌腱、韧带等软组织的伸展性。伸展能力的提高主要是"力"的拉伸作用的结果。这种"力"表现在动作上可分为两种，即主动动作和被动动作，而主动柔韧性和被动柔韧性练习可以分为动力性练习和静力性练习。肌肉伸展的方法有三种：主动或被动的静态伸展法、主动或被动的弹性伸展法、本体感受神经肌肉伸展法。（表5-4-1）

表5-4-1　不同类型柔韧性练习的方法及特点

柔韧性练习类型	举　例	特　点
主动柔韧性的动力练习	肩绕环、扩胸、振臂、转腰、涮腰、踢腿等	在主动肌的力量和速度不断增长的条件下，不断发展对抗肌的柔韧性
主动柔韧性的静力练习	控腿、拱腰、造桥等	使主动肌保持在一个相对静止的收缩状态，有意识地逐步放松对抗肌，使之慢慢拉长
被动柔韧性的动力练习	压肩、压腿等	活动关节、协调主动肌和对抗肌的运动，发展肌肉力量、爆发力
被动柔韧性的静力练习	拉肩、吊肩、耗腿、搬腿、劈叉、压脚	在自身体重或外力作用下，肌肉被强制拉伸

（一）主动或被动的静态伸展法

主动或被动的静态伸展法是一种行之有效且比较流行的伸展肌肉的方法，此方法缓慢地将肌肉、肌腱、韧带拉伸到有一定酸、胀、痛感觉的位置，并维持此姿势一定时间。关于在酸、胀、痛的感觉位置停留的最佳时间，目前的研究尚无定论，一般认为10～30秒应该是一个理想的时间，每块肌肉的伸展应连续重复4～6次为好。

这种肌肉伸展方法可以较好地控制拉伸时所使用的力量，比较安全，尤其适合于活动少或未经训练的人。它可减少和消除超过关节伸展能力的危险性，避免拉伤，而且由于拉伸缓慢而不会引起牵张反射。

（二）主动或被动的弹性伸展法

主动或被动的弹性伸展法是指有节奏地、速度较快地、幅度逐渐加大地多次重复一个动作的拉伸方法。主动的弹性伸展是靠自己的力量拉伸，并重复地收缩收缩肌来达到拮抗肌的快速伸展效果；被动的弹性伸展是靠同伴的帮助或负重借助外力的拉伸。

利用主动动作或被动动作所产生的动量来伸展肌肉，所用的力量应与被拉伸关节的可伸展能力相适应，如果大于肌肉组织的可伸展能力，肌肉就会被拉伤。运用该方法时，用力不宜过猛，幅度一定要由小到大。先做几次小幅度的预备拉伸，再逐渐加大幅度，从而避免拉伤。

（三）本体感受神经肌肉伸展法（PNF 法）

本体感受神经肌肉伸展法原先被用于对各种神经肌肉瘫痪病人的治疗，直到近年来才被当作正常人改善肌肉柔韧性的伸展方法来使用。现在流行许多不同的本体感受神经肌肉伸展法，包括慢速伸展—保持—放松法、收缩—放松法和保持—放松法三种。所有这些方法都包含有收缩肌和拮抗肌的支持收缩和放松（一个 10 秒钟推的过程紧接着一个 10 秒钟放松的过程）。

以伸展股后肌群为例，慢速伸展—保持—放松法有几个步骤：首先仰卧，膝关节伸直，脚踝成 90° 角，同伴帮助推一腿使其弯曲髋关节至有轻微酸痛感；此时，开始收缩股后肌群以抵抗同伴的推力，持续 10 秒钟以后，放松股后肌群而收缩股四头肌（收缩肌）；同伴再加力帮助伸展股后肌群（拮抗肌），放松过程持续 10 秒，此时，从这个关节新的角度开始，再一次对抗同伴的推力，这样的过程至少重复三次。

收缩—放松法和保持—放松法是慢速伸展—保持—放松法的变形。在收缩—放松法中，股后肌群等张收缩，事实上腿在被推的过程中朝推力的反方向移动；而在保持—放松法中，股后肌群做等长收缩。在放松阶段中，这两种方法都包括股后肌群和股四头肌的放松，股后肌群被动地伸展。

以上三种伸展方法都可有效地改善身体柔韧性，但弹性伸展法容易引起肌肉酸痛，也存在着肌肉被拉伤的危险，因此很少被采用。然而，我们在实际的体育锻炼中都要做弹性伸展，并通过它来提高动作练习效果，弹性伸展法比较适合经常锻炼的人和运动员。静态伸展法是使用最为广泛的方法，因为这种方法简单、有效、安全，甚至不需要同伴的帮助，通过一段时间的锻炼可有效地提高关节柔韧性。PNF法在一次伸展过程中可以大大提高关节活动幅度，比静态伸展法的效果更加显著，且不易导致肌肉酸痛或损伤，因此，越来越多的人选择用此方法来改善肌肉、关节的柔韧性，但该方法的主要缺点是需要同伴的帮助，无法一个人进行。

二、柔韧性练习的基本要求

（一）柔韧性的测量方法

在柔韧性练习之前，首先应对自己身体各关节的柔韧性有所了解。对柔韧性的了解可通过柔韧性测量和评价得知。常见的测量方法有坐位体前屈和立体体前屈等。

（二）柔韧性的练习强度

柔韧性练习应采用缓慢、放松、有节制和无疼痛的练习，并且只有通过一定的努力才能提高肌肉的伸展度。肌肉的伸展会产生酸胀的感觉，但不应过分伸展而引起不适。拉伸的强度随关节活动范围的增加而改变。随着柔韧性在锻炼过程中的提高，练习强度应逐渐加大，做到"酸加、痛减、麻停"。

（三）柔韧性练习的时间和次数

柔韧性练习的时间由练习所采用的伸展方式决定，主要包括重复的次数和伸展时停留的时间。每个姿势持续的时间是逐渐增加的，应从最初的 10 秒，经过一段时间的练习增加至 30 秒，重复次数在 3 次以上。如果是平时体育锻炼时的柔韧性练习，5～10 分钟就足够了；如果是专门为了提高柔韧性的练习或是运动员训练，则必须要有 15～30 分钟的时间。（表 5-4-2）

柔韧性的测量
与评价

表 5-4-2　柔韧性练习的时间、次数安排实例

周　次	阶　段	肌肉伸展持续时间（秒）	每种练习重复次数（次）	每周锻炼次数（次）
1	起　始	15	1	1
2	逐步进步	20	2	2
3		25	3	3
4		30	4	3
5	保　持	30	4	3～4
6		30	4	4～5
7 周以上		30	4	4～5

注：选自 Power，S. K. Total Fitness，1999.

柔韧性练习的
注意事项

第五节　身体成分的锻炼方法

一、锻炼方法

（一）在水中快走

美国运动心理学专家玛丽·桑德斯给这种运动起了一个有趣的名字，叫作"在泥泞中冲浪"。这个方法听起来很容易做到，但尝试之后就会发现，要完成这项运

身体成分的
测量与评价

动，付出的艰辛远远多于通常的那些健身方法。人体在水中受到的阻力是在空气中时的 12～15 倍。因此，在做这个运动时，尽最大的努力在水中快走能让身体消耗更多的热量。以一个体重为 62.5 千克左右的妇女为例，做这项运动时，她的身体每分钟可消耗 72 焦热量，而这样的效果是她以每小时 18.8 千米的速度快走同等时间后身体消耗热量的 2 倍。

（二）迅速热身

在进行运动前，热身过程不可忽视，而且一定要做得又快又好。美国新泽西大学的研究人员发现，自行车运动员在短时间的热身之后，身体在比赛的前半段中处于高度紧张状态，在经过 10 分钟休息后，身体进入竞技状态的速度变迟缓。通过监测，其在前半段时间里消耗的热量比在运动后半段时间里消耗的热量多出了 10%。因此，在运动前迅速热身能最大限度地调动身体的积极性，也调动了身体里积蓄的脂肪，使其在随后进行的运动过程中能充分燃烧。新泽西大学的研究人员认为，上述现象同样出现在如散步、慢跑、游泳等有氧运动中。

（三）骑脚踏车

在进行举重类锻炼之前，先骑脚踏车。这样能让身体的肌肉、肌腱、关节得到充分的活动，避免在随后进行的举重运动中造成不必要的伤害。美国运动健身理事会的发言人凯莉·卡拉布莱斯说："骑脚踏车的时间不必太长，5～10 分钟即可，运动后心跳加快，微微出汗。我们通过实验证明，在进行举重类锻炼之前做做这样的运动，确实能让身体在举重运动中燃烧更多脂肪。"

（四）跳街舞

美国德克萨斯大学的运动心理学专家狄西·史丹福斯认为，与传统的舞蹈动作相比，街舞的新奇动作能让身体各部位的肌肉运动起来，运动强度更大，因此消耗的热量更多，且体质一般的人均能接受。那么，究竟多消耗了多少热量？研究人员发现，同样的锻炼时间，以一名体重为 65 千克的中年女性为例，她在街舞步法练习中消耗的热量为 30 焦，而以每小时 6.4 千米的速度步行，消耗的热量为 20 焦。

二、注意事项

（一）在上午运动

有人担心，上午运动会引起午后困倦。运动方面的研究者们却认为，在上午运动，能让身体一天的新陈代谢处于较高的水平，精神状态和生理状态都相对活跃，因此能帮助身体燃烧更多的脂肪。研究发现，在上午参加运动是调整人体生理周期的好方式，它可以有效地延缓疲倦袭来的脚步。

（二）运动前补充能量

不要空腹做运动，可以在进行运动前吃一根香蕉。凯莉·卡拉布莱斯说："补充能量能保证你的运动强度和运动时间，吃些低热量的食物即可，如 1 杯酸奶酪、1 个低糖水果或者半根能量棒。"

（三）调整运动频率

不必运动很长时间就能消耗更多热量，若想达到这个效果，其关键是运动频率。运动频率的调整因人而异，并不是说任何人都要运动到心跳剧烈、大量出汗、气喘吁吁，才会有好的运动效果。你可以做的只是在短时间内加快自己的运动频率，比平常快 15%，持续 3～5 分钟，然后放慢运动频率到平常的状态，重复几次这样的快慢结合运动，能使身体消耗掉更多的热量。

（四）不偷懒

运动的时候千万别偷懒。无论是在举重、跑步、游泳还是练空手道时，你都应该明确运动的首要目的是减肥，因此每次运动过程都不能马虎对待，只有认真严格地完成每一个步骤，才能在有限的时间内达到最大限度的运动效果。

（五）集中注意力

运动时应集中注意力。如果锻炼到身体的某部分肌肉，那么全身的注意力和感觉也应该集中到这个部位，这样的锻炼效果会更好。例如，进行腿部运动时，应结合动作，将注意力重点放在腹肌、臀肌和股四头肌，这样就能更好地促进这几部分肌肉的练习。

改善身体成分的运动处方

第六章

运动损伤与防护

知识树

第一节　运动安全防护

一、上体育课应注意安全防范

体育课是锻炼身体、增强体质的重要课程。体育课上的训练内容是多种多样的，因此，安全上要注意的事项也因训练的内容、使用的器械不同而有所区别。

（1）短跑等项目要按照规定的跑道进行，不能串跑道。这不仅是竞赛的要求，而且是安全的保障。特别是快到终点冲刺时，更要遵守规则，因为这时人身体的冲力很大，精力又集中在竞技之中，思想上毫无戒备，一旦相互绊倒，就可能严重受伤。

（2）跳远时，必须严格按教师的指导助跑、起跳。起跳前，前脚要踏准木制的起跳板，起跳后要落入沙坑之中。这不仅是跳远训练的技术要领，而且是保护身体安全的必要措施。

（3）在进行投掷训练时，如投铅球等，一定要按教师的口令进行，令行禁止，不能有丝毫的马虎。这些体育器材有的坚硬沉重，有的前端装有尖利的金属头，如果擅自行事，就有可能击中他人或者自己，从而造成受伤，甚至发生生命危险。

（4）在进行单、双杠和跳高训练时，器械下面必须准备好厚度符合要求的垫子，如果直接跳到坚硬的地面上，会伤及腿部关节或后脑。做单杠、双杠动作时，要采取各种有效的方法，使双手握杠时不打滑，避免从杠上摔下来，使身体受伤，还要有教师和同学在器械旁站立保护。

（5）前后滚翻、俯卧撑、仰卧起坐等垫上运动的项目，做动作时要严肃认真，不能打闹，以免发生扭伤。

（6）参加篮球、足球等项目的训练时，要学会保护自己，不要在争抢中蛮干而伤及他人。在这些争抢激烈的运动中，自觉遵守竞赛规则对于安全是很重要的。

二、参加竞技体育运动要注意安全

学校运动会的竞赛项目多、持续时间长、运动强度大、参加人数多，因此安全问题十分重要。

（1）要遵守赛场纪律，服从调度指挥，这是确保安全的基本要求。

（2）没有比赛项目的学生不要在赛场中穿行、玩耍，要在指定的地点观看比赛，以免被投掷的铅球等击伤，也避免与参加比赛的学生相撞。

（3）参加比赛前要做好准备活动，以使身体适应比赛。

（4）在临赛的等待时间里，要注意身体保暖，春秋季节应当在轻便的运动服外再穿上防寒外衣。

（5）临赛前不可吃得过饱或者过多饮水。临赛前半小时内，可以吃些巧克力，以增加热量供应。

（6）比赛结束后，不要立即停下来休息，要坚持做好放松活动，如慢跑等，使心脏逐渐恢复平稳状态。

（7）剧烈运动以后，不要马上大量饮水、吃冷饮，也不要立即洗冷水澡。

三、高危项目安全

运动是把"双刃剑"。科学运动给我们带来健康的效益，而不恰当的运动有时候也会让我们感到"很受伤"。因此，生命不但在于运动，更在于科学运动。参与高危运动项目的人身安全问题应当引起全社会的关注。高风险项目经常会酿成难以预料的后果，这给大学生及其家人会造成极大的伤害。针对高危运动项目，应当制订可行的安全保障措施和安全救护应急预案，防止危及大学生人身安全的意外事故发生。当事故发生时，应及时予以救助。

高危项目一般指专业技术强、危险性大的运动。管理者在运动场所的醒目位置，应张贴警示公告，以提醒学生增强自我保护意识，了解高危险体育项目的特点，服从教师的指导。国家体育总局、人力资源和社会保障部等部门联合发布了第一批高危险性体育项目名单，其中包括游泳、滑雪、潜水、攀岩四个大项目。每年游泳溺水甚至死亡的案例很多，是青少年意外死亡的最大因素。滑雪、潜水、攀岩等项目，参与人数少，大家对它们的危险性比较重视，发生事故的数量反而不多。滑雪容易令参与者在寒冷条件下造成骨折、扭伤、挫伤。这些都是滑雪运动中常见的伤病。

体育运动时
的着装安全

体育器材安全

潜水曾被美国《福布斯》杂志评为世界上第二危险的运动。潜水容易产生缺氧症和低温症，还会对耳朵、鼻窦造成伤害。攀岩作为一项不借助辅助工具的项目，危险系数极大。

第二节　不同运动项目的常见损伤

参与不同体育运动的健身方式通常是健身爱好者的最佳选择。但是，由于不同体育项目技术特点之间的差异以及开展形式的区别，造成了不同体育项目"独特"的损伤部位和损伤类型。了解常见体育项目的损伤特点，能够帮助健身爱好者在体育健身过程中有效地预防运动损伤。

"飞人"刘翔退赛

2008 年 8 月 18 日，"飞人"刘翔在奥运会 110 米跨栏比赛前退场的场景，让许多热情观众心痛不已。根据新闻发布会提供的信息，刘翔患的是跟腱部位的末端病。解放军总医院第一附属医院骨科副主任商卫林说，跟腱部位末端病在运动性损伤中比较常见。该病多是反复多次的大量运动形成的累积性损伤，导致跟腱与跟骨交界处即末端结构过度负荷，受力超过了所能承受的程度，所产生组织微细损伤。这可能是最终导致刘翔不得不退出家门口夺金大赛的原因。

商卫林主任说，其实运动性损伤并非运动员的专有，大量普通人群在锻炼活动中出现的各种运动性损伤在临床上并不少见。近年来，随着全民健身运动的开展，参加运动锻炼的人越来越多，但普通人群因为缺乏必要的运动训练卫生知识，运动方法不够得当，各种运动性损伤有明显增多的趋势。例如，我们经常会听到一些人在运动后出现了拉伤、扭伤等。

全民健身运动的蓬勃开展对提高国民身体素质有极大的好处。但在参加各种健身活动中一定要讲究科学，方法要适当，项目要适宜，强度要适中，主动预防各种运动性损伤的发生。

（资料来源：《中国中医药报》第 2985 期）

一、篮球运动中常见的损伤

篮球运动在我国开展最为普遍，它是一种瞬息万变的运动，要求运动员的体力发展与身体训练均衡，常见的创伤是因跌倒、跳起抢球时落地不正确（如踩在别人脚上等）、急停、急转、冲撞、场地不平或场地过滑而引起的急性创伤。

篮球运动中的损伤分为外伤和慢性损伤。外伤轻一些的会有一点擦伤，严重的可以发生骨折或者脱位，一般常见的有踝关节韧带的挫伤或足踝部骨折、膝的韧带半月板损伤、指挫伤及腕部舟骨骨折（查改）。另外，在篮球运动中也会有慢性损伤，其中最影响运动训练的是髌骨软骨病，其发生机制主要由滑步进攻与防守、急停与上篮等训练过多导致，应加强防范。

二、足球运动中常见的损伤

足球是有记录以来、创伤发生率较高的运动项目之一，轻者擦伤，重则骨折、脱位。足球的创伤大多数发生在四肢，损伤中除一般常见的擦伤和挫伤外，踝关节的扭伤最为常见；其次是大腿前后肌肉拉伤、挫伤；膝关节损伤又次之，膝关节损伤中半月板撕裂，前十字韧带撕裂，髌骨骨折。守门员因经常扑球摔倒，很容易发生手腕（舟骨骨折）及肘部的创伤（鹰嘴皮下滑囊炎及血肿），因此，守门员的防护器具须一应俱全。

损伤原因可归为以下几个方面。

（一）激烈比赛导致损伤

比赛时激烈地争夺、急跑及铲球，易发生大腿与小腿的肌肉拉伤，突然改变体位，小腿的突然扭转，可引起膝、踝关节韧带及骨的损伤。

（二）因球的接力作用致伤

这种损伤多见于下肢，在用脚外侧踢球时，最容易损伤的就是距腓前韧带。而用足内侧踢球时，小腿因球突然作用而外旋外展，很容易损伤膝内侧副韧带、半月板和前十字韧带，特别是"对脚"的时候。

此外，一次有力地"屈膝后摆腿正脚背"踢球，由于球的反作用力，突然股四头肌猛然收缩，常发生股四头肌和股直肌肌腹或腱膜的撕裂。儿童球员常常会发生胫骨结节软骨炎。

（三）球击伤

球击伤，如面部的擦伤、挫伤、腹部挫伤、阴囊和睾丸的挫伤，但典型的是守门员的手指损伤，如拇指、食指或者其他手指的韧带牵扯或者关节的半脱位。

（四）踢　伤

比赛时大小腿部经常会被对方的球鞋、膝及小腿踢撞，引起肌肉损伤、皮下血肿、肌肉的撕裂（常见的是股四头肌的损伤）以及骨的损伤（如骨折等）。

（五）摔　倒

在运动员争球、冲撞或者疾跑时很易撞倒，因此发生损伤机会较多。场地不平时尤易发生。常见的如擦伤、创伤性滑囊炎、髌骨骨折、肋骨骨折、脑出血、脑震荡等。

（六）其　他

除上述情况外，足球运动员又因劳损会发生很多慢性损伤，如踝关节创伤性骨关节病（又名"足球踝"，其中成因之一就是局部劳损）、趾骨炎以及髌骨软骨病。在发生损伤原因的讨论中，首先，运动员的犯规动作、技术不正确是导致损伤的主要原因，占损伤发生的百分率较大。其次，是不遵守训练原则、技术不过硬、场地不好、运动员忽视使用保护装备、运动员过度疲劳等原因。

三、游泳运动中常见的损伤

游泳最严重的意外就是溺死，特别是在初学阶段。游泳池的规格、救生措施与安全规则都十分必要。游泳池应光线充足，室温不能低于水温。水温应保持在22℃～26℃。

游泳运动损伤率一般都很低。如果进行游泳训练，较常见的损伤是足部肌肉痉挛。运动员在入水之前，最好做一些足部的伸展运动，并对双足实施按摩，这样的准备动作可以帮助肌肉迅速地排除有害物质，减小肌肉痉挛的发生率。预防足部肌肉痉挛一种最好的方法就是要经常地活动这部分肌肉。运动员可以反复地做一些蹬池练习，每次练习中要使足部充分地弯曲，这样可以不断地锻炼这部分肌肉，使血管不断地向这部分肌肉提供养料。一旦这部分肌肉得到了锻炼，痉挛的感觉也会自然地消失了。如果足部肌肉痉挛症状较轻，运动员可以继续保持游泳状态；如果痛感很强烈，那么最好的处理方法：运动员要对足部做缓慢的、长时间的、稳定的伸展动作，直至痛感完全消失。足部肌肉的伸展练习最好是在池壁边进行；双足跟着地，向上尽量抬高足尖，贴靠池壁的上沿，然后双足尖沿池壁做下推动作。最大程度地伸展足弓肌肉。每次伸展动作保持 20 秒，直至足弓肌肉完全放松。另外，对已经感到痉挛的肌肉群实施局部按摩，同样可以收到明显的治疗效果。

四、田径运动中常见的损伤

田径运动分为跑、跳、投掷和竞走，其创伤并不少见，创伤程度也多有不同。另外，还有其他运动中所罕见的过度紧张状态及重力性休克。

（一）径　赛

创伤比较少见，在短跑时常遇到的外伤有大腿后群屈肌拉伤、足踝腱鞘炎、跟腱纤维撕裂、断裂或者跟腱腱围炎。赛跑时由于急停而引起的髂骨前上棘的断裂、踝关节与膝关节扭伤等，有时也可因起跑垫未垫平而致伤。

中长跑外伤较少，但可能出现过度紧张现象。下肢训练过多，有时候可能出现胫腓骨疲劳性骨折或者骨膜炎，长跑过程中摔倒可发生擦伤，但可能因倒在跑道的边沿上发生骨折。马拉松比赛时，距离过长，马拉松选手常常会发生阴部及尿道口擦伤，膝外侧疼痛综合征，胫前肌腱鞘炎以及足趾挤压伤，因此应注意鞋和运动裤的选择。

跨栏易发生大腿后肌肉拉伤、腰痛及髌骨软骨病，因此应注意跨跳姿势的矫正，以及栏架的安防位置和方向等。

（二）田　赛

这类运动常见的运动损伤为踝关节韧带的掖伤或者骨折、足跟挫伤、膝的韧带与半月板损伤、前臂骨折及肩部挫伤，这些创伤的发生可见于下列情况：助跑时撞到别人身上、跑道不平滑、沙坑太硬、坑沿太高、过杆或落地姿势不正确等。撑杆跳高除了上述创伤外，还可因杆的折断或不正确落地，造成头和脊柱的伤害，但此创伤较为少见。

为了预防这些损伤的发生，跳高助跑的跑道应平而不滑，在练习前应检查横杆与架子的质量，为了减少制动时的冲击量，跳鞋的后跟内应垫海绵，跳坑的沙子应松散而干净，海绵包应厚、软。跳高运动员无论用什么姿势，初学时都应从低杆跳起，先学腾空和转身姿势。

疾行跳远必须在准备部分包括各种跳法的辅助练习，如落地要有弹性、腾空动作要正确。只有掌握了疾行跳远之后，才能练习三级跳，而且不应做长距离和高速助跑。助跑跑道过硬或技术不良，都可能引发踝关节骨折、韧带损伤、跟腱损伤及跟骨下脂肪垫损伤。

首先，铁饼、手榴弹、标枪、铅球及链球实践中最常见的创伤是把器械投掷在投掷区域外，造成运动员和裁判的受伤。其次，也可发生由于准备活动不足或者技术不熟练而引起肌肉的韧带挫伤（肩、腰、膝、肘关节）与骨折。此外，也可能由技术特点造成的过劳损伤。

在投掷手榴弹和标枪时，由于对肩、肘、腰、膝的要求很高，这些部位容易受伤，有的是一次伤，有的是慢性劳损。肩袖伤、肘内侧副韧带、肌肉的挫伤、肘的骨关节病最常见，多因投掷技术不正确，肩、肘、腰、腿在投出时未成反弓形所致。膝部最常见的是髌骨软骨病或伸膝腱膜炎，这主要是助跑末时，一腿制动，使髌骨软骨与股骨反复撞击或肌肉反复牵扯所致。此外，手榴弹的投掷技术错误，还会发生肱骨骨折，受伤时常常会导致合并桡神经麻痹。

铁饼运动最易发生的创伤是髌骨软骨病、髌腱挫伤和伸膝腱膜炎。投掷铁饼时，经常需要运动员在膝半蹲位置扭转用力导致了伤病。局部劳损过大，重复练习动作过多时，教练员和运动员应给予重视。

投掷链球最容易产生的是斜方肌的拉伤，应注意做好准备活动，充分牵拉肌肉，防止拉伤。

铅球运动常见的损伤有掌指关节扭伤、指屈深肌腱拉伤、或者因出手时球由指尖滑出而导致的蚓状肌拉伤等。此外，左侧腰方肌也常因投出时腰的突然侧倾而拉伤。个别运动员为了加强后蹬腿的力量，过度地重复"膝的半蹲起"因而引起髌骨软骨病。根据上述情况，需采取加强训练方法、技术的讲解与准备活动等措施来预防损伤。

五、武术运动中常见的损伤

作为一个传统的体育项目，武术分为散打和套路两种，损伤分为有接触的损伤和无接触的损伤。

（一）武术套路常见的损伤

武术套路运动是一项对速度、爆发力和协调性要求特别高的全身性运动。近年来，随着武术套路运动的迅速发展，竞技比赛日益激烈，使运动员在练习高难度动作过程中，容易发生机体损伤。从学者的调查分析来看，损伤主要集中在腰、下肢和部分上肢，其中下肢的损伤部位多发生在大腿、小腿和踝关节，上肢的损伤部位主要发生在腕关节和肩关节。在这些损伤部位中又集中表现为肌肉韧带拉伤、关节扭伤、软骨组织损伤、肌肉劳损、骨膜炎等。

根据不同学者对运动损伤原因的分析，归纳总结有以下几个原因：① 武术套路运动本身的技术特点（动作幅度大，跳跃动作多）；② 准备活动不充分；③ 运动负荷过大，运动量安排不合理；④ 场地设备、服装上存在缺点；⑤ 运动员思想过于放松，精力不集中；⑥ 运动员动作规格不标准或错误；⑦ 本身身体素质太差；⑧ 教学训练中组织方法上存在错误。在这些运动损伤原因中，除了武术套路运动本身的技术特点，其他因素造成的运动损伤都可以减少甚至避免。这需要运动员和教练员的共同努力。

预防武术套路运动员损伤要针对损伤原因，突出重点，从各个方面进行预防，才能做到切实有效。加强思想教育是首要条件，合理地安排运动训练，加强易受伤部位的训练，加强医务监督，做好准备运动，合理安排教学和训练，加强自我保护。

（二）武术散打常见的损伤

武术散打运动员所发生损伤的部位主要集中在头面部、手腕部、踝部和小腿部。从项目特点上看，在武术散打比赛中如果一方用腿法击中对方的头面部就可以得2分，重拳重创对手造成强制读秒可得2分，带来优势胜利或者降低对方体能，由于规则的引导，运动员在比赛过程中频繁打击头面部致使头面部损伤的比率较高；在武术散打训练和比赛过程中，主要的进攻动作是拳法和腿法，运动员在进攻的过程当中反复的运用直拳、贯拳、勾拳等基本拳法和鞭腿、踹腿、蹬腿等基本腿法。而腕关节和踝关节是人体比较薄弱的关节，腕关节是由尺、桡骨的远端及腕骨组成，桡骨远端是由松质骨构成的，尺骨的远端有一腕软骨盘，腕骨共8块，分近侧和远侧两排，近排的舟状骨较窄长，纵跨两排腕骨之间，是腕骨中最易发生骨折的，其发生率在运动损伤中占居首位，但易漏诊而治疗不当，造成腕关节永久性功能失调。在武术散打运动中进攻如果反复使用拳法，前臂过度前旋和腕关节过度背伸都可能引起桡骨下端骨折和舟骨骨折，反复的旋转前臂和腕部可使软骨盘受到长期碾磨或牵扯，导致软骨盘退行性变以致破裂，若在武术散打时大力压腕动作容易引起软骨盘损伤。踝关节是由胫腓骨下端和距骨构成的滑车关节，它的内外侧分别有内、外侧副韧带附着，外侧副韧带较内侧力量薄弱。若在武术散打运动中反复用腿法进攻，落地时重心不稳、向一侧倾斜或是踩在他人的脚上，就会以足的前外侧着地，内翻而导致外侧副韧带损伤，这类损伤中，距腓前韧带最易受伤，如果力量再大，跟腓韧带则相继受伤，如断裂，损伤的外力仍继续增加时，则同时损伤跟距关节间的骨间韧带。武术散打项目自身的特点，再加上腕关节，踝关节局部的解剖生理特点，从而使腕关节、踝关节损伤在武术散打运动员运动损伤中的比例高。

预防散打队员损伤的对策包括：遵循运动训练自动化训练体系、根据损伤程度和性质确定损伤恢复的要点、做好充分的准备活动、加强易受伤部位的保护、重视训练后的恢复措施、加强医务监督并且提高自我保护意识、提升比赛中后期心理承受能力，加强武德教育。

六、羽毛球运动中常见的损伤

羽毛球是竞技运动中高对抗的项目，其特点是对抗的速度转换快、损伤种类多。

在羽毛球运动中，两腿经常出现瞬间的变向、侧身前屈、后伸、起跳及跨步，使膝关节不断承受剧烈拉力。一旦某个动作不协调、过度用力或过度疲劳，就会引发膝关节损伤。

肩关节损伤是羽毛球运动中常见的损伤。这是由于在羽毛球的各项技术中，无论是正手、反手击球或劈吊球，其基本动作都需要右（左）臂后引、胸舒展。当球落至额前上方击球时，上臂向右（左）上方抬起，肘部领先，前臂自然后摆，手腕后伸，前臂急速内旋带动手腕屈收鞭打发力。因此，当肩关节重复进行这种运动时，使得组成肩轴的4块小肌肉长期处于离心性超负荷状态，极易造成肩部肌肉损伤。

肘关节损伤是羽毛球运动中最易出现的。控制手指、手腕和前臂运动的肌肉大多数都附在肘关节周围。在羽毛球运动中，屈腕、旋前臂的动作比较多，且都使用爆发力，如反手球动作，它是靠上肢的屈腕肌和旋前肌来完成。肘关节在130°～180°时，伸肌群的合力最为集中，而此时外侧韧带也拉得最紧。如果用力过大，就有可能超越肌体负荷，发生损伤。因此，在羽毛球运动中，肘关节受损概率很高，在羽毛球训练中，手腕关节损伤也较容易发生，按照羽毛球的技术要求，无论是击打、扣杀，还是高、吊、挑、推、扑、勾球都要求手腕有基本的后伸和外展动作，伴随不同的技术要领，手腕快速伸直闪动、鞭打击球或手腕由后伸外展到内收；在内旋闪动切击球时，手腕在这种快速的后伸、鞭打动作中，不断做出不同角度的内、外旋及屈收动作，因而易造成手腕关节三角软骨盘损伤。

羽毛球运动中起跳和迅速的急停或变向的腿部动作过多，使踝关节和跟腱周围的肌腱韧带极易受伤。另外，在拉力产生过快、斜向受力、受力之前施加外力等情况下也容易受伤。

羽毛球运动也会出现身体其他部位的损伤，其中大腿肌群肌肉损伤居多。造成这一损伤的主要原因有两点：① 由于运动前的准备活动不充分。如气温较低时，肌肉的黏滞性较高，肌群处于僵硬状态，如果不充分做好热身的准备活动，极易在突发性用力时出现拉伤；② 由于股四头肌力量不强或训练不足，不能承受训练中大强度的腿部瞬间位移、急停和起跳而造成股四头肌拉伤。

羽毛球损伤的预防措施主要为：做好充分的准备活动，加强易受伤部位的保护，重视训练后的恢复措施，加强医务监督并且提高自我保护意识，增加心理承受能力，对关节的活动要充分等。

第三节　运动损伤的预防

引起运动健身中损伤的原因有很多。例如，准备活动不充分、肌肉准备不足、长时间运动后水电解质平衡失衡、疲劳，等等。本节内容主要针对在运动健身实践中如何预防运动损伤这个问题，提供有针对性的简单易行的方法，从而帮助大家更好地开展体育活动。

在运动健身实践中，及时寻求体育教师提供预防损伤的建议非常重要，如建议采取预防损伤的基本技术（如对踝关节进行支持带加固），也可推荐使用加速疲劳消除的方法来预防损伤的发生。在健身中防止损伤的因素包括：准备活动、伸展、充分的恢复、运动防护器材。

一、准备活动

一般性的准备活动有慢跑、牵拉、抗阻力量练习三部分内容，在运动中可以有针对性地使用。

二、伸　展

柔韧性是身体素质的一个重要方面，在运动中大幅度顺利地运动关节是良好机能能力的重要表现。特殊的关节、肌肉因损伤、不活动而导致僵硬，要通过伸展运动改善。加大关节的柔韧性可以减少肌肉韧带损伤和肌肉酸痛。

常用的牵拉法有两种：一种是静态牵拉方法，就是关节被动运动到极限。静态伸展可以有效地预防运动损伤；另一种是动态牵拉方法，就是由肌肉收缩达到关节运动最大值。动态伸筋法有利于运动的完成。

（一）静态牵拉方法

此练习缓慢柔和，时间持续为 15～30 秒。

牵拉三部曲：运动幅度以自己感觉不到难受为准，应感觉舒服，在持续被拉伸时，肌肉由紧张变为松弛；接着关节的运动可以加大一点，也没有疼痛感，再持续15～30 秒的时间，关节的运动又会加大一点；最后牵拉到感觉有些疼痛的幅度为止，持续 15～30 秒的时间。这种伸筋方法是提高柔韧性的最好方法。

（二）动态牵拉方法

动态柔韧性或功能柔韧性是指在体育运动中能够以正常或很快的速度完成大幅度关节活动的能力。在体育运动中，动态柔韧性或功能柔韧性直接反映了肌肉伸展过程的特点。近年的研究发现，动态牵拉法不会降低神经肌肉的兴奋性，更适合作为在运动前进行的牵拉。

（三）牵拉的原则

（1）热身活动后做拉伸。
（2）运动前后拉伸肌肉。
（3）拉伸肌肉要缓慢柔和。
（4）要拉到肌肉紧张但不感觉到疼的位置（拉到疼时会引起肌纤维拉伤）。

三、充分的恢复

恢复手段对预防损伤及提高成绩都有益处。不及时采用恢复手段会影响技术动作，产生运动疲劳。若出现这种现象，同时训练负荷下降，就表明"过量"了。不及时纠正就会出现过度疲劳。在多数情况下，运动员对过量的反应是加大训练来克服无力和运动负荷下降。以上这些做法都是错误的，这样反而容易造成损伤和过度疲劳。科学的方法是及时采用恢复手段。

放松恢复的方法有：运动后牵拉、温泉浴或热水浴、按摩、营养补给、心理放松等。

按摩可以消除运动后肌肉紧张，增加肌肉运动幅度，增加血流、营养供应，改善软组织功能，如过度疲劳、营养不足、骨骼肌肉的状态（如骨疼）。如果按摩方法解决不了当前的软组织损伤问题，应该及时地就医治疗。

四、运动防护器材

运动中必要的保护和帮助可避免意外事故的发生，增强健身者的信心。健身者必须根据项目特点学会自我保护的方法。正确选择和使用运动保护器材对防止多种损伤的发生有重要作用。在直接接触和对抗的运动中更是如此，如足球、橄榄球等；在非直接接触的运动中也是如此，如网球等。

开放性软组织
损伤的处置

闭合性运动
损伤的处置

挫伤处置的 RICE 步骤

Rest（休息）——立即停止挫伤肢体的运动。

Ice（冷敷）——即刻用凉水、冰等对挫伤部位进行 10 分钟的冷敷。如果挫伤比较严重，可以在 2 ~ 3 小时后再冷敷一次。

Compression（加压包扎）——如果挫伤部位发生肿胀，应用海绵或棉花垫在挫伤部位周围，再用弹力绷带或普通绷带加压包扎 24 ~ 48 小时。

Elevation（抬高肢体）——将挫伤的肢体抬高，以超过心脏的位置为宜。

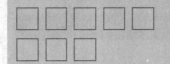

第七章

篮球俱乐部

知识树

第一节　篮球俱乐部课堂教学

一、篮球运动概述

（一）篮球运动的起源与发展

篮球运动起源于美国，于 1891 年由美国马萨诸塞州斯普林菲尔德市的一位体育教师詹姆斯·奈史密斯博士设计发明。其最初的形式是将桃篮钉在健身房内看台上的栏杆上，并向桃篮投球的一种游戏。1932 年国际业余篮球联合会在瑞士日内瓦成立。1936 年男子篮球成为第 11 届奥运会正式比赛项目。1976 年女子篮球成为第 21 届奥运会正式比赛项目。1992 年国际篮联允许 NBA 职业球员参加第 25 届奥运会比赛。

篮球运动于 1895 年传入中国，1913 年在华北运动会上被列为正式比赛项目。中国男子篮球在雅典奥运会和北京奥运会上获得第八名；中国女子篮球在第 25 届奥运会上获得亚军，北京奥运会上获得第四名。但与世界篮球强国相比，我国的篮球运动水平仍有待进一步提高。

（二）篮球运动的锻炼价值

篮球活动涵盖了跑、跳、投等多种身体运动形式，且运动强度较大。因此，它能全面、有效、综合地促进身体素质和人体机能的全面发展，提高和保持人的生命活力，为人的一切活动打下坚实的身体基础，从而提高生活的质量。篮球练习和比赛的过程，能使参与者的个性、自信心、意志力、进取心、自我控制与约束等方面得到良好的发展，以及培养团结拼搏、努力协作、文明自律、遵纪守法、尊重他人等良好道德品质和集体主义精神。

篮球运动正以较高的速度向职业化、商业化和产业化的方向发展。特别是高水平的竞技篮球运动早已转向了职业化和商业化，有些国家篮球运动的商业化水平已经很高。当代的职业篮球运动已经发展成为一项需要特殊天赋的极少数精英分子才有可能从事的、高收入的职业，而优秀运动员更是青少年心目中的偶像。

现代篮球运动
的特点

二、篮球运动基本技术

（一）传接球技术

准确、及时、隐蔽、多变的传球能直接助攻得分，也是队员之间联系的纽带。

（1）双手胸前传球：双脚前后开立，双手持球于胸前；双臂发力前伸，通过手腕手指拨球。（图7-1-1）

（2）接球：两臂前伸，双手成半球状迎向来球；球入手后迅速屈肘缓冲，缓冲后双手持球于胸前。（图7-1-2）

图 7-1-1

双手胸前传球

（3）反弹球：双脚前后开立，双手持球于胸前；抖腕、手指用力拨球。（图7-1-3）

图 7-1-2　　　　　　　　　　　　　图 7-1-3

（4）单手肩上传球：右手持球于右肩上；蹬地转体，摆臂、拨指将球抛出。（图7-1-4）

（5）单手体侧传球：持球于身体右侧；向前摆臂、扣腕、拨指，将球从体侧抛出。（图7-1-5）

单手肩上传球

图 7-1-4   图 7-1-5

（二）运球技术

掌握熟练的运球技术是摆脱防守、调整自己在球场上的位置、完成全队战术配合的必备条件之一。

（1）高运球和低运球：高运球时虎口冲前，手拍球的后上方，手指柔和随球上引，手臂自如屈伸控球，球反弹至胸腹间高；低运球拍球动作短促有力，球反弹至膝下高度，身体协调护好球。（图 7-1-6）

（2）体前变向换手运球：屈膝降重心，目视对手，右手迅速将球拍向地面；换手后迅速运球推进。（图 7-1-7）

图 7-1-6   图 7-1-7

（3）背后运球：运球受阻时，向右后拉球；迅速向左侧前方拍球；球拍至左侧地面后弹起，左手接反弹球向前推进。（图 7-1-8）

图 7-1-8

（三）持球突破

持球突破是摆脱防守、获得进攻机会的重要手段。

（1）交叉步突破：两脚开立，降低重心，持球于胸腹间；向左做假动作后，左

脚迅速向防守者左侧跨出；右脚离地前，右手拍球至左脚右前方，右手运球，左手护球迅速超越防守。（图7-1-9）

图7-1-9

（2）同侧步突破：两脚开立，降低重心，持球于胸腹间；假动作要逼真，右脚上步要快速转体、探肩护好球；快紧贴防守，放球要快；右手运球，左手护球迅速超越防守。（图7-1-10）

图7-1-10

（四）投篮技术

比分是衡量比赛胜负的唯一标准。只有掌握了正确的投篮技术，才能提高命中率，多得分，从而取得比赛的胜利。

（1）原地双手胸前投篮：两膝微屈，双手持球于胸前；双脚蹬地，同时双臂上伸；扣腕拨指出球。

（2）原地单手肩上投篮：两脚开立，两膝微屈，屈肘持球；手腕后仰，举球至右肩前上方；手臂向上伸展，右手扣腕拨指。（图7-1-11）

（3）行进间单手高手投篮：右脚跨一大步同时双手接球；接球后左脚迅速向前跨一小步；起跳、腾空、球上举，扣腕拨指，球出手。（图7-1-12）

（4）行进间单手低手投篮：右脚跨一大步同时双手接球；接球后左脚迅速向前跨一小步；起跳、腾空，掌心朝上托球上举，手指上挑出球。

（5）原地跳起单手肩上投篮：两脚开立，两膝微屈，屈肘持球；双脚蹬地跳起，同时举球于右肩上；伸臂、扣腕，手指拨球。

同侧步突破

原地双手胸前投篮

原地单手肩上投篮

行进间单手低手投篮

原地跳起单手
肩上投篮

图 7-1-11 　　　　　　　　　　　　图 7-1-12

（五）防守基本技术

1.防守有球队员

站在对手与球篮之间适当的位置上。如对手善于投篮，防守时采用两脚前后开立、前脚同侧手臂向前方伸出的防守姿势；如对手善于持球突破，防守时多采用两脚左右开立，两臂向两侧伸展的平步防守姿势。防守中应根据持球队员动作的变化，及时调整防守位置和变换动作。除上述防守外，还应抓住时机，上挑或打掉持球队员手中的球。（图 7-1-13）

防守有球队员

图 7-1-13

2.防守无球队员

站在对手与球篮之间偏向有球一侧的位置，对手移动时，积极运用滑步随其移动，始终与对手保持一定的距离，防止对手摆脱。

防守无球队员

三、篮球运动基本战术

（一）进攻战术基础配合

篮球进攻战术基础配合是指进攻时两三人之间有组织有目的的协同行动，它包括传切配合、策应配合、突分配合、掩护配合。全队完整的进攻配合必须建立在基础配合之上。熟练地掌握两三人的传切、策应、突分、掩护等基础战术配合及其变化，是提高全队进攻战术配合质量的重要保证。

1.传切配合

传切配合包括一传一切和空切配合。（图7-1-14）

（1）④传球给⑤后利用速度和假动作摆脱△的防守，切入篮下接⑤的回传球上篮。⑤接球前，用假动作摆脱防守，接球后做投篮或突破的动作吸引△的防守，并及时将球传给切入的④上篮。

（2）④传球给上提接球的⑤，⑤接球后以假动作吸引△的防守，此时另一侧的⑥做假动作摆脱△的空切，篮下接⑤传球上篮，⑤去冲抢篮板球。

图7-1-14

2.策应配合

策应配合是内线队员背对或侧对球篮接球，并作为进攻的枢纽，与同伴的切入、急停跳投等技术相结合，以摆脱防守、传给外线同伴投篮的一种配合形式。（图7-1-15）

（1）④传球给插上策应的⑤，④用假动作摆脱△的防守插入篮下要球，⑤可视情况将球回传④或自己运球进攻篮下，或转身跳投。

（2）④传球给插上策应的⑤后切入篮下要球或抢篮板球，⑤接球后准备进攻△，△此时去补防④，⑤将球传给出现更好机会的⑥进攻投篮。

图7-1-15

3.突分配合

进攻队员持球或运球突破，遇到对方协防时，及时将球传给插入防守空隙地带接应的同伴，这种突破中根据情况及时传的配合叫突分配合。突分配合主要用于对方采用缩小盯人和松动盯人防守战术，而己方外围投篮又不准的情况下使用。（图7-1-16）

（1）示例一：④运球突破△的防守，△上移补防，④将球传给插入篮下的⑤，⑤立即投篮，如遇△的回防，由于已抢占篮下有利位置，应该强攻。

（2）示例二：④传球给⑤，⑤突破△进入篮下，△进行补防，⑤可将球传给从不同方向插入的⑥，⑥接到⑤的分球后立即投篮，如遇到Ⓐ的回防，争取强攻。

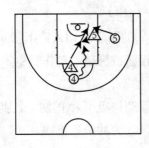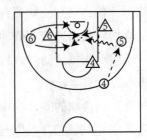

图 7-1-16

4.掩护配合

掩护是进攻队员利用合理的技术动作，用自己的身体挡住同伴防守队员的移动路线，使防守同伴的队员被阻挡，同伴借此摆脱防守，从而创造有效进攻的配合。根据掩护者的不同位置和掩护方向，掩护可分为前掩护、侧掩护和后掩护。

（1）前掩护。⑥传球给⑤，先向左做要球的假动作，然后快速向篮下插去，如Ⓢ也随之插向篮下，则利用Ⓐ和④做掩护，到限制区外接球；⑤接到⑥传球后，见⑥从限制区内跑出要球，则传球给⑥，这时⑥借④的前掩护接球跳投。（图 7-1-17）

（2）侧掩护。⑥传球给⑤，先向右做假动作，然后向左插去，到Ⓢ左侧停住，给⑤做侧掩护，⑤借⑥的掩护快速从Ⓢ的左侧运球上篮。（图 7-1-18）

（3）后掩护。⑥传球给⑤，④提上给⑤做后掩护，⑤借④掩护从Ⓢ右侧运球上篮。（图 7-1-19）

图 7-1-17　　　　　图 7-1-18　　　　　图 7-1-19

5.快攻战术

以后脚向前或向另一只脚方向，前脚掌短促而有力地蹬地，同时上体迅速向前倾或侧转，手臂协调摆动，迅速向跑的方向迈出。起动的前两三步要短促地连续蹬地。

（二）篮球防守战术基础配合

1."关门"配合

"关门"配合是临近的两个队员靠拢协同防守突破的配合。（图 7-1-20）

当⑤从正面突破时，Ⓐ与Ⓢ、Ⓢ与⑥进行"关门"配合。

2.挤过配合

挤过配合是破坏掩护配合的积极有效的方法之一，是防守队员从两名进攻队员之间挤过去，继续防守自己的防守对手的配合方法。（图7-1-21）

④传球给⑤后跑去给⑥做掩护，④发现后要及时地提醒同伴⑥，⑥在④临近的瞬间，迅速抢在④之前继续防守⑥。

图 7-1-20

图 7-1-21

3.穿过配合

穿过配合是破坏掩护配合的积极有效的方法之一，是防守队员从自己的同伴与进攻队员之间穿过去，继续防守自己的防守对手的配合方法。（图7-1-22）

⑤传球给⑥后去给④做掩护，⑤要提醒同伴，并离⑤远一点。当⑤掩护到位前一刹那，④主动后撤一步，从⑤和⑤中间穿过，继续防守④。

4.交换配合

交换配合是为了破坏进攻队员的掩护配合，防守队员及时地相互呼应交换自己所防守的对手的一种方法。（图7-1-23）

⑤去给④做掩护，⑤要主动发出信号，及时封堵④向篮下突破的路线，此时④应及时调整自己的防守位置，防止⑤向篮下空切。

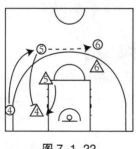

图 7-1-22

图 7-1-23

四、篮球竞赛规则简介

（一）违　例

（1）掷界外球违例：5秒钟内未将球掷出；从裁判员指定地点沿边线移动超过正常的一步；掷界外球球离手后，在球触及场内队员之前掷球队员首先触及球；掷

挤过配合

穿过配合

交换配合

3 秒违例

8 秒违例

24 秒违例

球回后场违例

界外球在球触及场上队员前，球触及界线或界外等。

（2）3 秒违例：当球进入前场并且记时钟开启时，进攻队员在对方限制区内停留超过持续 3 秒。

（3）5 秒违例：掷界外球时，5 秒内未将球掷出；持球队员被紧逼防守，在 5 秒内球未离手时；裁判员将球递交给罚球队员，在 5 秒内未将球投出时。

（4）8 秒违例：进攻队在后场控制球未能在 8 秒内使球进入前场。

（5）24 秒违例：进攻队未能在 24 秒内完成投篮并使球触及篮圈；出现防守队员犯规重新计算 24 秒。

（6）球回后场违例：位于前场的进攻队队员，不得再控球回到后场。

（7）运球走步违例：持球队员在投、传、拍或滚球之前，移动了中枢脚。

（8）二次运球违例：持球队员运球开始后，该队员用双手同时触球或使球在手中停留的瞬间，运球完毕，若再运球即为违例。出现下列几种情况不判二次运球违例：同一人连续投篮，但投出的球必须触及篮筐、篮板或其他队员；与其他队员抢球中用挑、拍等手法得到球后运球；抢断得球后运球。

（9）脚踢球违例：故意踢球或用脚的任何部位拦阻球。

（10）跳球时违例：当球在上升阶段时，跳球队员触及球；跳球队员未触及球时，其他队员进入中圈或移动位置；跳球队员直接接住球。

（11）干扰投篮违例：投篮的球在飞行中下落，并完全在篮圈水平面上时，防守队员触球即为违例，判给投篮得分。

（二）犯　规

（1）侵人犯规：场上队员通过手、臂、肩、髋、膝、脚、弯曲身体成不正常姿势或使用粗野动作以拍、阻挡、拉、推、撞、绊等动作来阻碍对方队员，即为侵人犯规。

（2）违反体育运动精神的犯规：裁判员认为队员蓄意地对对方队员造成侵人犯规，为违反体育运动精神的犯规，2 次违反体育运动精神犯规将被取消比赛资格。

（3）取消比赛资格的犯规：凡属十分恶劣的不道德行为，可判为取消比赛资格的犯规。

（4）技术犯规：运动员出现场上骂人、不服从裁判判决、故意拖延比赛时间等现象要被判技术犯规；教练员技术犯规主要是指不服从裁判员、随意走出球队席区域或在场外干扰比赛正常进行等。

第二节 篮球俱乐部课外教学

一、著名篮球赛事介绍

（一）奥运会篮球赛

第 11 届 1936 年柏林奥运会上，男子篮球比赛第一次被列为奥运会比赛项目。女子篮球到第 21 届 1976 年蒙特利尔奥运会上才被正式纳入。奥运会篮球比赛只设男女 2 个团体项目，各有金、银、铜 3 块奖牌。在过去的 19 届男子篮球和 11 届女子篮球奥运会比赛中，美国男篮共获得了 15 次冠军；美国女篮共获得 8 次冠军。

（二）篮球世界杯

篮球世界杯是国际篮球联合会主办的世界最高水平的国家队级篮球赛事，每 4 年举办一届。篮球世界杯的前身是从 1950 年开始举办的世界男子篮球锦标赛，2012 年 1 月国际篮联宣布男篮世锦赛更名为篮球世界杯。2014 年西班牙篮球世界杯是男篮世锦赛更名为"篮球世界杯"后举办的第一届世界杯。2019 年中国篮球世界杯，将由中国北京、广州、南京、上海、武汉、深圳、佛山、东莞 8 个城市联合举办。中国将成为第 2 个举办世界级篮球大赛的亚洲国家。

奥运会欣赏

世界杯欣赏

（三）美国男子职业篮球联赛

美国男子职业篮球联赛（National Basketball Association），简称NBA，于 1946 年 6 月 6 日在纽约成立，是由北美 30 支队伍组成的男子职业篮球联盟，美国四大职业体育联盟之一。

NBA 的 30 支球队分属 2 个联盟：东部联盟和西部联盟，每个联盟由 3 个赛区组成，每个赛区有 5 支球队。

NBA 欣赏

（四）中国男子篮球职业联赛

中国男子篮球职业联赛（CBA，英文全称China Basketball Association），简称中职篮，是由中国篮球协会所主办的跨年度主客场制篮球联赛，中国最高等级的篮球联赛。

CBA 欣赏

（五）CUBA 篮球赛

中国大学生篮球联赛（CUBA）是中国大学生体育协会主办的高校间篮球联赛，其宗旨是"发展高校篮球，培养篮球人才"。联赛于 1996 年开始酝酿，1997 年建立章程，1998 年开始正式推行，设男子组和女子组。CUBA 已成为中国篮球运动比赛中的两大赛事之一，其影响力仅次于中国男子篮球职业联赛，每年的基层预赛参赛队伍已经超过 1200 支，分区赛参赛队伍为 112 支。

二、篮球运动欣赏

篮球运动是一项具有较高观赏性的比赛项目。比赛中球员高强度的对抗是其鲜明的特点，主要体现为整体对抗和个人对抗。除此之外，运动员高难度的技术动作，也使观众为之叫好、感叹、兴奋，更为这些精彩表现背后运动员的刻苦努力而感动。在这方面，NBA 篮球比赛是主要的代表，它已成为世界篮球球迷欣赏的主要焦点。NBA 球星在比赛中的表现往往决定了球队的胜负和战绩，因此，他们的表现也就成了欣赏篮球比赛时的又一个重要看点。

欣赏篮球比赛还要注重比赛各个环节球队配合的默契度。例如，进攻中后卫和主攻手的跑动配合，队员的掩护、跑位，使对手顾此失彼，容易造成篮下失守，造成绝佳的投篮机会；这种场景的出现，需要球队的整体配合。因此，一支球队要想取得好成绩，还必须拥有较高的整体性水平。

三、篮球比赛的组织与编排

（一）篮球比赛的组织

1. 赛前准备工作

（1）竞赛筹备组织。

篮球竞赛要成立相应的筹委会、组委会或者竞赛委员会，讨论、决定组织方案，其内容包括竞赛名称和目的任务、组织机构、比赛经费预算、各阶段的工作步骤及具体工作实施程序。

（2）竞赛组织机构。

根据竞赛规模的大小，设立相应的组织机构。基层比赛或一般规模的比赛可简化组织机构，精简工作人员。基层单位或者一般规模的比赛一般有以下组织机构：一级组织机构，它是组织委员会（领导小组），下属有三个二级组织机构。

竞赛组：裁判组、场地器材组。

宣传组：精神文明评选组、宣传组。

后勤组：奖品组、保卫组、医疗组。

（3）制订竞赛规程。

竞赛规程是比赛的指导性文件和比赛的依据，要提前发给有关单位，让参赛队做好赛前的准备工作。

竞赛规程包括的主要内容有：竞赛名称、竞赛的任务、主办单位、承办单位、竞赛项目、竞赛时间与地点、参加单位、各单位参加人数、运动员资格、报名及报到日期、竞赛办法、竞赛规则、名次评定及奖励办法、抽签日期和地点、注意事项、预案等。

（4）制订工作计划。

根据组织方案、竞赛规程和竞赛的主要工作日程安排，由各部门拟定具体工作计划，经组委会批准后执行。

2.竞赛期间的工作

（1）坚持思想政治教育，严格赛风赛纪。

（2）裁判员及时总结，加强对比赛的管理。

（3）做好技术统计资料的分析、归类和存档工作。

（4）检查比赛场地、器材、设备。

（5）总务处及时了解情况，改善服务措施。

（6）经常与运动队取得联系，召开会议，及时通报和处理有关问题。

（7）若需要更改比赛场次、场地、日期和时间，应及时通知有关人员。

（8）提前做好相关预案。

3.竞赛的结束工作

各部门及时做好工作总结，组织各队和裁判进行经验交流，组织好闭幕式和颁奖典礼，有序办理各队、裁判人员等的离会和交通等事宜。

（二）篮球比赛的组织与编排方法

篮球比赛通常采用的赛制有淘汰制、循环制和混合制三种。在此只对单淘汰、单循环和混合制进行阐述。

1.单淘汰

单淘汰是指在比赛中失败一次即被淘汰的方法。

适用条件：比赛时间短、参加队数多、经费和人员不足。

优点：能够节省时间、减少资源浪费。

缺点：除第一名之外，不能合理地确定其余各队的名次，比赛机会少，胜负有一定的偶然性。

场数＝参加队数－1

轮次＝参赛队数的以2为底的幂的指数。

如果参加队数正好是2的乘方数，则比赛的轮数正好是以2为底的幂的指数。如8个队参加比赛，即为3轮，因为$8=2^3$。

如果参加队数不是2的乘方数，则比赛的轮数是较大的一个以2为底的幂的指数，如12队参加比赛，因为$2^3=8$，$2^4=16$，所以按16个队（人）的轮数来计算，较大的一个以2为底的幂的指数是4，即为4轮。如果参赛队数正好是2的乘方数，就按照图7-2-1进行淘汰。

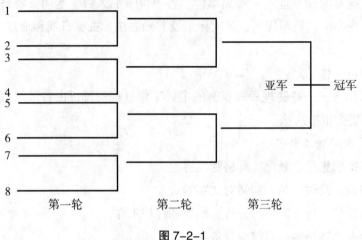

图7-2-1

如果参加队数不是2的乘方数，要根据参赛队数，选择最接近的、较大的2的乘方数作为号码位置数，号码位置数减去参赛队数，即为轮空队数。如13个队伍参加比赛，选用16为号码位置数，16-13=3，即3个队伍轮空，可选2、5、10为轮空的号码位置。

为了避免水平高的队伍过早被淘汰，可设种子队，把种子队安排在不同位置上，使之最后相遇。

采用抽签的方法确定其他各队在秩序表上的位置，再填上队名、日期、场地、时间，即成为比赛日程表。

2. 单循环

单循环是所有参赛队在比赛中均能够相遇一次，最后按照各队在比赛中的得分多少、胜负场数来排列名次的方法。

适用条件：参赛队数较少，比赛时间、人员、资金等较充裕。

优点：提供了较多的比赛交流机会，机会比较平均。

缺点：需要耗费过多的人力财力等资源。

场数＝队数×（队数-1）/2。

轮数：如参赛队伍为偶数，则轮数＝队数-1；如参赛队伍为奇数，则轮数＝队数。

不论参加比赛的队数是偶数还是奇数，一律按偶数队编排。如果是奇数，可以加一个"0"号，使之成为偶数，碰到"0"的队就轮空一次。

（1）先用号数代表队数，将其平均分为两半，前一半号数由1号起自上而下地写在左边，后一半号数自下而上地写在右边，然后把相对的号数用横线连起来，这就是第一轮比赛。

（2）把1号位置固定不变，其余的号数按逆时针方向移动一个位置，再用横线把相对的号数连起来，这就是第二轮比赛。依此类推，排出其他各轮比赛。（表7-2-1）

表7-2-1 逆时针轮转编排法

第一轮	第二轮	第三轮	第四轮	第五轮	第六轮	第七轮
1—8	1—7	1—6	1—5	1—4	1—3	1—2
2—7	8—6	7—5	6—4	5—3	4—2	3—8
3—6	2—5	8—4	7—3	6—2	5—8	4—7
4—5	3—4	2—3	8—2	7—8	6—7	5—6

（3）抽签：排好轮次后，用抽签方法，将各队抽到的签号填入轮次表中。

（4）编排比赛日程表：根据比赛的日期、时间、场地、服装颜色等排出日程表。（表7-2-2）

表7-2-2 比赛日程表

轮 次	日 期	时 间		组 别	比赛队	场 地	备 注
		上午	9：00	女	xx VS xx	1	
			10：30	男	xx VS xx	2	
		下午	16：00	女	xx VS xx	1	
			17：30	男	xx VS xx	2	

（5）成绩计算方法及名次评定。

成绩计算方法：参赛队每胜一场得2分，负一场得1分，弃权得0分。

名次评定：按照成绩计算方法进行积分累加，积分多者名次在前；若两队积分相等，按两队之间比赛的胜负情况决定，胜队名次在前；若3个或3个队以上积分相等，则按积分相等队之间的胜负场次决定，胜场多者，名次在前；若依然相等，则按他们之间的得失分率大小评定，得失分率大者名次在前。（表7-2-3）

表 7-2-3　循环赛制积分表

学　校	西南交通大学	四川大学	托普学院	四川旅游学院	积　分	得失分率		名　次
						相互间	全　部	
西南交通大学								
四川大学								
托普学院								
四川旅游学院								

3. 混合制

混合制是在一次竞赛中同时采用循环和淘汰两种赛制进行编排的方法。

混合制方法：先循环后淘汰、先淘汰后循环。

特点：弥补循环制和淘汰制的不足，有利于参赛者相互交流，最大限度地减少比赛胜负的偶然性。

在篮球比赛中，常把比赛分为两个阶段，前一个阶段采用分组循环制，后一个阶段采用淘汰制，或者相反。在决赛阶段一般采用"交叉淘汰"或者"同名次赛"来决定名次。

（1）交叉赛。

第一阶段分两组循环赛后，排出小组名次进行交叉赛，即A组的第1名对阵B组的第2名，B组的第1名对阵A组的第2名，两场比赛胜队决出1、2名，负队决出3、4名；以此类推决出其余名次。（图7-2-2）

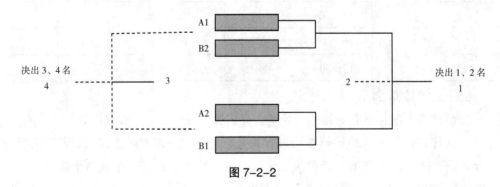

图 7-2-2

（2）同名次赛。

把第一阶段各组决出的同名次的队伍编排在一起，胜者名次在前。如果第一阶段是分四个组循环，先由四个组的第1名（A1/B1/C1/D1）决出1～4名，以此类推。（图7-2-3）

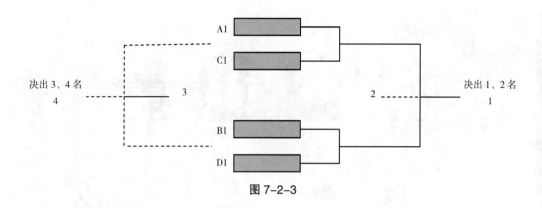

图 7-2-3

四、篮球裁判主要手势

（一）违例手势

违例手势如图 7-2-4 所示。

| 带球走 | 非法运球：两次运球 | 非法运球：携带球 | 3秒 |

| 5秒 | 8秒 | 24秒 | 球回后场 |

| 比赛方向 | 跳　球 |

图 7-2-4

（二）犯规手势

犯规手势如图 7-2-5 所示。

"两人"制
裁判方法

技术犯规

| 非法用手 | 阻　挡 | 过分挥肘 | 拉　人 |

| 推人或不带球撞人 | 带球撞人 | 进攻方犯规 | 双方犯规 |

| 技术犯规 | 违反体育运动精神犯规 | 取消比赛资格 |

图 7-2-5

第八章

足球俱乐部

知识树

第一节　足球俱乐部课堂教学

一、足球运动概述

（一）足球运动的起源与发展

足球运动是一项古老而富有魅力的体育运动，它的历史源远流长。根据历史记载，我国古代足球称蹴鞠，又称踏鞠，是一种"足球"游戏，最早记载于《战国策·齐策》。两汉三国时期，蹴鞠在承袭先秦形式的基础上发展得较快。唐、宋、元、明、清继承和发展了蹴鞠运动，它不仅是一种娱乐活动，而且作为军事训练的一项内容而存在。2004 年 7 月 15 日，国际足联主席布拉特宣布，中国是足球故乡，足球最早起源于山东淄博市的临淄；2005 年 5 月 21 日，布拉特在国际足联总部向淄博临淄颁发了足球起源地认定证。

现代足球诞生在英国，1857 年英国谢菲尔德成立了世界第一个足球俱乐部——谢菲尔德俱乐部。1863 年 10 月 26 日，英格兰足球总会的成立，标志着现代足球的正式形成，足球从此在欧洲得到普及。1896 年第一届现代奥运会在希腊举行时，足球就被列为正式比赛项目。1928 年奥运会结束后，国际足联召开代表会，决定每四年举办一次世界足球锦标赛——雷米特杯，简称"世界杯"。这对世界足球运动的发展和提高起到了推动作用。1930 年 7 月 18 日，第一届世界杯在乌拉圭首都蒙得维的亚中央体育场开幕，开辟了世界足球的新纪元。

20 世纪 50 年代至 20 世纪 60 年代初，我国的足球运动水平有了大幅度的提高，并在亚洲处于领先地位，与欧美强国有了一定的抗衡能力，但在 20 世纪 60

年代末以后，我国足球运动水平停滞不前。1976 年国家体委重新召开了全国足球工作会议，恢复了全国甲乙级联赛制度和青少年联赛制度，使我国的足球运动水平快速回升。特别是 1994 年开始实行中国足球职业联赛，共有 23 支俱乐部球队参加甲 A、甲 B 的联赛，实行升降级制度，使我国的足球运动步入了职业化的道路，更好地与国际足球接轨。在职业化的推动下，2002 年的第 17 届世界杯足球赛，中国国家足球队首次打入了世界杯的决赛圈，冲出亚洲，走向了世界。

国际理事会关于比赛用球的决议

（1）比赛所用的球，是比赛场地所属协会或俱乐部的财物，在比赛结束时，应将球交给裁判员。

（2）国际理事会随时决定制球的质料。任何经许可的质料，均应由国际理事会核准。

（3）国际理事会已批准的规则对球所定的质量为 14 ~ 16 盎司，等于 410 ~ 450 克。

（4）如球在比赛进行中破裂或漏气时，应立即停止比赛，用新球在原球破漏时所在地点以坠球恢复比赛。除非当时球在球门区内，如遇这种情况，则应在停止比赛时球所在地点最近的、与球门线平行的球门区线上坠球恢复比赛。

（5）如球破漏发生在死球时，应用新球，并应在比赛成死球时互换。

（6）不按此执行则按无替补队员处理。

（二）足球运动的锻炼价值

1. 能全面发展人的身体素质

足球运动是全面锻炼和健全体魄的良好手段，是全民健身活动中一项行之有效的体育运动项目。经常从事足球运动，可以提高人们的力量、速度、灵敏性、耐力、柔韧性等身体素质，并能使人的高级神经活动得到改善，尤其能增强人体的心血管系统、呼吸系统等内脏器官的功能，从而促进人体的健康。

2. 能改善人的心理素质

通过参加足球运动的比赛，能提高人的注意力、观察力、想象力和思维能力，改善人的心理素质，提高人的心理健康水平。

3. 能培养人的优良品质

经常从事足球运动，不仅能对自身良好性格的形成产生巨大的影响，而且还可以培养人的意志、自制力、责任感及勇敢顽强、机智果断、坚韧不拔、勇于克服困难、团结协作等思想品德。

二、足球基本技术

（一）踢　球

踢球动作一般由助跑、支撑脚站位、踢球腿的摆动、踢球脚的触球部位和踢球后的随摆等要素组成。

1.脚内侧踢球

脚内侧踢球常用于踢定位球，直接踢各方向来的地滚球和空中球，也可用脚内侧蹭球。

动作要领（定位球）：直线助跑，支撑脚落在球的侧后方15厘米左右，膝微屈，踢球腿以髋关节为轴，膝外转约90°，脚尖翘起与地面平行，同时踢球脚不得高过于球，由后向前摆动，用脚内侧（三角面）触球的后中部。踢空中来球时，大腿抬起，小腿拖后，脚内侧对准出球方向，利用小腿的向前摆动平敲击球的后中部。（图8-1-1）

脚内侧踢球

图8-1-1

2.脚背内侧踢球

脚背内侧踢球用于踢定位球、过顶球、远距离传射和转身踢球。

动作要领（定位球）：助跑与出球方向成90°角。支撑脚的脚掌外沿积极踏在球的侧后方25～30厘米处，膝弯曲，支撑脚的脚尖指向出球方向，并踏在球的横轴（与出球方向成垂直的轴）的延长线上，身体向支撑脚一侧稍倾斜。在支撑脚着地的同时，踢球腿以髋关节为轴，以大腿带动小腿由后向前挥摆。当身体转向出球方向、膝盖大约摆至球的正上方时，小腿加速前摆，脚尖稍外转并下压，以脚背的内侧踢球的后中部。踢球后，摆动腿继续向出球方向摆动。（图8-1-2）

脚背内侧踢球

图 8-1-2

转身踢球时，在助跑最后一步蹬离地面时，身体转向出球方向。支撑脚以脚掌外沿着地，脚尖指向出球方向，上体侧前倾，膝弯曲，后面的动作与脚背内侧踢球相同。

3.脚背外侧踢球

脚背外侧踢球用于踢定位球、弧线球、弹拨球等。

动作要领（定位球）：助跑、支撑脚的位置和踢球脚的摆动，基本上与脚背正面踢球相同，只是用脚背外侧接触球。在踢球腿膝盖大约摆至球的正上方时，小腿加速前摆的一刹那，膝盖与脚尖内转，脚面绷直，脚趾扣紧，以脚背外侧踢球的后中部。踢球后腿继续前摆。（图 8-1-3）

图 8-1-3

（二）运 球

1.脚背正面运球

脚背正面运球常用于快速前进。（图 8-1-4）

动作要领：跑动时，身体自然放松，上体稍前倾，两臂自然摆动，步幅不宜过大。运球脚跟提起，趾尖下压，用脚背正面推拨球前进。

2.脚背外侧运球

脚背外侧运球用于快速奔跑和向外改变方向。

动作要领：与脚背正面运球相似，不同的是运球脚的脚尖稍内转，用脚背外侧触球。

脚背外侧踢球

脚背正面运球

脚背外侧运球

图 8-1-4

3. 脚背内侧运球

脚背内侧运球用于变向和用身体掩护球。

动作要领：助跑时，身体自然放松，步幅不宜过大，上体稍前倾并向运球方向转动。运球脚提起时，膝微屈，脚跟提起，脚尖稍外转。在迈步前伸着地前，用脚背内侧推拨球。

4. 脚内侧运球

脚内侧运球是运球技术中最慢的一种运球方法，常结合身体掩护球使用。

动作要领：运球时，支撑脚向前跨出一步，踏在球的前侧方，膝微屈，上体稍前倾并向里转。随着身体向前移动，运球脚提起，用脚内侧推球的后中部。

（三）停 球

停球是指队员有目的地用身体的合理部位，把运行中的球停或接到所需要的控制范围内。停球的目的是更好地理顺球，使之为传、运、过人和射门服务。

1. 脚内侧停球

脚内侧停球易掌握，触球的面积大，易停稳，便于变向和结合下一个动作，多用于停地滚球、空中球和反弹球。

（1）停地滚球的动作要领：支撑脚对正来球，膝微屈，停球脚膝外转并前迎。在球与脚接触前的一刹那开始后撤，在后撤过程中用脚内侧接触球，把球停在需要的位置上。

（2）停反弹球的动作要领：支撑脚踏在球的落点的侧前方，膝微屈，上体稍前倾并向停球脚方向微转，同时停球脚提起并放松，用脚内侧对准球的反弹路线。当球落地反弹刚离地时，用脚内侧触球的中上部。（图 8-1-5）

图 8-1-5

脚内侧运球

脚内侧停
地滚球

脚内侧停
反弹球

（3）停空中球的动作要领：一种方法是根据来球的高度，将停球脚举起，脚内侧对准来球路线，在脚与球接触前的一刹那开始后撤。在后撤过程中用脚内侧接触球，把球控制在下个动作需要的地方（图8-1-6）；另一种方法是将脚提起稍高于选择的停球点，在脚与球接触前的一刹那开始下切，同时用脚内侧切球的侧上部，把球停在地面。用切压法停球往往不稳，需要及时调整。

脚内侧停空中球

图 8-1-6

2. 脚底停球

脚底停球用于停地滚球和反弹球。

停地滚球的动作要领：支撑脚站在球的侧后方，膝微屈，脚尖对正来球，同时将停球脚提起，膝关节自然弯曲，脚尖翘起，脚跟不得高于球，踝关节放松，用脚前掌触球中上部。（图8-1-7）

脚底停反弹球

图 8-1-7

停反弹球时，支撑脚踏在球落点的侧后方。在球着地的一刹那，用前脚掌对准球的反弹路线，触球的中上部。

3. 胸部停球

胸部面积较大，有弹性，位置高，能停高球和空中平球。胸部停球有收胸式和挺胸式两种。

（1）收胸式停球动作要领：一般用来停胸部高度的平直球。停球时，面对来球，两脚开立，两臂自然张开，挺胸迎球。在球运行到与胸部接触前的一刹那，迅速收胸、耸肩、收腹，缓冲来球力量，将球停在身前，如果要把球停向左（右）侧时，则在接触球的同时向左（右）侧转体，并用同侧肌肉触球。（图8-1-8）

（2）挺胸式停球动作要领：一般用于停高于胸部的下落球。停球时，面对来球，两脚开立，两膝微屈，正对来球，在球与胸部接触前的一刹那，收下颌，挺胸，上

体后仰成反弓形，以缓冲来球力量，使球弹起再落于身前。（图 8-1-9）

图 8-1-8　　　　　　　　　　　　　图 8-1-9

胸部停球

（四）头顶球

头顶球是争取时间和取得空中优势的主要技术，在攻防中都起着重要作用。头顶球可分为前额正面顶球和前额侧面（额侧）顶球两种。这两种部位都可以原地、跳起和鱼跃顶球。

1. 前额正面顶球

前额正面顶球（原地）动作要领：身体正对来球，两侧开立，膝关节微屈，上体后仰，两臂自然分开，两眼注视来球。在球运行到身体垂直部位前的一刹那，脚用力蹬地，收腹，身体迅速前摆。当球运行到身体垂直部位顶球时，颈紧张，收颌甩头，用前额正面顶球的后中部。然后上体随球继续前摆。（图 8-1-10）

图 8-1-10

前额正面顶球

2. 前额侧面顶球

额侧面顶球（原地）动作要领：两脚前后开立，两膝微屈，上体和头部稍向出球方向异侧转动，身体重心放在后脚上，两臂自然张开，双眼注视来球。头部触球时，后脚用力蹬地，上体迅速向出球方向扭转，同时甩头。当球运行到与出球方向同侧肩的前上方时，用额侧部位击球的后中部。

（五）抢截球

抢球是把对方控制的或将要控制的球夺过来或破坏掉。截球是将对方队员传出的球堵截住或破坏掉。

1. 正面抢截球

正面抢截球有正面跨步抢截球和正面铲球。（图 8-1-11）

（1）正面跨步抢截球动作要领：两脚前后开立，双膝微屈，身体重心下降，重心平均落在两只脚上，面向对手。对手运球前进，当脚触球即将着地或刚着地时，一脚用力蹬地，抢球脚以脚内侧对正球并向球跨出一步，膝关节弯曲，上体前倾，身体重心移至抢球脚上，另一只脚立即前跨成支撑脚。如双方的脚同时触球，则要顺势向上提拉，使球从对方的脚背滚过。身体要迅速跟上，把球控制住。

图 8-1-11

（2）正面铲球动作要领：两脚前后开立，两膝微屈，身体重心下降，重心平均落在两只脚上，面向对手。对手运球前进，在脚触球的一刹那，一脚用力后蹬，另一脚前伸，然后将球踢出。

2. 侧后铲球

侧后铲球是抢截技术中难度较大的技术动作。侧后铲球有同侧脚铲球和异侧脚铲球。

（1）同侧铲球的动作要领：在控球者拨出球的一刹那，抢球者的后脚用力后蹬成跨步，前脚（同侧脚）以脚外侧沿地面向前外侧滑出，用脚背或脚尖将球踢或捅出。然后小腿外侧、大腿外侧和臀部依次着地。

（2）异侧铲球的动作要领：在控制球者拨出球的一刹那，抢球者后脚（同侧脚）用力后蹬成跨步，前脚（异侧脚）以脚外侧沿地面向前内侧滑出，用脚底将球蹬出去。然后小腿外侧、大腿外侧和臀部依次着地。

（六）掷界外球

掷界外球不受越位限制，是组织进攻的机会，如果掷球既远又准就能加快进攻速度。

1. 原地掷界外球

动作要领：面对出球方向两脚前后（左右）开立膝弯曲，上体后仰成背弓，重心移到后脚上（左右开立时，重心在两脚间），两手自然张开，拇指相对，成"八"字形，持球侧后部，屈肘将球置于头后。掷球时，后脚用力蹬地，两腿迅速伸直，身体重心由后脚移到前脚，收腹屈体，同时两臂急速前摆，当摆到头上时用力甩腕将球掷入场内。掷球时，后脚可沿地面滑动向前，两脚均不可离地或踏入场内（但

允许踏在线上）。（图 8-1-12）

2. 助跑掷界外球

动作要领：双手持球于胸前，在助跑迈出最后一步时，上体后仰成背弓，同时将球举至头后。掷球时的动作与原地掷球相同。

图 8-1-12

三、足球基本战术

足球比赛攻守过程中采取的个人行动和集体配合，被称为足球的基本战术。足球战术可分为进攻战术和防守战术两大类。进攻战术和防守战术中都包含着个人和集体的战术。

（一）比赛阵型

比赛阵型是指比赛场上队员的基本位置排列，是本队攻守力量分配和分工的形式。选择阵型要以本队队员的特长、体能与技术水平的特点为依据。

人们根据队员的职责和排列的层次把阵型分为后卫线、前卫线和前锋线。阵型的人数排列原则是从后卫数向前锋，守门员不计算在内。

目前，世界上普遍采用的阵型有"4-3-3""4-4-2""4-1-2-3""3-5-2"等。在以上阵型中，除"4-4-2"阵型以防守为主，反击为辅外，其他阵型均以进攻为主，尤以"3-5-2"阵型最突出进攻。

（二）进攻战术

1. 个人进攻战术

个人进攻战术包括摆脱、跑位、带球过人等。个人进攻战术指的是在对方紧逼防守的情况下，采取有效措施，摆脱自己的对手，跑到有利的位置，接应控制球的同伴巧妙的传球配合，以达到进攻的目的。

2.局部进攻战术

局部进攻战术是指两人或两人以上的战术配合行动。此战术可以丰富和完善全队的进攻战术，是实施全队战术的基础。

两人的局部配合是集体配合的基础。常用的两人配合有以下几种。

（1）斜传直插二过一，如图8-1-13所示，⑦ 横传给 ⑨，⑨ 斜线传球，⑦ 直线插入接球；⑥ 斜线传球给 ⑩ 的斜传直插。

（2）直传斜插二过一，如图8-1-14所示，⑦ 横传给 ⑨ 后立即斜线插上接 ⑨ 的直传；⑩ 运球过人后传给 ⑧ 再斜线插上接 ⑧ 的直传。

（3）反切二过一，如图8-1-15所示，⑦ 回撤接 ⑨ 的传球，如防守跟上紧逼时，⑦ 回传给 ⑨ 并转身切入，接 ⑨ 传至对手身后空当的球。

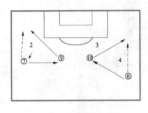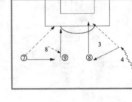

图8-1-13　　　　　图8-1-14　　　　　图8-1-15

3.集体进攻战术

（1）边路进攻。

边路进攻主要是通过边锋、交叉到边上的中锋或直接插上的前卫、边后卫，运用个人带球突破或传球配合，以达到突破对方防线传中（外围传中、下底传中、切底迂回传中），最后由中锋包抄射门的目的。

（2）中路进攻。

中路进攻能直接威胁球门，但由于中间防守队员密集，中路进攻不易突破。因此，要通过中锋、内切的边锋或插上的前卫间的配合或个人带球过人等方法突破对方防线。

（3）转移进攻。

当一侧进攻受阻，另一侧进攻有利时，要及时快速地转移进攻方向。此方法多是采用有效而准确的中长距离传球来实现的，用以拉开对方的一边防守，达到声东击西的进攻目的。

（4）快速反击。

在防御中积极拼抢，一旦得球，乘对方立足未稳时，快速传球，形成以多打少的局面，达到射门得分的目的。

（三）防守战术

1.个人防守战术

个人防守战术是局部防守和集体防守的基础，包括堵（迎面堵、贴身堵）、抢

（迎面抢、侧面抢、侧后铲）、断等技术的运用。此外，选位与盯人也是重要的个人防守战术。

2. 集体防守战术

集体防守战术有全攻全守的全场防守、半场防守、紧逼防守和区域防守，也有与盯人结合的区域防守、密集防守等多种防守战术。不论采用哪种战术都要考虑到本队的特长，还要针对对方的进攻技术，采用有效的防守战术，破坏对方的进攻。

3. 造越位战术

造越位战术是指防守队员主动制造对手越位，以破坏对方的进攻节奏和攻势的一种做法，是由守转攻的一种手段。

常见足球比赛战术术语

弧线球、鱼跃扑球、全攻全守、下底传中、外围传中、交叉换位、长传突破、插上进攻、补位、密集防守、造越位、反越位战术、篱笆战术、撞墙式二过一、梅开二度等。

四、足球竞赛规则简介

（一）比赛时间

正式的国际足球比赛每场为90分钟，分为上、下两个半场，每半场45分钟（竞赛规程对比赛时间另有规定除外），中间休息15分钟。伤停补时一般为1～6分钟。若比赛为平局则进行加时赛，足球加时赛是30分钟，上下半场各15分钟。

（二）比赛开始

比赛开场前，用投币的方式来选定场地或开球权。上下半时开始比赛及进一球后的继续比赛，都在中圈开球。开球时双方队员应站在本方半场内，裁判员发出信号后由开球队一名队员将球向前踢并移动时，比赛开始。下半时双方互换场地。

（三）计胜方法

凡球的整体从门柱间及横木下越过球门线，而此前攻进球的球队未违反竞赛规则，即为有效进球。

（四）队员人数

正式比赛场上每队11人，凡不足7人不得开赛。在场上死球时方可替换队员，被换下的队员不得再上场比赛。国际足联、各洲际联合会或各国足球协会的正式赛

足球装备

足球场地

事不可超过 5 次替换；涉及顶级联赛球队一队和国家队 A 队的男子、女子赛事最多可进行 3 次替换。

（五）比赛进行及死球

常见发球规则

出现下列三种情况时比赛仍继续进行：①球从门柱、横木或角旗杆弹回场内。②球从当时在场内的裁判员或巡边员的身上弹落于场内。③队员似有犯规现象而裁判并未判罚时。

下列情况比赛成死球：①当球不论在场上或空中全部越过端线或边线时。②当比赛已被裁判鸣哨停止时。

（六）越 位

铲球犯规

队员在对方半场内较球和倒数第二名对方队员更接近于对方球门线，即处于越位位置。

队员处于越位位置本身并不是犯规。

越 位

队员处于下列情况时不处于越位位置：在本方半场内；齐平于倒数第二名对方队员；齐平于最后两名对方队员。

处于越位位置的队员，在同队队员踢或触及球的一瞬间，裁判员认为其就下列情况而言参与了现实比赛时才被判为越位犯规：①干扰比赛；②干扰对方队员；③利用越位位置获得利益。

如果队员直接得到球门球、界外球、角球，则没有越位犯规。

对于任何越位犯规，裁判员应判对方在犯规发生的地点踢间接任意球恢复比赛。

足球比赛规则变迁

1863 年，第一个足球规则出现。

1869 年，球门球的概念第一次被引进。

1872 年，角球被添加进了足球规则。

1875 年，英足总为球门安装上了横梁，替代了之前使用的绳子。

1878 年，一名裁判在比赛中首次吹口哨示意犯规，哨子成为了裁判的工具。

1891 年，点球出现，球门被安上了球网，裁判开始允许在场内执法比赛。

1902 年，英足总为比赛设置了禁区，同时制定了点球判罚规则。

1958 年，足球比赛不再是一套阵容打到底，可以进行换人，但只能替换伤员。

1970 年，墨西哥世界杯上，红黄牌首次代替了裁判的口头驱逐和警告。

1992 年，守门员被禁止用手接队友们的回传球。

（七）犯规与不正当行为

1. 判罚间接任意球的情况

队员犯有危险动作，不合理冲撞、阻挡、回传守门员及守门员违例时，判罚间接任意球。

2. 判罚直接任意球的情况

踢或企图踢对方队员；绊摔或企图绊摔对方队员；跳向对方队员；猛烈或带有危险性地冲撞对方队员；从背后冲或铲对方队员；打或企图打对方队员或有不良举动；拉扯或推对方队员；用手或臂部携带、击或推球。

3. 出示黄牌警告的情况

队员擅自进出比赛场地；持续违犯规则者；用语言或行动对裁判员的判罚表示不满者；有不正当行为者。

4. 出示红牌罚令出场的情况

犯有暴力行为或严重犯规者；用粗言秽语进行辱骂者；经警告后仍坚持其不正当行为者。

第二节　足球俱乐部课外教学

一、足球著名赛事介绍

（一）世界杯男子足球比赛

最初该项比赛叫作世界足球锦标赛，1956 年改名为世界杯足球赛，每 4 年举行 1 届。1971 年国际足联重新制作新的奖杯，命名为"国际足联世界杯"。至今为止，世界杯足球赛已经举办了 20 届（1942 年和 1946 年因第二次世界大战曾中断）。

世界杯

（二）奥运会足球比赛

该项赛事每 4 年 1 届，属于奥运会比赛中的单项赛事。最早规定，参加奥运会比赛的运动员必须是业余选手；1993 年国际足联执委会决定，允许每支参加奥运会足球决赛的球队中有 3 名超过 23 岁的队员。1996 年第 26 届奥运会上首次将女子足球列为正式比赛项目。

足球欧锦赛

（三）欧洲足球锦标赛

欧洲足球锦标赛，也称欧洲杯，是一项由欧足联举办，欧洲足协成员国间参加的国家级足球赛事。1960 年举行第 1 届，其后每 4 年举行 1 届，至 2016 年已举办了 15 届。赛事创办时名称为 European Nations Cup，其后于 1968 年改名为 European Football Championship。该项赛事最初的目的是为了填补两届世界杯之间 4 年的空白，从而让欧洲各国有更多的比赛机会。

（四）欧洲冠军联赛

欧洲冠军联赛，简称欧冠，是欧洲足球协会联盟主办的年度足球比赛，代表欧洲俱乐部足球最高荣誉和水平，被认为是世界足球最具影响力以及最高水平的俱乐部赛事，也是世界上奖金最高的足球赛事和体育赛事之一。估计每届赛事约有超过 10 亿电视观众通过人造卫星观看赛事。

欧洲冠军联赛

越 位

随着足球运动的发展，造越位与反越位已经作为一种技战术越来越广泛的出现在比赛中。

越位，顾名思义，就是越过球的位置的意思。用足球规则的术语来说就是：进攻队员较球更接近于对方球门线者，即为处于越位位置。具体来说，就是当队员踢或触及球的一瞬间，同队接球队员在对方半场内所站的位置是在球的前面，并且他与对方球门线之间，对方队员不足两名（只有一名对方球员或没有）。如果接球队员企图从该位置获利或者有干扰比赛或对方行为的，则应判为越位。球员直接接到本方门将的球门球以及角球和界外掷球也没有越位。

队员直接在下列情况下接到球，则没有越位犯规：

· 球门球；

· 掷界外球；

· 角球。

二、足球运动欣赏

足球运动强调高速奔跑，因为它本身就是一种"瞬间艺术"。如果你以为这个项目不过是一群人穿着短裤汗衫在草地上为抢一个球玩命，那未免肤浅。足球是一种综合艺术，它折射着国家与民族的文化底蕴和历史发展。巴西"桑巴舞"式的足球是世界上公认最具艺术性的足球，因为在他们的民族文化中，浪漫主义占较大比重。

足球德甲

足球美洲杯

德国为世界贡献了众多的哲学家，日耳曼民族的严谨、精确、求实与认真，使德国足球具备机器似的整体感及无与伦比的韧性。

三、足球比赛的组织与管理

（一）组织结构

组织结构见图 8-2-1。

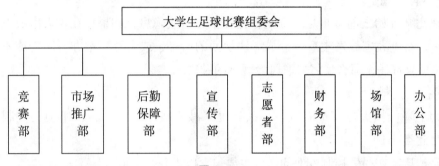

图 8-2-1

竞赛部：负责比赛的队伍报名、编排比赛、裁判员管理等事务。

市场推广部：负责比赛的招商工作，以及比赛各项资金的筹集。

后勤服务部：负责比赛所有工作人员和运动员的后勤服务保障以及比赛的奖杯、证书、纪念品等物资的购置与准备。

宣传部：负责比赛的新闻宣传工作，打造本次比赛的品牌效应；为各个赞助商做好合作宣传工作等。

志愿者部：负责大会志愿者的招募工作，以及安排志愿者工作等一切事宜。

财务部：管理比赛的各项支出和收入，做好各项开支的预算，等等。

场馆部：负责比赛各场地的准备和管理。

（二）竞赛管理

（1）比赛时间、地点。

（2）主办单位。

（3）活动名称。

（4）活动规则。

·赛程安排。

·小组赛。

·淘汰赛。

·决赛。

·活动日程表。

足球西甲

足球意甲

足球英超

（5）奖金设置。

（6）活动预算。

（7）报名方式。

（三）风险管理

（1）风险预测。

（2）风险管理措施。

依据比赛中可能出现的风险和损失程度，可进行以下几种措施的选择。

·风险规避。

在比赛开始之前分析足球赛是否存在重大事故隐患，如果存在重大事故发生的可能性，而重大事故发生后将造成无法挽回的后果，或者赛事举办方不能或不愿承当相关事故责任，那么就将采取风险规避的做法。

·损失控制。

为了降低损失概率或者减少损失程度来减少成本的损失，将用损失控制的手段应对此类事件。

足球比赛在损失控制方面的措施主要包含以下几个方面。

安全检查。比赛期间，将设置专业的保安团队，对各个参赛队伍和观众进行安全检查，以防止降低风险事件发生的可能性。

根据气温状况制订的应急计划见表8-2-1。

表8-2-1　根据气温状况制订的应急计划

级别	状态	计划
一级	气温接近35℃	防暑一级准备，准备太阳伞和饮用水
二级	气温接近38℃	打开水源，急救人员和车辆到位
三级	气温超过40℃	所有场地准备降温设备，发出中暑警告
四级	持续高温	延迟比赛或者取消比赛，准备降温设备

安全保卫。在各个赛场加派安保人员值勤，以及时做到预防事故发生和处理事故，减少损失。

志愿者和各个岗位工作人员的培训。将适时开展对员工的培训，从而加强大家的风险意识，克服麻痹大意的思想。同时，明确风险的危害，了解风险的预防。

·风险自留。

比赛可能还存在其他没考虑到的风险，但是此类风险发生概率低，发生损失较小，因此将这些风险进行自留处理。

·保险。本次比赛将为所有的工作人员、裁判员和运动员、教练员购置人身意外伤害保险，以减小举办方和个人的损失。

比赛也将用财务保险、责任保险等对大赛组委会各方面损失进行有效保障。

四、足球裁判主要手势

（一）主裁判主要手势

主裁判主要手势如图 8-2-2 所示。

足球裁判法

| 直接任意球 | 间接任意球 | 点球 | 球门球 | 警告或罚令出场 |

图 8-2-2

（二）助理裁判主要手势

助理裁判主要手势如图 8-2-3 所示。

| 界外球 | 角球 | 越位 | 越位近端 | 越位中端 | 越位远端 |

图 8-2-3

第九章

排球俱乐部

知识树

第一节　排球俱乐部课堂教学

一、排球概述

（一）排球运动的起源与发展

排球运动始于1895年，由美国马萨诸塞州的霍利沃克城威廉·摩根发明。排球最初是一种消遣游戏，后来传到世界各地。1905年传入中国，先后经历了16人制、12人制和9人制。新中国成立后，为了适应国际交往的需要，改为6人制，一直沿用至今。1964年，第18届奥运会把排球列为正式比赛项目。

排球运动世界大赛主要有世界锦标赛、世界杯赛、奥运会排球赛、世界沙滩排球锦标赛巡回赛、残疾人奥运会排球赛。中国女排在20世纪80年代夺得"五连冠"，极大地鼓舞了全国人民的民族精神，也极大地激发了全民学排球的热情，在全国形成了轰轰烈烈的排球热潮。然而，此后中国女排陷入了低谷，17年后陈忠和带领中国女排再次获得"三连冠"，并取得了雅典奥运会的冠军，重新激发了人们对排球的热情。

排球运动发展至今，各国的水平不断提高，一支队伍独霸排坛的历史已经不存在了。如古巴、巴西、意大利、中国、美国、德国等世界强队。

国际排球运动的发展趋势

（1）技术全面，有所专精；　　（2）高打、快变，互相促进；

（3）进攻战术快高又多变；　　（4）防守战术灵活多样。

（二）排球运动的锻炼价值

排球运动技术动作有发球、垫球、传球、扣球、拦网等，战术机动灵活，姿势变化多端。参与者要掌握全面和多样的动作技巧，能使身体的各部分得到充分的锻炼，特别是手臂、手腕、腰部、腿部的肌肉得到均匀地发展，力量逐渐增强，身体更加机动灵活。

排球运动对神经系统的锻炼作用也很显著，尤其在比赛时，场上情况千变万化，参与者的注意力必须高度集中，以便根据场上的变化采取相应的措施。

在排球场上，当各种具有不同力量、速度、弧度性能的球由对方网上飞来时，要想准确无误地接住这些球，必须使身体处于最有利的姿势。练习者多次根据对方的情况，从相对安静的较低位置，突然做出剧烈的动作，这不仅锻炼了神经系统的反应能力，也加强了心脏、肺脏的生理功能，使心跳加快，呼吸加深，更好地供应肌肉必需的氧气和养料，使肌肉爆发力得以提高，久而久之，内脏器官和运动器官的功能便显著增强了。

二、排球基本技术

（一）发　球

发球是比赛的开始，也是一项有效的进攻技术。发球是后排右边队员，在发球区由自己抛球，用一只手将球击入对方场区的一种击球方法。

1. 正面上手发球（以右手发球为例，下同）

面对球网，两脚自然开立，左脚在前，右脚在后，左手或双手托球于身前；抛球同时右臂随球上抬，屈肘后引，上体稍向右转；击球时利用蹬地，上体向左转动。收胸、收腹带动手臂挥动。在右肩上方，伸直手臂的最高点，用全掌击球的后中部，整个挥臂动作如鞭打动作。击球后，迅速进场比赛。（图9-1-1）

正面上手发球

图 9-1-1

2. 正面下手发球

面对球网，左脚在前，两脚前后开立，两膝微屈，身体重心落在后腿，发球时左手持球于腹前。左手将球抛在体前右侧，高度约离手 20～30 厘米，抛球同时，右臂伸直，以肩为轴向后摆动。击球时右腿蹬地，身体重心随右手向前舞动击球而移至前脚，在腹前以全掌击球的后下方，击球时手指、手腕紧张，击球后随即入场。（图 9-1-2）

正面下手发球

图 9-1-2

3. 侧面下手发球

左肩对网，两脚左右开立，约与肩同宽，两膝微屈，上体稍前倾，身体重心落在两脚之间。左手将球抛向胸前约一臂距离，离手高度约 30 厘米。在抛球的同时，右臂引向侧后方，接着利用右脚的蹬地、转体力量，带动手臂向前上方摆动，身体重心随之移向左脚，在腹前用全掌击球的右下方，击球后随即入场。（图 9-1-3）

图 9-1-3

（二）垫　球

垫球是用单手或双手手臂或手的坚硬部位，由球的下方向上击球的技术动作。这是排球的基本技术之一，是防守的基础，在排球比赛中占有重要的地位。常用的垫球方法有正面双手垫球、体侧垫球、背垫、单手垫球和挡球。

1.正面双手垫球

（1）准备姿势：成稍蹲或半蹲准备姿势，两肘弯曲，自然下垂，两手臂置于腰腹前。

（2）击球手型：主要有三种手型。（图9-1-4）

抱拳式：双手抱拳互握，两拇指平行向前。

叠掌式：双手掌根靠紧，两手手指重叠互握，两拇指平行朝前。

互靠式：两手自然放松，腕部靠紧。

抱拳式　　　　　　叠掌式　　　　　　互靠式

图9-1-4

（3）击球部位：触球时，应以两手臂腕关节以上10厘米左右，桡骨内侧合成的平面上为佳。

（4）击球：当球飞到腹前一臂距离时，两臂前伸插入球下，向前上方蹬地抬臂，身体重心随之向前移动；击球点保持在腹前一臂距离，将球准确地垫在击球部位上，然后做好下一个击球准备动作。（图9-1-5）

图9-1-5

2.体侧垫球

在接发球或防守时，身体来不及移动正对来球，则击球点在体侧，这种垫球可扩大击球的控制面，但不易控制击球的方向。当球向左侧飞来时，右脚前脚掌蹬地，左脚向左跨出一步，左膝弯曲，身体重心移至左脚，两臂夹紧向左伸出，右肩微向下倾斜，用向左转体收腹的动作，配合两臂在身体左侧截住来球，用两前臂击球的后下部。如球从右侧飞来，则动作相反。（图9-1-6）

垫　球

图 9-1-6

3. 背 垫

由体前向背后垫球的方法称为背垫。当球飞过身体上方、离身体较远时，应迅速转体移动到球的落点。垫球时应背对出球的方向，两臂夹紧伸直，插入球下，抬头挺胸，展腹后仰，直臂向后上方舞动，击球的前下部。在垫低球时也可运用屈肘、翘腕动作向后上方垫出。

（三）传 球

传球是用双手（或单手）在额前上方，利用蹬腿、伸臂协调一致的动作及手指手腕的弹力完成的击球技术动作，是排球基本的重要的技术之一。它主要用于将接、防起的球传给进攻队员进攻。它分为正传、背传和侧传。

1. 双手正面传球

（1）准备姿势：采用稍蹲准备姿势，上体适当挺起，眼睛注视来球，双手自然抬起，置于脸前。

（2）迎击球：当判断来球下降至额前上方一球的距离时，蹬地伸膝、伸臂、两手向前上方迎击球。

（3）手型：当双手触球时，两臂弯曲，两肘适当分开，两手自然张开成半球状，使手指与球吻合，手腕稍后仰，以拇指、食指和中指托住球的后下部；用拇指内侧，食指全部，中指的二三指节触球，无名指和小指在两侧触球部分较少。两拇指相对接近成"一字形"或成"斜前形"。两手间距以不漏球为宜。（图 9-1-7）

传 球

图 9-1-7

（4）用力：传球用力顺序是从脚蹬地开始，然后伸膝、伸腰、伸臂、手指手腕屈伸，利用来球的反弹力将球传出。（图 9-1-8）

图 9-1-8

2. 背 传

背传指向背后方向传球的方法。采用稍蹲准备姿势，上体比正传稍后仰，重心在两腿中间，双手自然抬起置于脸前，背对传球出手方向，击球手法与正传相同，击球点在额上方，手触球时，手腕适当后仰，掌心向上，击球的上部手型与正传相同，拇指托住球底。传球时，利用蹬地、展腹、抬臂及手指手腕的弹力将球向后上方传出。

3. 侧 传

身体不转动，主要靠双臂向侧方传球的动作称为侧传。采用稍蹲准备姿势，背对球网，传球手型同正面传球，击球点保持在脸前或稍偏向传出方向一侧。传球时蹬地，双臂向传出方向一侧伸展，异侧臂的动作幅度应大些，同时伴随上体向传球方向侧屈的动作，使球向侧方飞行。

（四）扣 球

扣球是队员跳起在本方区将球从过网区击入对方区的一种击球动作，是攻击性最强的基本技术，是完成战术配合的最后一个环节。扣球技术的好坏是决定胜负的关键，在比赛中占有重要的地位。（图 9-1-9）

扣 球

图 9-1-9

（五）拦　网

拦网是队员在网前以身体任何部位，主要是手臂、手掌在网上沿阻挡对方击球过网的技术动作。拦网是防御的前沿，是后防布置的依据，它起着阻挡对方攻击、为本方反击创造条件的特殊作用。拦网可以直接拦死或拦回对方的扣球，能削弱对方的锐气，动摇扣球队员的信心，造成心理压力，所以拦网带有强烈的攻击性，是得分得权的重要手段。（图 9-1-10）

图 9-1-10

三、排球基本战术

（一）进攻战术

1.“中一二”进攻形式

由前排中间的 3 号位队员担任二传，其他 5 名队员将来球垫传给二传队员，再由二传队员将球传给 4 号位或 2 号位队员扣球的进攻形式，称为“中一二”进攻形式。（图 9-1-11）

图 9-1-11

这种形式是排球进攻基本的、最简单的形式。其特点是一传的目标明确，二传队员易于接应，加之战术配合简单，便于组织进攻。缺点是战术配合方法较少，进攻点不多，突然性不大，战术意图易被对方识破。这种形式适合技术水平较低的队采用，但有时技术水平较高的队在来不及组织复杂战术进攻的情况下，也采用这种进攻形式。

2."边一二"进攻形式

由前排边的 2 号位队员担任二传，将球传给 3 号位或 4 号位队员扣球的进攻形式，称为"边一二"进攻形式。（图 9-1-12）

```
球  网------------
前 排    主攻    副攻    二传
三米线------------
后 排    接应    副攻    主攻
底 线------------
```

发球区

图 9-1-12

这种形式也比较简单，容易掌握。但由于对一传、二传的要求都较高，组织"边一二"进攻形式要比组织"中一二"进攻形式的难度大，其战术配合也较为复杂。"边一二"进攻形式，两名进攻队员的位置相邻，便于进行互相掩护的进攻配合，可以组织较多的快变战术。因此，"边一二"突然性和攻击性要比"中一二"进攻形式大。

（二）防守战术

排球的防守战术是组织进攻或反攻战术的基础，没有严密的防守，进攻就无从组织。而一切防守战术都应从积极为进攻和反攻创造条件的角度进行设计和考虑。

1.接发球的防守战术

当对方发球时，本方处于防守地位，这也是组织第一次进攻的开始。事先站好位置，摆好阵型，是接好发球的基础。站位的阵型，不仅要有利于接球，而且要有利于本方所采用的进攻战术。另外，还要根据对方发球的特点，采取不同的阵型。通常多采用 5 人接发球和 4 人接发球。

（1）5 人接发球站位阵型。

除 1 名二传队员站在网前或从后排插上准备二传不接发球外，其余 5 名队员都担负一传任务的接发球站位阵型。其优点是队员均衡分布，每人接发球的范围相对减小；接发球时，已站成了基本的进攻阵型，组织进攻比较方便，适合接发球水平不太高的球队。其缺点是一传队员从 5 号位插上时距离较长，难度大；3 号位队员接球时，不便组成快攻战术；不利于队员间的及时换位；队员之间地配合不默契时，容易互相干扰。

（2）4 人接发球站位阵型。

插上二传队员与同列的前排队员均站在网前不接发球，其他 4 人站成弧形接发球的站位阵型。其特点是便于后排插上和不接发球的前排队员及时换位；其缺点是要求接发球的 4 人有较高的判断、移动能力并掌握较好的接发球技术。

2.接扣球的防守战术

接扣球的防守与组织反攻是密不可分的，只有防守成功才能有卓有成效的反攻。接扣球的防守战术是前排拦网与后排防守的整体配合，根据对方进攻情况、本队队员特长、防守后的反攻打法，一般可分为不拦网、双人拦网和三人拦网的防守阵型。

（1）不拦网的防守阵型。

在对方进攻较弱，没有必要进行拦网时，可以采用不拦网的防守阵型。这种阵型与5人接发球站位阵型相似，前排进攻队员要撤到进攻线后，准备防守和防守后的反攻；后排队员后退，准备防后场球；二传队员留在网前，准备接吊到网前的球和组织进攻。

（2）单人拦网的防守阵型。

当对方扣球威胁不大、扣球路线变化不多，轻打、吊球较多时，可以主动采用单人拦网的防守阵型。拦网队员拦扣球人的主要进攻路线，不拦网队员及时后撤防守前区或保护拦网人，后排队员后撤加强后场防守。

（3）双人拦网的防守阵型。

对方水平较高、进攻力量较强、进攻路线变化较多时，多采用这种防守阵型，即2人拦网、4人接球。通常分为"边跟进"和"心跟进"两种。

"边跟进"多在对方进攻较强，吊球较少时采用。当对方4号位队员进攻时，我方2、3号位队员拦网，其他4个队员组成半圆弧形防守。如遇对方吊前区，由边上1号位队员跟进防守。其特点是加强了拦网；缺点是边上的队员既要防直线，又要跟进防前区，比较困难。

在本方拦网能力强、对方采取打吊结合时常采用"心跟进"。当对方4号位队员进攻时，我方2、3号位队员拦网，后排中间的6号位队员在本方拦网时跟在拦网队员之后进行保护，其余3名队员组成后排弧形防守。其优点是加强了前区的防守能力，缺点是后排防守队员之间的空当较大。

（4）三人拦网时的防守阵型。

对方主要扣球手进攻实力很强、不善吊球的情况下可采用3人拦网、3人后排接球的防守阵型。这种阵型加强了网上力量，但后防的空隙也相对增大。3人拦网时，后排防守的6号位队员可以跟进到进攻线附近保护，也可以退至端线附近防守。

四、排球竞赛规则简介

（一）队员的替换

每一局每队最多可替换六人次，在一次换人中可以同时替换一人或多人。替补队员每局只能上场比赛一次，如某一队员受伤不能继续比赛时，必须进行合法的替换。如果不能进行合法替换时，可采取特殊的替换。如某队员被判罚出场或取消比

排球装备

赛资格时，必须进行合法的替换。如果不可能进行合法替换时，则判该队阵容不完整，判对方胜一局。

（二）比赛间断

正常的比赛间断为暂停和换人。在比赛成死球时，裁判员鸣哨发球前，教练员或场上队长用相应的手势请求间断。一次或两次暂停可以与双方的各一次换人相连续，中间无须经过比赛过程。同一队未经过比赛过程不得连续提出换人的请求，但在同一次换人请求中可以替换两名或更多的队员。一次暂停的时间为 30 秒，但在世界比赛中，采用技术暂停的方法，即比赛中，当比分至 8 分和 16 分时，便为技术暂停，时间为 1 分钟，在每局中，球队还有两次暂停的机会，时间为 30 秒。暂停时，比赛队员必须离开比赛场区到球队席附近的无障碍区。

排球场地

（三）技术性犯规

1. 发球规则
必须在发球区内将球抛起后，用一只手臂将球击出，运动员不得踏出发球区，在 8 秒内将球发出，发出的球也必须由标志杆组成的网上过网区进入对方场地。

2. 四次击球犯规
一个队连续触球 4 次（拦网除外）为四次击球犯规。

3. 持球和连击犯规
没有将球击出，使球产生停滞，为持球犯规。同一人连续击球为连击犯规，但拦网时的连续触球以及全队第一次击球时同一动作击球产生的球连续触及身体部位除外。

发球规则

4. 过网击球犯规
在对方空间触击球为过网击球犯规，但在对方进攻性击球后拦网触球除外。

过网击球规则

5. 过中线犯规
比赛进行中队员整只脚全部越过中线接触对方场区，为过中线犯规。

6. 触网犯规
队员触网即为犯规，包括以下几种常见情况：①击球时触及球网上沿的网带或球网以上的 80 厘米标志杆；②击球时借助球网的支持；③造成了对本方有利；④妨碍了对方合法的击球试图。

过中线犯规

7. 拦网犯规
（1）过网拦网犯规。

对方进攻性击球前或击球时，在对方空间拦网触球为过网拦网犯规。

（2）后排队员拦网犯规。

后排队员靠近球网，将手伸向高于球网处阻拦对方来球并触及球，或后排队员参加了完成拦网的集体则构成后排队员拦网犯规。

触网犯规

拦网犯规

（3）拦发球犯规。

队员在球网附近，手高于球网上沿阻拦对方发过来的球，则构成拦发球犯规。

8. 后排队员进攻性击球犯规

后排队员在前场区内或踏及进攻线（或其延长线）击整体高于球网上沿的球，并使球的整体通过球网垂直面或触及对方拦网队员，则为后排队员进攻性击球犯规。

9. 自由人进攻性击球犯规

在 3 米限制区内用上手传球方式进行二传球，进攻队员将此高于球网的二传球击入对方，或自由人在 3 米线后的场区内将高于球网的球击入对方，均为自由人进攻性击球犯规。

自由人规则

第二节 排球俱乐部课外教学

一、排球著名赛事介绍

（一）奥运会排球赛

1964 年，排球运动首次亮相第 18 届日本东京奥运会赛场，有 10 支男队和 6 支女队参加了比赛。到里约奥运会，排球运动进入奥运会这个神圣的殿堂已经 52 个年头。在这充满着光荣与梦想的 52 年中，奥运会排球比赛的规模已发展到男、女各 12 支队伍。

奥运排球

（二）世界排球锦标赛

世界排球锦标赛是由世界排球联合会主办的国际排球比赛，是排球最早的、规模最大的世界性比赛，每 4 年举行 1 届，受到各国普遍重视。第 1 届世界锦标赛始于 1949 年，最初只有男子比赛，女子比赛始于 1952 年。世界排球锦标赛原与奥运会同年举行，1962 年起改在奥运会后第 2 年举行（女子第 5 届除外）。冠军获得者可直接参加下届奥运会。

排球锦标赛

（三）世界杯排球赛

世界杯排球赛，每 4 年一届，地点自 1977 年起固定在日本，也叫"日本杯"排球赛。男子比赛始于 1965 年，女子比赛始于 1973 年。世界杯是由全球高水平的男、女球队参加的国际性的排球比赛，从 1991 年被改为在奥运会的前一年举行，相当于

世界杯排球

是奥运会的资格赛，获得前三名的队伍则有资格进入奥运会。

二、排球运动欣赏

排球欣赏

看排球比赛，许多人是被女排在世界排坛的崛起所鼓舞、感动，并逐渐喜欢上了排球。但这也只是看热闹，只觉得那重重一扣势大力沉，很过瘾很解气。然而随着时间的推移及看球阅历的增加，观众也要逐渐学会怎样欣赏排球。

（1）扣杀：网上扣杀是排球得分的最主要手段，要求主副攻球员起跳适时、击球点高、势大力沉、节奏快、善变线、手法多，还要求能打调整攻，这点很重要，它可以减少对一传球到位的依赖，在多变数的赛场上，以免使己方陷于被动。

（2）拦网：它是防守的第一道防线，具有心理震慑、直接得分和提供组织反击机会的多重作用，任何一流的球队都善于运用它，教练要有经验、能力和训练方法来专对球员做该项训练，对判断、移动、起跳时机、拦球动作和手型等系列拦网技术进行大量艰苦的训练，才有可能见效。

（3）一传：这是基础建设，它要求全场队员一传都应过关进而过硬，而不应依靠自由人或部分队员。一支一传没有达标的队伍，就称不上是一流队伍。

（4）二传：他（她）是场上战术实施的组织者，是场上"灵魂"。二传要贯彻教练的战术意图，根据场上双方攻防形势，及时有效地组织进攻。要求二传队员：①随时掌握双方强弱轮状况，以便处置；②实时掌握己方攻手的位置及状态；③实时掌握对方网前动向及意图；④预判准、决断快、出手迅速且隐蔽；⑤与己方攻手配合娴熟、默契；⑥带动己方全场队员进入该战术状况；⑦掌控己方进攻节奏；⑧情绪稳定，处危不乱，处胜不息；⑨有灵性，有悟性，有主见，有全局意识；⑩有人格魅力，有团结合作和勇于担责任的精神；⑪有拼劲但更要有韧性。

（5）配合：在排球中也不乏重进攻而轻配合和防守的事例。但赛事证明，没有好的一传和二传，只有好的主攻，是打不出好球来的；没有好的防守，就没有好的进攻。一个主攻扣杀成功，只把功劳记在攻手头上是不公平的，也是不合理的。

（6）防守：这是六人组成的一个完整的网，不能有漏洞，如果有一人防守不力，就会被对方发现，进而扩大这一漏洞而使你功败垂成。

（7）串联：小球串联是最难练就的一项技术，它既实用又具有观赏性，是排球赛场上最精彩和最富魅力的部分。在场上队员对高速来球的飞驰且无常态动向中做出条件反射式的急切动作，没有刻苦的训练和比赛经验的积累，没有使命感和拼搏精神是练不好的。

（8）掩护：它不是可有可无的，而且动作要逼真，假戏真唱，才能干扰对方的判断进而骗过对方，以造成对方空网或单人网，形成空间时间的错位，使攻击顺利完成。

（9）保护：力争一锤定音，但对自己攻手的进攻或拦网必须有足够的保护。

三、排球比赛的组织与编排

（一）排球竞赛组织者对比赛的策划、组织、调控

排球竞赛组织者对比赛的策划、组织、调控见图 9-2-1。

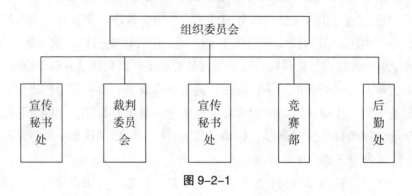

图 9-2-1

（二）竞赛业务部门的工作

竞赛业务部门是指一次比赛主管竞赛工作的业务部门，即竞赛部。它的主要工作是负责一次比赛的竞赛工作及相关事务，是竞赛组织策划者的主要业务助手，也是比赛运行操作过程中的枢纽。竞赛业务工作分为赛前、赛中、赛后三个阶段，各个阶段的工作内容与任务均有重点。

（三）排球竞赛规程的制订及主要内容

1.排球竞赛规程概念

排球竞赛规程是竞赛组织者首先要完成的指导性文件，是竞赛工作的依据。竞赛规程应根据有关竞赛计划结合竞赛规模、目的、任务和主办单位的具体条件制订。一般由主办单位指定专人负责起草，经有关人员讨论修改后，送主管竞赛领导审批确定。经审批后的竞赛规程，即是此次比赛的重要法律文件，任何单位和个人均无权修改，对规程的最终解释权归属主办单位。

2.排球竞赛规程内容

竞赛名称；目的、任务；比赛日期与地点；参赛单位、组别等；参赛者资格，包括单位、级别、年龄、队数、人数等；报名及报到日期、地点；竞赛办法、赛制、确定名次办法等。

（四）排球竞赛制度、编排、成绩计算方法

排球竞赛制度常用的有循环制、淘汰制、混合制三种。

（1）循环制：排球比赛循环制主要采用单循环、双循环二种。

单循环制成绩计算方法如下。

·依排球规则所定，正式比赛为胜一场得2分，负一场得1分，弃权为0分。以每个队的比赛总积分决定各队名次，积分高者名次列前。

·如遇两队或两队以上积分相等，则按下列办法决定名次：计算C值，C值高者名次列前。

C值=A（胜局总数）/B（负局总数）

·如C值仍相等，则计算Z值，Z值高者名次列前。

Z值=X（总得分数）/Y（总失分数）

双循环制：参加比赛的各队之间均相互比赛二次，即为双循环赛。

（2）淘汰制：就是在比赛中失败一次即退出比赛，获胜者继续比赛，直到最后决出冠亚军为止。

（3）混合制：一次竞赛中同时采用循环制和淘汰制称为混合制。采用混合制时可将竞赛分为两个阶段进行。前一阶段采用分组单循环，后一阶段采用淘汰制进行决赛；或者相反。

四、排球裁判员主要手势

排球裁判员主要手势见图9-2-2。

发 球　　　　允许发球　　　　发球延误　　　　发球踩线

发球未过网　　　界内球　　　　界外球　　　　持 球

图9-2-2

连　击　　　　　四次击球　　　　触　网　　　　过网击球

后排违例　　　　过中线　　　　拦网犯规　　　　触手出界

暂　停　　　　　换　人　　　　比赛结束　　　　交换场地

图 9-2-2（续）

第十章

乒乓球俱乐部

知识树

第一节　乒乓球俱乐部课堂教学

一、乒乓球运动概述

（一）乒乓球的起源与发展

乒乓球运动起源于英国，由网球运动派生而来。19世纪后期，英国一些大学生在室内以桌为台，书为网，酒瓶软木塞为球，在桌上推来挡去，形成"桌上网球"游戏。1890年左右，英格兰著名越野跑运动员吉布从美国带回空心赛璐珞球，代替软木塞。因赛璐珞球击在木板拍上发出乒乓声响，故称"乒乓球"。1891年，英国的巴克斯特申请乒乓球商业专利。1904年，上海一家文具店的老板王道平，从日本买回10套乒乓球器材，把乒乓球引入了中国。

目前，世界乒乓球技术正朝着"更加积极主动，特长突出，技术全面，战术变化多样"的方向发展。世界男队的打法是在技术全面的基础上，把速度和旋转结合得更好，向着更快、更新、更猛的方向发展。目前欧洲横拍两面拉弧圈球加速度的打法，是世界乒乓球运动技术的一个新的发展方向。

中美乒乓外交

1971年4月10日至17日，参加在日本名古屋举行的第31届世界乒乓球锦标赛的美国乒乓球代表团，应中国乒乓球代表团的邀请访问我国，打开了隔绝22年的中美交往的大门，被国际舆论誉为"中美乒乓外交"。

（二）乒乓球运动的锻炼价值

乒乓球运动集健身性、竞技性、娱乐性于一体。经常打乒乓球，能提高视觉的敏锐性和神经系统的灵活性，使人心情舒畅、想象力丰富，有利于提高学习和工作效率；能改善人的心脑血管系统的机能，使人的反应加快，身手敏捷，动作协调，四肢灵活、柔韧，形体健美；能提高控制情绪的能力并培养机智果断、勇敢顽强、勇于进取和敢于拼搏的优良品质与作风。此外，生活、工作中产生的不良情绪，也可在打乒乓球的锻炼中得到缓解和宣泄，起到积极的心理调节作用，提高社会适应能力。

二、乒乓球基本技术

（一）握拍方法

1. 直拍动作要点

拍前，以食指第二关节和拇指第一关节扣拍。（图10-1-1）

拍后，三指弯曲贴于拍的1/3上端。

2. 横拍动作要点

虎口贴拍，握住拍柄，食指在前，自然伸直，拇指在拍后。（图10-1-2）

直式握拍法

横式握拍法

图10-1-1　　　　　　　　　　图10-1-2

（二）发球技术（以右手为例）

1. 正手平击发球

正手平击发球如图10-1-3所示。

发球准备：近台站位，含胸收腹，屈膝，左手抛球，右臂内旋，拍面稍前倾，向身体右后方引拍。

击球动作：左手抛球的同时，右大臂带动小臂，从右后方向前方挥动并发力，撞击球的中上部。

击球后：手臂继续向前随势挥动，迅速还原。

正手平击发球

直拍正手平击发球

图10-1-3

横拍正手平击发球

图 10-1-3（续）

2. 反手平击发球

反手平击发球如图 10-1-4 所示。

发球准备：站位于球台中线偏左，身体略向左转，左手抛球时，右臂外旋，拍面角度稍前倾，向身体左后方引拍。

击球时，右臂从身体左后方向右前方挥动，击球中上部，向前方发力。

击球后，手臂和手腕继续向右前方随势挥动，并迅速还原。

直拍反手平击发球

横拍反手平击发球

图 10-1-4

3. 正手发下旋、侧下旋、侧上旋球

发球准备：左脚稍前，身体右转，左手抛球，右臂屈肘引拍，与肩同高，拍面后仰，拍头斜向上方，手腕略外展。

下旋：以前臂为主，手腕为辅，由上向前下方挥拍，以拍的下缘触球，摩擦球的底部。

侧下旋：手臂从右后上方向左前下方挥摆，球拍从球的右中下部向左下部摩擦，前臂带动手腕快速发力。

侧上旋：球拍从球的中下部向左侧中上部摩擦，前臂带动手腕快速发力。

4. 反手发下旋、侧下旋、侧上旋球

发球准备：右脚在前，身体左转，向身体左后上方引拍，拍面稍后仰。

击球动作：球下降时，用转腰带动肩臂，并以前臂发力为主，迅速挥拍。

下旋：由上向前下方挥拍，以拍的下缘触球，摩擦球的底部。

反手平击发球

正手发左侧上旋球

正手发左侧下旋球

反手发右侧上旋球

反手发右侧下旋球

侧下旋：球拍从球的中下部向右侧下部摩擦时，产生侧下旋。

侧上旋：球拍从球的中部向右侧或右侧偏上部位摩擦时，产生侧上旋。

（三）直拍反手推挡（以右手为例）

直拍反手推挡

直拍反手推挡如图 10-1-5 所示。

站位：身体离球台约 40 厘米，左脚在前，屈膝。

击球前的引拍方法：引拍于腹前，拍的长轴与台面平行，拍面与台面垂直。

击球动作：拍面稍前倾，前臂向前推出，在来球上升期击球的中上部。

击球后：手臂顺势前送，肘关节接近伸直时立即还原，准备连续击球。

图 10-1-5

（四）正手攻球（以右手为例）

正手攻球

正手攻球如图 10-1-6 所示。

站位：中台偏左，左脚稍前，屈膝，上体前倾，身体重心在两脚之间。

击球前的引拍方法：先向右后下方引拍，上臂放松，上臂与前臂夹角 90°～130°，拍面稍前倾。

击球动作：借助腰和大臂的力量，以前臂发力为主，向左前方挥拍，在球的上升后期或高点期，击球的中上部，击球时以撞击为主，略带摩擦，前臂快速收缩至额前，身体重心移至左脚。

图 10-1-6

（五）正手搓球（以右手为例）

正手快搓

击球前的引拍方法：身体稍向右转，向右上方引拍，拍头略上翘，拍面后仰。

击球动作：前臂和手腕向左前下方用力，慢搓是在下降期击球的中下部，球与拍接触时间稍长，加大摩擦；快搓是在上升期击球中下部，触球瞬间，手腕向前下方用力。（图 10-1-7）

易犯错误动作：没有摩擦球，而是将球托出。

正手慢搓

图 10-1-7

（六）反手搓球（以右手为例）

击球前的引拍方法：向左上方引拍，拍面后仰。

击球动作：击球时，前臂和手腕向前下方用力切球，在球的下降期触球中下部，击球后，前臂随势前送。横拍搓球时，拍形略竖一些，击球后前臂向右下方挥摆。(图 10-1-8)

反手快搓

图 10-1-8

反手慢搓

三、乒乓球基本战术

（一）快攻型打法的基本战术

1.发球抢攻

（1）反手发右侧上、下旋球，发至对方中路靠右近网处，伺机攻对方左方。

（2）发追身急球（球速越快越好），使对方不能发挥其正反手攻球的威力，然后侧身进攻对方中路或两角。这种战术对付两面攻比较有效。

（3）发急下旋长球至对方左角，配合近网短球，然后侧身抢攻，主要是针对对方弱点进行攻击。这种战术对付弧圈和快攻较为有效。

（4）正手中高抛球发左（右）侧上、下旋至对方左角（角度越大越好），配合发右方急球进行抢攻。这种战术对付善于采用搓球接发球的选手最为有效。

2.推挡侧身抢攻

（1）在对推中，以力量、速度、落点控制对方，伺机侧身抢攻。

（2）在对推中，用反手攻球作配合寻找机会，伺机侧身抢攻。

（3）在对推中突然加力推或推下旋球，迫使对方回球较高，然后立即侧身抢攻。

（4）若推挡技术强于对方，可推压对方反手，伺机侧身抢攻。

3.左推右攻

（1）当推挡略占上风时，或在侧身抢攻获得成功后，对方往往会主动变线到正手，此时采用有力的正手攻球回击对方。

（2）主动推变直线，引诱对手回斜线，用正手攻击直线，反袭对方空当。

（3）有时可佯作侧身，诱使对方变线，给自己创造正手回击的机会。

（二）弧圈球型打法的基本战术

1.发球抢位

（1）正手（或侧身）发强烈下旋球至对方左侧近网短球，迫使对方以搓回击，然后拉加转弧圈球至对方反手或中路。

（2）反手发右侧上、下旋球至对方中路或偏右及偏左的地方，然后拉前冲弧圈球至对方两大角。

（3）反手发急下旋球至对方中路偏右或左方大角，当对方以搓球回击时，拉前冲弧圈至对方正手。

（4）对削球手一般用速度快、落点长的球，使对方退守，然后根据对方的站位和适应弧圈球的能力，决定用哪种弧圈球攻击对方。

2.接发球抢拉

对方发侧上旋球和不太旋转的球时，用前冲弧圈球回击，对方发侧下旋或强烈下旋球时，用加转弧圈球回击。

3.搓中拉弧圈球

（1）在对搓中看准时机，主动抢拉弧圈球。

（2）在对搓短球时，突然加力搓左角长球，然后侧身主动抢拉加转弧圈球。

（3）多搓对方正手，使其不能逼左大角，伺机抢拉弧圈球至对方反手或中路，再冲两角。

4.弧圈球结合扣杀

（1）拉加转弧圈球结合扣杀。

（2）拉前冲弧圈球迫使对方远台回击，然后放短球，再扣杀。

（3）拉加转弧圈球与不转弧圈球相结合，伺机扣杀。

四、乒乓球竞赛规则简介

（一）合法发球与合法还击

（1）合法发球：①发球开始时，球自然地放置于不执拍手的手掌上，手掌张开，保持静止；②发球员须用手将球几乎垂直地向上抛起，不得使球旋转，并使球在离

比赛规则

开不执拍手的手掌之后上升不少于 16 厘米的距离，球下降至被击出前不能碰到任何物体；③当球从抛起的最高点下降时，发球员方可击球，使球首先触及本方台区，然后越过或绕过球网装置，再触及接发球员的台区。在双打中，球应先后触及发球员和接发球员的右半区；④从发球开始到球被击出，球要始终在台面的水平面以上和发球员的端线以外，而且不能被发球员和其双打同伴的身体或衣服的任何部分挡住；⑤运动员发球时，应让裁判员或副裁判员看清他是否按照合法发球的规定发球；⑥运动员因身体伤病而不能严格遵守合法发球的某些规定时，可由裁判员作出决定免于执行。

（2）合法还击：对方发球或还击后，本方运动员必须击球，使球直接越过或绕过球网装置，或触及球网装置后，再触及对方台区。

（二）胜负判定

（1）除被判重发球的回合，下列情况运动员可得 1 分：①对方运动员未能合法发球；②对方运动员未能合法还击；③运动员在合法发球或合法还击后，对方运动员在击球前，球触及了除球网装置以外的任何东西；④对方击球后，该球没有触及本方台区而越过本方端线；⑤对方阻挡；⑥对方连击；⑦对方用不符合规定的拍面击球；⑧对方运动员或其穿戴的任何东西使球台移动；⑨对方运动员或他穿戴的任何东西触及球网装置；⑩对方运动员不执拍手触及比赛台面；⑪双打时，对方运动员击球次序错误；⑫执行轮换发球法时，接发球方连续还击 13 板，将判接发球方得 1 分。

（2）一局比赛：在一局比赛中，先得 11 分的一方为胜方，10 平后，先多得 2 分的一方为胜方。

（3）一场比赛：①一场比赛应采用单数局，如 3 局 2 胜制、5 局 3 胜制、7 局 4 胜制等；②一场比赛应连续进行，除非是经许可的间歇。

（三）比赛次序和方位

（1）在单打中，首先由发球员合法发球，再由接发球员合法还击，然后两者交替合法还击；双打中，首先由发球员合法发球，再由接发球员合法还击，然后由发球员的同伴合法还击，再由接发球员的同伴合法还击，此后运动员按此次序轮流合法还击。

（2）在每获得 2 分后，接发球方变为发球方，依此类推，直到该局比赛结束，或直至双方比分为 10 平，或采用轮换发球法时，发球和接发球次序不变，但每人只轮发 1 分球。

（3）在双打中，每次换发球时，前面的接发球员应成为发球员，前面的发球员的同伴应成为接发球员。

（4）在一局比赛中首先发球的一方，在该场比赛的下一局中应首先接发球，在双打比赛的决胜局中，当一方先得 5 分后，接发球一方必须交换接发球次序。

（5）局中，在某一方位比赛的一方，在该场比赛的下一局应换到另一方位。在决胜局中，一方先得 5 分时，双方应交换方位。

（四）重发球

（1）回合出现下列情况应判重发球：①如果发球员发出的球，在越过或绕过球网装置时，触及球网装置，此后成为合法发球、被接发球员或其同伴阻挡；②如果接发球员或接发球方未准备好时，球已发出，而且接发球员或接发球方没有企图击球；③发生了运动员无法控制的干扰，而使运动员未能合法发球、合法还击或遵守规则；④裁判员或副裁判员暂停比赛。

（2）裁判员或副裁判员可以在下列情况下暂停比赛：①由于要纠正发球、接发球次序或方位错误；②由于要实行轮换发球法；③由于警告或处罚运动员；④由于比赛环境受到干扰，以致该回合结果有可能受到影响。

第二节　乒乓球俱乐部课外教学

一、乒乓球著名赛事介绍

（一）世界乒乓球锦标赛

世界乒乓球锦标赛是国际乒联举办的一项最重要、水平最高的世界性乒乓球比赛，设男子团体、女子团体、男子单打、女子单打、男子双打、女子双打和混合双打 7 个项目。它是由国际乒联授权，一个会员协会主办，任何会员协会均可派选手参加任何项目的比赛。从 1926 年第 1 届起，每年举行 1 届，1939—1946 年期间因第二次世界大战而暂停，第 24 届后每 2 年举行 1 届。

（二）乒乓球世界杯赛

乒乓球世界杯赛是国际乒联举办的另一个重大的世界性比赛，自 1980 年起每年举办 1 届，前 10 届只设男子单打一项，1990 年开始陆续增设男子团体、女子团体、女子单打、男子双打、女子双打和混合双打。由国际乒联公布的世界优秀选手（或协会）排名名单中最前面的一部分选手（或协会），各大洲的冠军和主办协会的冠军共 16 名选手（或协会）参加。

锦标赛

世界杯

（三）奥运会乒乓球比赛

1981 年 10 月 1 日，国际奥委会在联邦德国巴登举行的会议上做出决定，把乒乓球列入奥运会比赛项目。1982 年 4 月 25 日在匈牙利布达佩斯举行的欧洲乒联会议上，国际奥委会主席萨马兰奇宣布，乒乓球从 1988 年起开始列为奥运会的比赛项目。奥运会乒乓球比赛设有男、女单打和男、女团体共 4 个项目。

奥运乒乓赛

世乒赛奖杯的流动和保存

时间：1926 年至今。

地点：世界各地。

所有奖杯都是流动的。各项冠军获得者可保持该项奖杯到下届世乒赛开始前，在杯上刻上自己的名字然后交给新的世乒赛争夺。唯有男女单打冠军如果连续 3 次获得圣勃莱德杯或连续 4 次获得吉·盖斯特杯，则由国际乒联制作一个小于原奖杯一半的复制品，永远由获得者保存。

（四）全国乒乓球锦标赛

全国乒乓球锦标赛是中国国家体育总局举办的全国规模的比赛，是全国最高水平的乒乓球比赛。以省、市、自治区和中国人民解放军为竞赛单位。1952 年在北京举行首届比赛，自 1956 年武汉第 2 届锦标赛起每年举行 1 届。全国乒乓球锦标赛设男、女团体和男单、女单、男双、女双、混双共 7 项比赛。

全国乒乓球赛

二、乒乓球运动欣赏

（一）提高对基本技、战术的认知水平

俗话说："外行看热闹，内行看门道。"要想欣赏乒乓球比赛，就应了解乒乓球的基本技术、战术。例如，发球与接发球的技术特点、弧圈球的特点和回击弧圈球的技术、直拍横打的技术特点等；根据对手的特点采用的战术，如发球抢攻、长拉短吊、搓攻战术等。只有懂得乒乓球的基本技术、战术，才能更好地品味比赛。

乒乓球欣赏

（二）提高对参赛运动员比赛的品评能力

（1）在观看比赛之前，通过电视、报纸和互联网等渠道了解参赛运动员的实力状况、最新的世界排名、目前的竞技状态等。

（2）通过观看比赛和现场解说来印证信息，加深对运动员的了解。

（3）比赛过后与专家或球迷品评赛事，进一步提高欣赏能力。

（三）了解参赛运动员的打法特点

在观看比赛前，应对选手的技术特点有所了解。乒乓球运动员有快攻型、弧圈型、快攻弧圈结合型、削球型和削攻结合型等打法，又有直拍、横拍两种握法，以及直拍横打等，所使用的球拍有正胶、反胶、生胶、长胶等区别。

（四）了解双方的排兵布阵

在团体比赛时，排兵布阵十分重要。每名运动员都有自己的优势，也有自己的弱点。领队和教练要非常熟悉对方运动员的打法特点，要能以己之长攻彼之短。观看比赛不仅要看运动员的现场厮杀，还要看领队的运筹帷幄、教练员的斗智斗勇。

三、乒乓球比赛的组织与编排

（一）乒乓球竞赛的组织

1. 组织机构

国内外举行的大型正规的乒乓球比赛，应成立相应的组织机构，组织和协调比赛的顺序进行。成立比赛组织委员会（设立正副主任）：下设秘书处（负责会务、宣传、保卫、医务等方面的工作）、处理竞赛处（负责裁判场地竞赛等方面的工作）以及仲裁委员（负责比赛期间执行竞赛规则、处理竞赛过程中发生的纠纷等）。在基层举行的一般性业余比赛，不一定完全照上述机构设置，可以根据实际情况设立相应的组织形式，对工作人员的配置和其他一些组织办法灵活掌握。

2. 竞赛规程

竞赛规程是竞赛工作的根本依据，是整个比赛工作中的重要环节。竞赛规程一般由主办单位指定，其内容应包括：竞赛名称、竞赛日期和地点、参加单位和人员、参加办法、录取名次与奖励办法、裁判人员等。

3. 竞赛项目和方法

乒乓球竞赛一般包括团体赛和单项比赛。团体赛有男子团体赛和女子团体赛；单项有男、女单打比赛，男、女双打比赛和混合双打比赛。

从第42届世界乒乓球锦标赛开始，男子团体赛中每场比赛出3名选手，比赛顺序为：第一场：A—X；第二场：B—Y；第三场：C—Z；第四场：A—Y；第五场：B—X。在男子团体赛中，先胜3场者为胜方。

女子团体赛中，每场比赛每队可以上场2～4人，比赛顺序为：第一场：A—X；第二场：B—Y；第三场：双打；第四场：A—Y；第五场：B—X。双打比赛可从上场的2～4人中任选2人配对。

单项比赛：男子单打和女子单打一般采用七局四胜制，其他3个双打项目采用五局三胜制。

（二）乒乓球竞赛的编排

1. 赛 制

（1）单循环赛：团体、单项均可采用。

（2）单淘汰赛：主要用于单项和团体第二阶段。

（3）混合制：即既有单循环，又有单淘汰的综合方法，适用于团体和单项。

2. 单循环赛

（1）单循环赛的含义。

把所有参加比赛的运动队（员）按照一定的要求进行合理安排，使他们之间轮流比赛一次，这种赛制就叫作单循环赛。

（2）单循环赛的特点。

·时间长、球台多、场次多、名次合理。

·无法使较多的人在短时间内打完比赛。

（3）单循环赛的编排方法。

·统计报名人数。

·若人数较多，则要考虑分组。考虑到第二阶段的比赛容易进行，一般分为2、4、8个组为宜。每组人数多少要基本均衡，避免悬殊过大。每组可设1～2名种子。

·计算轮数、场数。

单循环赛的轮数：参加比赛的队（人）若是双数，则轮数=队（人）数−1，若是单数，则轮数=队（人）数。

场数：场数=队（人）×[队（人）数−1]/2

如：5个队参加比赛

轮数=5轮

场数=5×（5−1）/2=10场

若6名运动员参赛，则：

轮数=6−1=5（轮）

场数=6×（6−1）/2=15场

·确定比赛顺序。

设立种子：种子就是优秀运动队（员），一般根据比赛成绩确定。单循环赛的种子一般每个小组设1～2名。

抽运动队（员）的顺序号：如设一名种子，则种子即为1号。若设两名种子，则一号种子为1号，二号种子为2号。

按照"固定轮转法"排出每轮的比赛顺序：这种方法是一号位固定不动，其他号位每轮按逆时针方向轮转一个位置。当队数或人数是单数时，可用"0"补成双数。凡遇到"0"者，该场球即轮空。

如 5 个队参赛，共打五轮，每轮顺序如下：

第一轮	第二轮	第三轮	第四轮	第五轮
1—0	1—5	1—4	1—3	1—2
2—5	0—4	5—3	4—2	3—0
3—4	2—3	0—2	5—0	4—5

·单循环赛名次计算。

按规则规定，单循环赛中以积分多少首先确定名次，即胜一场球，积 2 分；负一场积 1 分；弃权记 0 分。积分多，名次靠前。

若两个队（人）积分相等，胜者（两队之间）名次靠前。

若三个队（人）积分相等，则按他们之间的胜负比率计算名次，比率高者名次列前。

3. 单淘汰赛

（1）单淘汰赛的含义。

把所有参赛的运动员编排成一定的比赛秩序，由相邻的两名选手进行比赛，败者淘汰，胜者进入下一轮比赛，直到最后剩一名不败，即为冠军。这种比赛方式即为单淘汰赛。

（2）单淘汰赛的特点。

·对抗性强，可以在短时间内安排大量的运动员参赛，能使比赛逐步形成高潮。

·用时少、用台少。

·比赛结果存在一定的偶然性，不利于新手锻炼。

（3）单淘汰赛的编排方法。

·统计报名人数，按照项目统计准确。

·根据报名人数选择号码位置数。

·确定轮空或抢号数与位置。

一般来说，参赛人数不会恰好就等于 2 的乘方数，反而经常会出现号码位置数与人数不相等的情况。解决这个问题的办法有两种：轮空或抢号。

轮空：某个号码位置不安排选手，这个位置就叫轮空位置。

如有 28 个人参赛，我们应选择 32 作为号码位置数。它们不相等，就要计算轮空数，确定其在秩序表上的位置。

轮空数 = 号码位置数 — 参赛人数

·计算单淘汰赛的轮次和场数。

有规定的计算公式：

轮数 = 2 的乘方数的指数

如选 8 = 2³，即轮数 = 3。

如选 16 = 2⁴，即要打 4 轮。

场数＝人数－1。35 人参赛，35–1=34 场

88 人参赛，88–1=87，要打 87 场。

四、乒乓球裁判法

（一）赛前裁判

（1）抽签选择发球、接发球和方位。裁判员用抽签器进行抽签。一般比赛中也可以用"猜球"方法来代替。中签者可选择发球或接发球以及方位。

（2）抽签后要将抽签结果填入记分表上。

（3）组织运动员挑选比赛用球。

（4）检查运动员的服装和号码。

（5）检查运动员的球拍。

（6）带运动员入场，练球 2 分钟。

（二）赛中裁判

1. 比赛开始

裁判员宣布"停止练球"后，将球收回，向双方运动员宣布"比赛开始"。先向接发球方宣布"准备"，然后将球从台面滚向发球方，待裁判员落座后，向发球运动员宣布"发球"，紧接着报比分。

2. 判定胜负

在比赛中裁判员的工作是判定比赛的胜负。

（1）在单打比赛中有时采用七局四胜制，也有时采用五局三胜制。每局比赛结束后要交换方位。七局四胜制中任何一方胜四局为胜方，五局三胜制中任何一方胜三局为胜方。七局四胜中的第七局和五局三胜中的第五局为决胜局，决胜局打到 5 分时，要交换方位。

（2）每一局比赛中，先得 11 分者为胜方。每发两个球便要交换发球权。打成 10 平后以一方先得 2 分为胜，此时每发一个球就交换发球权。

（3）判断 1 分的胜负，要严格依照规则中的规定进行。

（4）在比赛中球被打破、球拍断裂或其他事前无法预料的情况，叫作意外情况。出现意外情况时，裁判员应立即停止比赛。若球处于比赛状态时判重发球，若球脱离比赛状态则按正常次序由该发下一个球的运动员发球。

（5）裁判员中断比赛。当比赛中出现必须中断比赛才能处理的问题时，如纠正方位错误和发球错误等，裁判员应立即停止比赛。问题解决之后，重新开始比赛时，确定下一个发球员（除处理发球权问题外）。

（6）裁判员报分，有以下8种情况。

·当球刚脱离比赛状态，在一个回合结束时，裁判员应立即报分。

·报分时，裁判员应先报下一个回合即将发球一方的得分数，然后报对方的得分数。

·当得1分时，裁判员将靠近得分方一侧的手握拳举向齐肩高。

·一局结束时，裁判员应举胜方运动员一侧的拳，报胜方的得分数，再报负方的得分数。

·一场比赛结束时，裁判员宣布比赛结束，然后举胜方运动员一侧的拳，接着报胜方的得胜局数，然后报负方的得分局数。

·关于重发球。由于决胜局交换方位，或其他原因造成不能连续报分时，在重发球时应报"重发球"或重报比分。

·如果运动员的发球动作不合规则要求而比赛仍在进行时，裁判员必须报"犯规"，并判对方得分。

·发球员在双方未准确得知比分前，不要发球，否则要给以警告。

（7）休息和场外指导。各局之间运动员的休息时间不超过2分钟。在每6分球或决胜局交换方位时才允许擦汗。在休息时间和批准暂停时间内，可以接受场外指导，其他时间内不允许接受场外指导。

（8）团体赛参赛运动员可以接受场外任何人的指导；单项比赛时，运动员只能接受一个人的场外指导，而且这个场外指导者赛前必须向该场裁判员申明。

（三）赛后工作

（1）检查记分表，请双方运动员签字，裁判员签字。

（2）组织运动员退场。

（3）将记分表送交记录组。

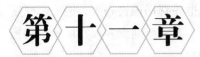

第十一章

羽毛球俱乐部

第一节　羽毛球俱乐部课堂教学

一、羽毛球运动概述

（一）羽毛球运动的起源与发展

现代羽毛球运动起源于印度，形成于英国。19世纪60年代，一批退役的英国军官把印度的"普那"——一种近似于后来的羽毛球运动的游戏，带回英国，并加以改进，逐渐形成现代的羽毛球运动。1870年，英国出现了用羽毛、软木做成的球和穿弦的球拍。1873年，英国公爵鲍弗特在格拉斯哥郡的伯明顿庄园里进行了一次羽毛球游戏，这是世界上第一次羽毛球比赛，伯明顿（Badminton）也因此作为羽毛球的英文名称。1934年，由加拿大、丹麦、英国、法国、爱尔兰和荷兰等10多个国家发起成立了国际羽毛球联合会（简称"国际羽联"），总部设在伦敦，主席为G·A·汤姆斯。国际羽联1948—1949年举办的第1届世界男子团体赛的奖杯，即由汤姆斯所赠。1978年2月，由亚非国家组成的世界羽毛球联合会于（简称"世界羽联"）中国香港成立，同年11月举办了第1届世界羽毛球锦标赛。国际羽联和世界羽联于1981年5月26日宣布合并，其管辖的比赛有汤姆斯杯赛、尤伯杯赛、世界锦标赛、全英羽毛球锦标赛和世界羽毛球系列大奖赛。

羽毛球运动约于1920年传入我国。中华人民共和国成立后，得到迅速发展。20世纪70年代，我国羽毛球队已跻身于世界强队之林，印度尼西亚与我国平分秋色。20世纪80年代，优势已转向我国，说明我国羽毛球运动已达到世界先进水平。羽毛球在 1992 年巴塞罗那奥运会上被列为正式比赛项目,设男、女单打和男、女双打 4 项比赛。在我国羽毛球运动的发展过程中涌现出了杨阳、赵剑华、熊国宝、李永波、林丹、陈金、林瑛、吴迪茜、李玲蔚、谢杏芳和张宁等一批世界羽坛顶尖高手,进一步奠定了我国羽毛球技术水平处于世界羽坛领先地位的基础,在一系列世界大赛中他们为祖国夺得了众多的金牌,创造了中国羽毛球历史上的辉煌。

(二)羽毛球运动的锻炼价值

1.对身体素质的影响

羽毛球运动对身体素质的要求全面,在练习过程中,为了提高击球的速度,获得更大的落点面积,最大限度地提高击球点,要求练习者要有良好的弹跳力以及上肢、下肢协调能力。因此,经常参加羽毛球运动,可以达到增强身体肌肉力量,提高身体灵活性,提高心血管和呼吸系统功能的目的。

2.对心理素质的影响

羽毛球运动不仅能提高运动能力,更是锻炼心智的一项运动。在练习和比赛的过程中,因受其竞争性、对抗性和大强度等诸多因素的影响,练习者会有很多复杂的心理体验。敢打敢拼,胜不骄,败不馁,培养顽强的毅力,弘扬体育精神,在羽毛球运动中有着很突出的表现。

3.陶冶性情、益智益德

在羽毛球项目中设有单项、双打和团体项目。团体项目通过集体配合来实现,羽毛球项目可以培养独立思考、单独作战及集体主义精神。练习者不仅能增长智慧、陶怡性情,而且能培养练习者以良好的心态、正确的人生观去面对事业、家庭和荣辱等。

二、羽毛球的基本技术

(一)握拍方法与挥拍技巧

1.正手握拍方法

正手握拍方法如图 11-1-1 所示。

正手握拍法

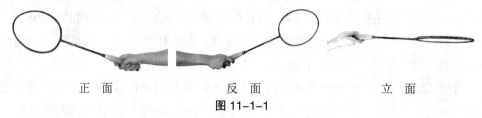

正　面　　　　　　反　面　　　　　　立　面

图 11-1-1

2.反手握拍方法

反手握拍方法如图 11-1-2 所示。

反手握拍法

正　面　　　　　反　面　　　　　立　面

图 11-1-2

（二）基本步法

1. 并　步

当右脚向前移动一步，左脚即刻向右脚脚跟并一步，紧接着右脚再向前移动一步。

2. 交叉步

左右脚交替向前、向后或向侧移动称交叉步。一脚经另一脚前面并超越，称前交叉；一脚经另一脚的后跟并超越，称为后交叉。

3. 垫　步

以右脚为例，右脚向前迈出一步后，左脚向右脚并一步跟进，紧接着右脚再向前迈一步。

4. 蹬跨步

左脚用力向后蹬地的同时，右脚向来球的方向跨出一大步。

5. 二步退后场

当来球在后场距身体较近时，起动后右脚向来球方向后退一大步，左脚紧接着蹬地，然后向右脚并上一小步，身体重心在右脚上。

6. 三步退后场

当来球在后场距身体较远时，起动后右脚先向来球方向后退一小步，左脚紧跟着经右脚向后交叉退一步，右脚再经左脚向后交叉退一步，重心放在右脚上。

（三）发球技术

发球可分为正手发球和反手发球。一般来说，发网前球、平快球、平高球均可以用正手发球或反手发球的技术来完成，而发高远球则须采用正手发球。

1. 正手发球

（1）高远球。

发球前准备姿势：发球时，左手把球举在身体的右前方并自然放下，使球下落，右手同时持拍由上臂带动前臂，从右后方沿着身体向前并向左上方挥动。当球落到右手臂向前下方伸直能触到球的一刹那，握紧球拍，并利用手腕的力量向前上方发力击球。击球之后，球拍顺势向左上方挥动缓冲。（图 11-1-3）

并　步

交叉步

垫　球

蹬跨步

正手发高远球

（2）平快球。

发球动作要领：准备姿势同发高远球。

站位比发平高球稍后些（防止对方很快将球击回到本方后场），充分利用前臂带动手腕爆发力向前方用力，球直接从对方的肩稍上越过，直攻对方后场。发平快球关键是出手的动作要小而快，但前期动作应和发高远球一致。发平快球时还应注意不要过手、过腰犯规。（图11-1-4）

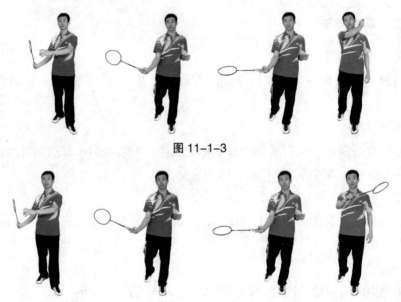

图11-1-3

图11-1-4

（3）网前球。

发球动作要领：准备姿势同发高远球。击球时，握拍要放松，大臂动作要小，主要靠小臂带动手腕向前送，用力要轻。球拍触球时，拍面从右向左斜切击球，球的弧线尽量控制贴网而过，落点在前发球线附近。（图11-1-5）

图11-1-5

2. 反手发球

反手发球时，球拍由后向前推送击球，使球运行的弧线最高点略高于网顶。球拍触球时，拍面呈切削式击球，使球落到对方场区的前发球线附近。（图11-1-6）

下面重点介绍反手发网前球。

动作要领：站位靠近前发球线，双脚前后站立，左脚或右脚在前均可，重心放在前脚上，上体前倾，后脚脚跟提起。右手反握拍柄的稍前部位，肘关节提起，手腕稍前屈，球拍低于腰部，斜放在下腹前方。左手持球在拍面前方。发球时，球拍由后向前推送击球，使球运行的弧线最高点略高于球网。球拍触球时，拍面呈切削式击球，使球落到对方场区的前发球线附近。左手持球，食指和中指握住羽毛的内侧。在手放开球后立即进行击球。

图 11-1-6

反手发平高球

反手发平快球

反手发网前球

（四）击球技术

1. 正手击高远球

正手击高远球，如图 11-1-7 所示。

准备姿势：右脚后撤成支撑步，右脚脚尖向外转，左脚指向击球方向。击球手臂抬高，在肘关节处弯曲成 90° 角，上臂构成了肩轴的延长部分，拍头位于头部的前上方。

引拍动作：身体右侧继续向右转，通过这种方式形成侧身的姿势对着球。击球手臂的肘关节向后引，这时拍头在头后处于与击球方向相反的位置，前臂外旋，腕关节向手背弯曲。在右脚后撤形成支撑步时，身体和球拍完成准备姿势。

击球动作：击球手臂伸展，前臂外旋，在挥拍到击球点之前的一刹那腕关节发力。击球点位于头顶的位置，并且在击球手臂腕关节的前面。在击球动作的过程中，通过后面的右脚蹬地将身体重心转移到前面的左脚上。左臂在身体旁边向后下方运动。

收拍动作：继续进行前臂外旋，通过右脚向前迈出停止身体的向前运动。击球动作到左大腿的方向结束。

正手击高远球

准 备　　　引 拍　　　击 球　　　收 拍

图 11-1-7

2. 反手击高远球

反手击高远球如图 11-1-8 所示。

准备姿势：在场地中间从基本姿势状态用右脚的第一步移动使身体向左转，背对网，身体重心在右脚上，使球处在身体右肩上方。

引拍动作：在右脚最后落地之前，右脚在身体前面，击球手臂的肘部引至体前，腕关节和拍头也随着引至身体前面。

击球：以上臂带动前臂，产生初速度，在肘部抬至与肩平行时，转为前臂带动腕部，通过手腕的闪动，自下而上地甩臂，同时两腿蹬地，转体将球击出。

引拍　　　　击球前　　　　击球　　　　收拍

图 11-1-8

3. 正手平抽球

准备姿势：两脚平行站立略宽于肩，右脚稍向右侧迈出一小步，上体向右侧稍倾，右臂向右侧摆，球拍上举，肘关节保持一定角度。当来球过网时，肘关节外摆，前臂稍向后外旋，手腕稍外展后伸，引拍至体侧。击球时前臂内旋，手腕伸直闪动，球拍由右后向右前方快速平扫来球。（图 11-1-9）

引拍　　　　击球前　　　　击球　　　　收拍

图 11-1-9

4. 正手杀球

正手杀球如图 11-1-10 所示。

准备姿势：左手自然上举，抬头注视来球，右手持拍于体侧，屈膝重心下降，准备起跳。起跳时右肩后引，上体舒展。

击球：击球时空中用力收腹，腰腹带动上臂，上臂带动前臂，前臂带动手腕，用力挥拍击球。

收拍：杀球后前臂顺惯性前收，形成鞭打。

准 备　　引 拍　　击 球　　收 拍

图 11-1-10

5. 正手搓球

正手搓球，如图 11-1-11 所示。

准备姿势：右脚蹬跨步，正手握拍，球拍随着前臂伸向右前上方斜举。拍头平行地面或稍向球网倾斜。

击球：当球拍举至最高点时，前臂向外旋转，手腕由后伸至前稍内收并闪动。搓击来球的右下底部，使球旋转翻滚过网。

击球点：低于球网上缘。

准 备　　引拍1　　引拍2　　击 球

图 11-1-11

6. 扑 球

扑球如图 11-1-12 所示。

准备姿势：来球时，右脚在前，左脚脚跟先蹬离地面，身体腾空，前臂向前上方举起，球拍正对来球方向。

击球：击球时手臂由屈至伸，手腕由后伸向前闪动，配合手指的顶压，将球扑下。

收拍：扑球后，球拍随手臂往右侧前下回收，同时屈膝缓冲，控制重心。

正手搓球

扑 球

准 备　　　引 拍　　　击 球　　　收 拍

图 11-1-12

三、羽毛球基本战术

（一）发 球

1.根据对方接发球站位来决定发球路线

对方接发球站位偏后，注意力在后场，网前出现空当，这时应发网前球；站位靠前，接发球注意力在后场，后场出现空当，此时可以发后场球；站位靠边线，可以采用突然性很强的平射球袭击对方的底线两角的位置，使对方措手不及，回球失误。不可一味运用一种发球战术，要与其他种类的发球和线路一起使用，才能加强发球变化。

2.根据对手的技术特长和接球规律发球

对方后场进攻能力很强，球路刁钻，但接网前球相对较弱，此时就应以发网前球为主，有意识地限制对手发挥其后场进攻技术的优势；对方网前技术动作一致性强，对本方威胁大，发球就要避开对方这一优势，以发后场球为主。

（二）接发球

1.单打接发球

接发后场球：一般情况，接发后场高远球或平高球时可用高球、吊球或杀球进行还击；接平射球可用快速抽杀球或吊拦网前小球来还击；接发网前球可采用放网前球、勾对角球或推后场球还击。

2.双打接发球

接发后场球，多数情况采用大力杀球进攻，以快制快，可用吊球调动对方，也可采用攻人的方法进攻；接发前场小球的方法是快速抢网前的制高点，可利用推、扑球，或是搓球、拨半场球等方法进行还击。

（三）后场击球

利用熟练的高球、吊球、杀球和劈球等技术，通过准确地将球击到对方场区的底线两角等四个点上，来调动对方，使对方前、后、左、右来回奔跑移动，寻找机会大力发起进攻。

（四）前场击球

可用前场细致快速的搓球、勾对角球和推、挑后场球及扑球等击球技巧配合运用。调动对方，打对方空位和失重的空缺，使对方措手不及。

（五）中场击球

中场击球，要求判断、反应、起动和出手都要快，引拍预摆动作相应小一些。由于接杀球可借助对方来球力量击球，击球力量不宜太大。重要的是"巧"字，突出手指手腕的爆发力。

四、羽毛球竞赛规则简介

（一）计分方法

除非另有规定，一场羽毛球比赛应以三局两胜定胜负，比赛实行 21 分制和每球得分制，先得 21 分的一方胜一局。对方违例或球触及对方场区的地面成死球，则该方胜这一回合并得 1 分。如果双方比分为 20 平后，领先得 2 分的一方胜该局；如果双方比分打成 29 平后，先到 30 分的一方胜该局。一局的胜方在下一局比赛中首先发球。

（二）发球与接发球

有发球权的一方称发球方，对方则称为接发球方。

1. 发 球

（1）发球时发球员应站在发球区内，脚不得触及发球区的任何界线。

（2）一旦双方选手站好位置，发球员的球拍一开始挥动即为发球开始，发球员的球拍必须连续向前挥动直到将球发出，任何一方不得延误发球。必须注意的是，一旦发球员开始挥动球拍发球，而未击中球，则应视为发球违例。发球时，任何一方都不允许有非法延误发球的行为。

（3）在发球过程中，即从发球员的球拍开始挥动直至球拍的拍面将球击出为止，发球员的双脚均不得离开地面或移动。

（4）发球时发球员的球拍必须首先击中球托。另外发球员在击球的瞬间，整个球要低于发球员的腰部，球拍杆应指向下方。

（5）发球员必须站在本方发球区，向位于自己相对应的斜对角一端的发球区发球。球体须经球网的上方飞过，落入对方场地的发球区域内才有效。单打有效发球区域的范围是（以右区为例）：前发球线、中线、单打后发球线和单打边线之间。左区反之。

2. 合法的接发球

（1）接发球员必须等对方发球员按相应的规定将球发出后，即球托触及球拍的拍面而飞离球拍后，才能移动双脚，并开始接发球，否则属违例。

基本规则

装备

场地

合法发球规则

（2）接发球时，接球员的脚不能踏踩在接发球区域四周的任何线上或线外，否则违例。

（3）在双打和混合双打中，只有合法的接发球员才能去接发球，如果同伴去接球或被球触及，都属违例，记发球方得一分。

（三）发球与接发球的顺序

1. 单　打

发球方的分数为零或偶数时，发球方和接发球方均站在右发球区发球和接发球；分数为奇数时，双方都站在左发球区发球和接发球。

2. 双打（含混双）

（1）发球方的分数为零或偶数时，发球方均应从右发球区发球；发球方的分数为奇数时，发球方均应从左发球区发球。接发球员应站在发球员斜对角发球区。

（2）发球方每得一分后，原发球员变换发球区再发球。接发球方上一回合最后一次发球的运动员应在原发球区接发球；他的同伴接发球的站位与其相反。

死球规则

（四）违　例

（1）不合法发球。

（2）发球时，球挂在网上或停在网顶；过网后挂在网上；双打时接发球员的同伴接到球或被球触及。

违例规则

（3）比赛中，球未从网上方越过，从网下或网孔中穿过或不过网。

（4）比赛中，球落在场地界线外，或碰房顶及场地四周以外的人或物体。

（5）比赛中，球碰到运动员的身体或衣物。

（6）比赛中，击球者的球拍与球的击球点不在自己球网一方，而是过网击球。

（7）比赛中，选手的球拍、身体或衣物触及网或网的支撑物；选手的脚或球拍由网下侵入对方场区，导致妨碍对方或分散对方的注意力。

（8）击球时，球夹在或停滞在球拍上，紧接着又被拖带。

（9）一名球员两次挥拍，连续两次击中球，或同一方的两名选手连续各击中球一次。

（10）球触及球员的球拍后未飞向对方场区。

（11）阻挡对方紧靠球网的合法击球。

（12）比赛时选手故意扰乱、影响对方进行正常比赛的任何举动。

第二节 羽毛球俱乐部课外教学

一、羽毛球著名赛事介绍

（一）奥林匹克运动会羽毛球赛

国际奥林匹克运动委员会从 1992 年第 25 届巴塞罗那奥运会起，将羽毛球运动列为奥运会的正式比赛项目。设男单、女单、男双和女双 4 枚金牌，1996 年第 26 届亚特兰大奥运会又增设混合双打。

奥运赛事

（二）世界杯羽毛球赛

世界杯羽毛球赛是重要的国际性赛事，1981 年举行了首届比赛，1997 年因多种原因中断。2005 年世界杯羽毛球赛再次恢复。

世界杯

（三）世界羽毛球锦标赛

1977 年，在瑞典的马尔摩举行了首届比赛，从 1987 年起每逢单数年与苏迪曼杯赛同时、同地举行。

锦标赛

（四）苏迪曼杯世界羽毛球男女混合团体赛

苏迪曼杯是印度尼西亚羽协捐赠给国际羽联的以苏迪曼命名的奖杯。苏迪曼是印度尼西亚羽协的创始人，长期担任国际羽联理事和副主席。每场团体赛由男单、女单、男双、女双和男女混合双打共 5 场组成。

苏迪曼杯

（五）汤姆斯杯世界羽毛球男子团体赛

1934 年，国际羽联第一任主席汤姆斯爵士捐资此奖杯供世界羽毛球男子团体赛用，1948 年举行了第 1 届比赛，从 1984 年起该项赛事改为每逢双数年举行。

汤姆斯杯

（六）尤伯杯世界羽毛球女子团体赛

尤伯杯是由世界著名女子羽毛球运动员尤伯夫人捐赠的奖杯，供世界羽毛球女子团体赛用，1956 年举行了第 1 届比赛，每场团体赛由 3 场单打和 4 场双打组成。从 1984 年第 10 届比赛开始与汤姆斯杯同时、同地举行，比赛方法也相同。

尤伯杯

二、羽毛球运动欣赏

现代羽毛球运动诞生 100 多年来，已发展成为全球性的体育项目。它有着无穷的魅力，深受人们的喜爱，是一项参与面广、观赏性强的体育运动。

欣赏一场羽毛球比赛，除了要懂得比赛规则外，还要了解运动员的水平和特点，可以从快、准、刁、活等方面来细细品味。

"快"是指精确的判断能力、敏捷的反应速度和良好的身体素质。"准"是羽毛球运动员展示魅力的一个重要方面。羽毛球的一次往返飞行时间仅在一秒之内，在这来回的瞬间，精准地把握球的飞行路线和落点是运动员高超技艺和控制能力的综合表现。"刁"是指运动员刁钻的球路和技法，反映了运动员的聪明才智。"活"是羽毛球比赛的战术特点。对手旗鼓相当、比赛势均力敌时，战术的灵活运用、打法的不断变换就是克敌制胜的法宝。

三、羽毛球比赛的组织与管理

（一）羽毛球比赛的组织流程

（1）确定承办意向，在本支部内进行动员；组织商讨活动的相关事项，明确内部分工。

（2）外联，确定各团组织负责人，了解参赛人员规模；联系场地，购买活动所需设备。

（3）了解正式比赛规则，对相关人员进行培训；组织本支部内参赛人员训练、熟悉场地、预演。

（4）正式组织报名（最好注明年龄项和乘车情况）；取得各团组织的支持（最好是在团工作正式会上提出，如例会、协调会），根据组委会的统一协调，确定比赛日期。

（5）出正式比赛通知、比赛规则、赛程安排，发到组委会及各团组织负责人手中。

（6.比赛当天布置场地，确保设备、各岗位人员到位。

（7）在保证比赛正常进行的前提下，及时协调处理活动过程中的事务。

（8）整理活动材料（图片、文字），上报总结。

（二）羽毛球比赛的组织管理

（1）制订发布规程。

（2）准备报名签到表（最好按项设计，一项一份）、比赛对阵表（根据规程规定的参赛数画表，报名不足用轮空填补，轮空位置由抽签确定）、抽签用具（分项准备，用小方纸写上位置号折叠放入小布袋或小容器即可，如需平衡可按区放入不同的容器）、竞赛信息公告栏（一块白板即可）、记分表、赛前训练登记表（报名开始至比赛公布为赛前训练时间之内，组织者可根据场地数、人数，把各场划成若干时间段制成表，各场地每个时间段允许若干人登录共同训练，直至登录满为止，没有登录或登不上者不得强行进入场地训练）、手提扩音器、比赛用球等。

（3）接受报名。

（4）抽签：报名后即可按项由本人抽签，工作人员把运动员的姓名写在对阵表和签卡上，并收起签卡备查，但不可放回原容器，如此周而复始直至位满或报名截止。抽签结果要复印三份，一份公布，一份作成绩记录公告用，一份作比赛编号用。

（5）比赛编号：这是一项非常重要的工作，比赛秩序靠此维持，一定要按男女交叉整轮轮换的原则编排。以上述总容量216场男女单双打4项为例，如先打女单第一轮，共32场，1号位对2号位为第一场比赛，编为1号。63号位对64号位为第一轮最后一场，编为32号，比赛止。若报名不足有轮空则跳过，轮空一个则最后一场比赛编为31号，其他依此类推。随后，应进行男子项目的编号，如接着编男单第一轮共32场的比赛号，则应从33号开始编至64号。所以，女双第一轮比赛为65编至80号，男双第一轮比赛为81编至96号。四个项目的第一轮编完后，再从女单第二轮开始编，从97号开始。半决赛的比赛编号可待四分之一决赛后，兼项明朗后再编。比赛编号应及时公布。

（6）竞赛调度：按比赛编号和场地轮空情况公布：a在场上比赛的比赛编号和场地号，b应到各场报到的比赛编号和场地号，c准备上场比赛的比赛编号；以上述比赛编号为例，在赛前10分钟，组织者应公布（在信息栏公告并广播）比赛编号1～6比赛者的比赛场地号，并安排好裁判员，同时在信息栏上公布准备上场比赛的7～12比赛编号的比赛者；此时组织者要时刻注视比赛进程，若发现某场地比赛将近结束时，则用广播和公告的形式同时公布比赛编号7的比赛者到该场地报到，比赛编号13的比赛者列为准备比赛者，当7号开始比赛时，应在公告栏上场地号栏下擦去已结束比赛的比赛编号代之以7号，余者以此类推；若遇连场，则把该号比赛者与后一、两号比赛者对调，后一号先上，他们稍压后一、两场再上，以规避连场、重场。

（7）及时公布各场比赛结果。

（8）组织颁奖。

四、羽毛球裁判法

（一）裁判人员及其裁决

裁判员在裁判长的领导下工作并向裁判长负责。发球裁判员和司线员一般由裁判长指派，但裁判员与裁判长商议后可予以更换。

临场裁判人员对其所分管职责实施的裁决是最后的决定。当一名临场裁判人员未能做出判断时，裁判员可做出裁决。若裁判员也不能做出判断时，则判重发球。

（二）对裁判员的建议

比赛开始前，裁判员应做好各项准备工作。比赛开始，裁判员应保证公正地执行"掷挑边器"的规定，对比赛进行宣报。双打时检查运动员的站位；比赛时裁判员应记录和报分；发球时裁判员应注意接发球员的动作。球的速度和飞行性能受到干扰，应换球。

（三）裁判员工作基本要求

裁判员必须通晓《羽毛球竞赛规则》，宣报要迅速而有权威。若有错误应承认，并道歉更正。所有的宣判和报分必须响亮、清晰，使运动员和观众都能听清。对是否发生违例有怀疑时，不应宣判，应让比赛继续进行；绝不可询问观众或受他们评论的影响；加强与其他临场裁判人员的配合。

（四）对发球裁判员的要求

发球裁判员应坐在网柱旁的矮椅上，最好在裁判员的对面。发球裁判员负责判决发球员的发球是否合法。若不合法，则大声宣报"违例"，并用规定的手势指明违例的类型。

（五）对司线员的要求

（1）司线员应坐在他所负责线的延长线上，最好面向裁判员。

（2）司线员对所负责的线负全责（裁判员判定司线员有明显错判，否决司线员的裁决除外）。若球落在界外，无论多远均应立即大声清晰地宣报"界外"，使运动员和观众都能听清，同时两臂侧举，使裁判员能看得清。若球落在界内，不宣报，只用右手指向界线。

（3）若未能看清，应立即举起双手盖住眼睛向裁判员示意。

（4）球触地前不要宣报或做手势。

（5）只负责宣报球的落点，不要干预裁判员的裁判，如球触及运动员。

第十二章

网球俱乐部

知识树

第一节　网球俱乐部课堂教学

一、网球运动概述

（一）网球运动的起源与发展

古代网球运动可追溯到古希腊时期，它是一种"掌中游戏"。现代网球运动起源于英国。1873 年，英国一位名叫温菲尔德少校在掌握了古代网球游戏之后，把它从古老的宫廷搬到了室外，使网球运动走进了寻常百姓家。

1877 年，英国在温布尔顿举行了第 1 届草地网球锦标赛，以亨利·琼为首的裁判委员会草拟的比赛规则是现代网球比赛规则的基础，其中的盘制、局制、换位法一直沿用至今。

网球运动冲出宫廷走向普及和形成高潮之地是在美国。第二次世界大战期间，其他国家的网球赛事都停止了，唯独美国继续开展并进入鼎盛时期，普及率非常高，这为网球运动的发展做出了很大的贡献。

1912 年 3 月 1 日，世界网球的最高组织——国际网球联合会（简称"国际网联"）成立，总部设在伦敦。1896 年到 1924 年，网球为奥运会的比赛项目。此后，国际网联因运动员参赛资格问题而与国际奥委会发生冲突，网球不再是奥运会项目，直到 1988 年才重新进入奥运会。

（二）网球运动的锻炼价值

（1）愉悦身心，放松精神。

（2）提高心血管机能，提高免疫力，增强身体各部分肌肉力量。

（3）促进人际交流，增进感情。

（4）增加自信，锻炼心理素质。

二、网球运动的基本技术

（一）握拍方法

现代网球运动握拍方法有四种，即东方式、大陆式、西方式和反手双手握拍。（图12-1-1）

1. 东方式

（1）东方式正手握拍法。

左手先握住拍颈，使拍子与地面垂直，然后右手手掌也垂直于地面，在齐腰高的地方与拍子相握。手指朝下，大拇指搁在中指旁边，食指稍展开。

（2）东方式反手握拍法。

手掌移到拍柄上部，食指关节跨在右斜面上部，拇指放在拍柄左侧面，在击球时起到稳定作用。

2. 大陆式

与东方式不同之处是，大陆式握拍正反手击球都无需换握拍，手掌大部分放在拍柄顶部的小右斜面上。

3. 西方式

这种握拍法俗称"大把抓"，把球拍平放在地面上，用手在拍柄顶端顺手一把抓起便是。正反拍是不换的，而且击球在同一拍面上。

4. 反手双手握拍

打球手（右手）采用东方式正手握拍法，右手在下，左手在上。

上面介绍的几种握拍法，各有长处，各有特点，可根据不同的击球技术，采用不同的握拍方法。采用哪种握拍法，要根据个人情况，在实践中试验和应用，选择最适合自己的握法。

东方式握拍

大陆式

西方式

反手双手握拍

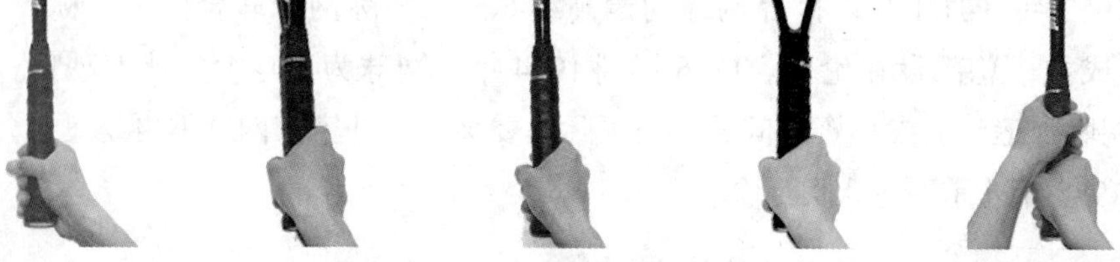

东方式正手握拍　东方式反手握拍　大陆式握拍　西方式握拍　反手双手握拍

图 12-1-1

（二）正手击球

1. 准备动作

面对对方场区站立，两脚开立略宽于肩。两膝微屈，上体略前倾，脚跟稍抬起，重心位于两脚掌间。右手握拍柄，左手扶着拍颈部位，持拍于体前。两眼注视来球。

2. 击球动作

以左脚为轴开始转身并向后拉拍，拍头高于手腕，左臂自然前伸以保持身体平衡。在开始向前挥拍时，左脚应向要击球的方向迈步，以肩为轴向前挥拍，拍面在击球时与地面垂直，并尽量使拍面和球有较长时间接触。在击球后，球拍应继续随球挥动，拍子结束在左肩上方，右腿摆动跟进，身体恢复准备姿势。（图12-1-2）

图 12-1-2

正手击球

（三）反手击球

1. 单手反手击球

（1）准备动作。

同正手击球的准备动作。

（2）击球动作。

向左侧转体、转肩并变换成东方式反手握拍，向后拉拍，右脚向左前方跨步，右肩对网，身体重心前移。球拍向前再向上挥拍击球，击球点在右腿前腰部高度，击球时拍面垂直于地面，挥拍轨迹朝目标方向由下至上。随挥动作结束在身体的右前方。（图12-1-3）

2. 双手反手击球

（1）准备动作。

准备动作与单手相同，只是双手握在拍柄上。

（2）击球动作。

转肩、向后拉拍并变换握拍。身体重心转移到左脚上。球拍拉向后方并低于来球的高度，右脚向来球方向迈出。双手向前挥动并击球，击球点比单手略靠后，击球时右臂伸直，拍面垂直于地面。击球后球拍应沿目标方向继续挥出，动作完成时双手高于肩。

反手击球

图 12-1-3

（四）截击球

截击球是指来球在空中飞行、还没有落地就加以还击的一种打法。通常，在球网和中场之间拦击。

1. 正手截击球

打截击球应该采用大陆式握拍方法。因为截击球速度快，没有足够的时间变换握拍，所以正反手截击球准备动作相同。

肩部稍做转动，球拍与肩平行，后拉拍要稳固，不得过肩。在向前挥拍的同时，用左脚朝球飞行的方向迈步，保持手腕固定并在身体前方击球。随挥动作要短，以便快速回到准备接下一个球的位置。（图 12-1-4）

截击球

图 12-1-4

2. 反手截击球

肩部稍微转动，球拍与肩平行；后拉拍要稳固，在向前挥拍时右脚朝球飞行的方向迈出；保持手腕固定，并在身体前方击球；随挥动作要短，以便快速回到准备接下一个球的位置。（图 12-1-5）

反手截击球

图 12-1-5

（五）发 球

在现代网球运动中，发球是重要的技术之一，是唯一由自己掌握的击球法。一分的得失常取决于发球的好坏。发球既可以直接得分，又可以为进攻创造条件。（图12-1-6）

1. 握 拍

采用东方式正手握拍法。

2. 准备动作

双脚齐肩宽，在端线后侧身站立。右脚与底线基本上平行，左脚正对右网柱。手腕和手臂放松握拍于身体前，左手在拍颈处握住拍。

3. 抛 球

左臂放松，持球自然、平稳的向上抛，抛球和挥拍几乎是同时开始；手臂达到肩部高时，手指自然松开，球借助惯性自然上升。抛球的高度要适合，在最高点击球最好。

4. 击球动作

两手臂同时向下和向上运动，球从伸展的左手中向上竖直抛出，在身体前面和左脚上部，持拍臂弯时上举。抛球后，身体开始向前转动，球拍在身后做绕环动作，并最后向前挥动击球。尽量伸展身体，在最高点击球，击球的后部（拍面与球垂直）。击球时，身体重心向前转移。随挥动作结束在身体左侧下方。

图 12-1-6

（六）高压球

高压球是回击对方挑来的高球加以扣杀的一种技术。

用大陆式握拍法，抬头盯着球，侧身转体用短促的踮步调整位置，左手高举指向击球点，右手举起球拍向后拉拍，球拍后摆做搔背动作，拍子在右肩的前上方对准球心挥出，击球臂继续伸直跟进摆动，随挥动作结束在身体左侧下方。

（七）挑高球

挑高球可分为防守性和进攻性两种。防守性挑高球是为了赢得时间，摆脱困境。

发 球

高压球

挑高球

进攻性挑高球是在对方上网时，将球挑到对方后场较深处，使之被动或失误。

准备时将球拍做好充分的后摆。击球时向上挥拍打球的下部，手腕绷紧，挥拍动作要尽可能的向前、向上送出。

三、网球的基本战术

（一）单打基本战术

通常的单打比赛开始时，双方都用自己最擅长的技术迎战。在摸透对方的战术后，实施改变战术策略，以达到使对方失去节奏，消耗对方体力，最终赢得比赛的目的。

1. 发球战术

发球是最不受对方制约的技术，因此一定要充分利用，争取拿下发球局，掌握主动权。然而一成不变的发球会使对方很容易适应，并找到应对的方法。也许侥幸能拿下了第一个发球局，但第二个、第三个发球局就危险了。具体内容：内角、外角、中路三种路线相结合，上旋、侧旋、平击多变化。

2. 接发球战术

从被动到主动。面对快速的发球，不要急于加力回球，这样往往失误较多。如果对方反手较弱，那就打对方的反手；对方发球动作较大就打追身球，令其没有时间调整步法。

3. 发球上网战术

如果你能准确、快速地发出外角球，那就准备上网。注意不要一次冲到近网，没有回旋的余地。大约在发球线附近停顿一下，仔细观察对方回击球的情况，采取下一步行动。上网的要点是：选择适当的时机，把球发到外角时，对方接球的另一侧是空场，也就是说，对方要想把球回到场内，必须把球从靠近发球区的这一侧的球网上方回过来，否则球一定出界，所以你只需防住你发球的这个区域的来球就可以；对方的回球质量不高，可以截一个深球或者放一个小球到对方的空场区轻松得分。

（二）双打比赛基本战术

双打比赛和单打比赛有很大的差别，双打更多的依赖配对的两个球员的默契配合以及网前的截击技术。网球双打比赛通常有以下常用的战术。

1. 双上网进攻型

男、女职业选手均采用此类型，这也是近年来职业网球双打比赛中采用最多的战术。发球方发球后上网，接发方也采用积极的进攻型接发球上网，双方四人均来到网前，通过小斜线截击或其他方式得分。①发球者：发出刁钻的一发后上网，在发球线处截击将球打到接发球方脚下，待接发球方回球时跟进到网前，在网前打出直接得分球。②接发球者：选择进攻型的接发球，回到发球者脚下，同时迅速上网，在发球线处截击把球打到对方中间结合部，再来到网前，找机会打出得分球。③发球者搭档：根据发球落点，适时调整网前位置，盯住接球方，判断回球方向，及时上前抢网，同时注意防守双打边线和单打边线之间区域的直线穿越球。④接发球搭档：在发球线附近，防守发球者搭档的截击球，同时要提防发球方第一次截击球，根据来球，来到网前打出小斜线或高压球得分。

2. 双上网防守型

男子职业选手均采用此类型。在双上网进攻型中，两人太靠近球网，无法照顾到挑高球，因此该类型重点是接发球方接发上网后，只来到发球线附近，防守发球方的挑高球，且大部分球由此人处理，接发球搭档则伺机打出截击或高压球得分。①发球者：发出刁钻的一发后上网，在发球线处截击将球打到接发球方脚下，待接发球方回球时跟进到网前，在网前打出直接得分球。②接发球者：选择进攻型的接发球，回到发球者脚下，同时迅速上网，在发球线处截击，并把球打到对方中间结合部，同时防守对方打出的挑高球，把得分机会让给网前搭档。③发球者搭档：根据发球落点，适时调整网前位置，盯住接球方，判断回球方向，及时上前抢网，同时注意防守双打边线和单打边线之间区域的直线穿越球。④接发球搭档：在发球线附近，防守发球者搭档的截击球，同时要提防发球方第一次截击球，根据来球，来到网前打出小斜线或高压球得分。

四、网球竞赛规则简介

（一）场地和发球的选择

场地的选择及第一局中作为发球员还是接球员的权利在准备活动前由掷硬币来决定。掷币获胜的一方可以选择。

（1）在第一局比赛中作为发球员或接球员，在这种情况下应由对方选择在比赛的第一局所处的场地。

（2）比赛的第一局拥有场地选择权，在这种情况下应由对方选择第一局作为发球员或接球员。

（3）要求对手做出上述中的一个选择。

（二）发 球

发球员在马上开始发球动作前应双脚站在端线后（即远离球网的一侧）、中心标志的假定延长线和边线之内；接着发球员应用手将球抛向空中的任何方向，并在球

赛制规则

装备

场地

发球规则

触地前用球拍将球击出；在球拍与球相接触或没击中球的那一时刻，发球动作即被认为已经结束。只能使用一只手臂的运动员，可以用球拍抛送球。

（三）交换发球

（1）第一局结束后，接发球员在下一局中成为发球员，而发球员则成为接发球员。以后每局终了，均依次互相交换，直至比赛结束。

（2）在双打比赛中，每一盘的第一局先发球的那对选手应该决定哪一名运动员先发球。同样，对手也应该在第二局前作出由谁发球的决定。第一局先发球的运动员的队友在第三局发球；第二局发球的运动员的队友在第四局发球。在这一盘以后的比赛中都按照这样的顺序来发球。

（四）交换场地

（1）运动员应该在每一盘中的第一局、第三局以及后面的单数局结束后交换场地。

（2）运动员也应在每盘结束后双方所得局数之和为奇数时交换场地。如果一盘结束后双方局数相加之和为偶数，则在下一盘第一局结束后再交换场地。

（3）在平局的决胜局中，运动员应在每 6 分后交换场地。

失误规则

（五）失　分

发生下列任何一种情况，均判失分。

（1）在球第二次着地前，未能还击过网。

（2）还击的球触及对方场区界线外的地面、固定物或其他物件。

（3）还击空中球失败。

（4）故意用球拍触球超过一次。

（5）运动员的身体、球拍，在发球期间触及球网。

（6）过网击球。

（7）抛拍击球。

（六）压线球

压线球是指落在线上的球，算界内球。

（七）活球期

自球发出时起（除失误或重发外），至该球分胜负判定时止，为活球期。

（八）网球双打规则

单打规则均适用于双打，但双打规则也有自己的特殊规定。

1. 发球次序

在每盘第一局开始之前决定发球次序，由发球方决定由何人首先发球；对方则同样的在第二局开始时决定由何人首先发球。第三局时由第一局未发球方的球员发球，第四局由第二局未发球的球员发球。以下各局均按此次序轮换发球。

2. 接球次序

与发球次序一样，每盘比赛开始前要决定接球次序，即先接球的一方应在第一局开始时决定由谁先接发球，并在这盘单数局继续先接发球。对方同样应在第二局开始时决定由谁先接发球，并在这盘双数局继续先接发球。他们的同伴应在每局中轮流接发球。

3. 发球次序错误与接球次序错误

发球次序错误应在发觉时立即纠正，但已得的分数或已产生的失误都有效。若发觉时全局已经终了了，此后发球次序就以该局为准轮流发球。

接球次序错误发觉后仍按已错误的次序进行，等到下一接球局再进行纠正。

第二节　网球俱乐部课外教学

一、网球著名赛事介绍

（一）温布尔登网球公开赛

温布尔登网球公开赛是现代网球史上最早的比赛，由全英俱乐部和英国草地网球协会于 1877 年创办。

（二）美国网球公开赛

美国网球公开赛始于 1881 年，在美国罗德岛新港进行，地面类型为硬地。固定于每年 8 月底至 9 月初进行，是每年四大公开赛中最后举行的大赛。

（三）法国网球公开赛

法国网球公开赛始创于 1891 年，比温布尔顿网球公开赛晚 14 年。法网的场地设在巴黎西部蒙特高地的一座名叫罗兰·加洛斯的大型体育场内。该球场属于慢速红土球场。

（四）澳大利亚网球公开赛

第 1 届澳大利亚网球公开赛是 1905 年在墨尔本的威尔霍斯曼板球场举行的，它是四大公开赛中最迟创立的赛事。1972 年，这项赛事为了吸引更多的观众，改为在澳大利亚的大城市墨尔本举行。因为是硬地网球场，所以打法全面的选手可以占到一定的优势。

二、网球运动欣赏

网球比赛是古老的球类项目之一，也是当今体坛唯一能够与足球分庭抗礼的大项目。那我们该如何去欣赏网球比赛呢？

看发球。发球分为上旋球、下旋球、侧旋球、前冲以及大力发球等。优秀的选手在发球上都具有自己的绝招，如前世界名将桑普拉斯和伊万尼塞维奇的发球，又刁、又准、又狠，常常让对手难以招架。

看战术的运用。网球战术，具有"快、狠、准、变"的特点，运动员在场上既能满场飞，又能凌空跳跃击球、斜飞鱼跃救球，或者缩前吊后、斜线大力抽打等。正是这些前后左右、真真假假的变化，使得比赛精彩激烈、扣人心弦。

另外，网球运动被看成是高雅的运动，因此它处处注重美感，从场地的设施到器材的使用，以及比赛环境的布置和运动员服装的设计，都很讲究美，美几乎无处不在。

网球运动员在场上的动作更富美感，爱好网球的艺术家们认为网球运动的许多动作与舞蹈是相通的。如网坛名将博格，双手握拍反手抽打底线球时，就表现出东欧民间舞蹈的韵味；网坛女杰辛吉斯快速网前击球和奔跑接球的身姿，仿佛再现了天鹅湖中的白天鹅兴高采烈地扑向王子的舞姿。

总之，一场高水平的网球比赛，除了运动员精湛的技艺之外，再加上那富于美感的舞蹈韵味，会使观众如痴如醉，精神上得到极大的满足。

三、网球比赛组织与管理

（一）确定比赛办法

针对不同的参赛对象，制定不同的比赛任务和目的。从而确定选择何种比赛办法。如一般高校内部各个系、院之间的联赛，是为了普及和提高大学生的网球水平，并从中选拔校队球员，来参加各个院校之间的比赛。再如某些经营网球场馆的公司，为了扩大影响，追求人财两旺的经营目的，常常举办各种奖金赛制的单、双打公开赛，来吸引更多的普通网球爱好者参加。

具体的一些比赛方法有。

（1）适合于各种赛事的单淘汰制。

（2）适合于满足一般网球爱好者想多打几场比赛，却又不能场次和时间太多的混合制。

（3）适合学校内部的团体联赛制。

（4）一般业余赛事多采用八局取胜制。

只有在半决赛、决赛时，才适当地采用三盘两胜或五盘三胜制。团体联赛要求自始至终保持一种计胜方法，大多是八局先胜制。

（二）制定竞赛规程

任何一种比赛，都要经过赛前的周密安排，以确保比赛的顺利进行，并取得圆满成功。

1. 首先确定比赛的名称

一般包含了比赛性质、比赛对象、比赛赛制和比赛举办单位等内容。

2. 确定比赛的目的和任务

比赛的目的是普及推广网球运动，满足广大爱好者的参赛要求；还是提高网球场馆公司的影响、收入；或者是激发学生的网球热情，扩展高校学生素质教育的内容。

3. 明确比赛地点和时间

比赛地点应该包括具体场地地址、场地种类和编号。比赛时间越详细越好，并结合具体比赛轮次，给场地编号，以便参赛者更好地了解比赛进程，做好准备。

4. 参赛单位

这里是指以个人自由报名参赛，还是按单位选拔推荐参赛；是个人赛还是团体赛。

5. 参加人数

包括单项参赛人数安排和团体参赛人数安排。单项参赛人数最好能接近 $2n$，团体参赛的各单位人数以两人或两男两女为最佳方式。

6. 年龄限制

根据不同性质的比赛，如少年比赛、青年比赛、中年比赛、老年比赛等，来确定具体的参赛年龄限制。一般来说应允许少儿参加成人比赛，中老年人可以参加青年组比赛。

7. 性别归类

一般比赛分为男子比赛和女子比赛，还有一种是男女混合双打比赛。

另外，有些业余赛事，应允许女性球员参加男子比赛，但男性却不能参加女子比赛。

8. 奖励办法

奖励办法包括录取名次、个人积分、奖杯、证书和奖金等形式。

四、网球裁判法

（一）主裁的职责

（1）熟悉网球规则、竞赛规程和行为准则中的所有内容，并应按国际网联"裁判员职责和程序"进行工作。在比赛中严格做到严肃、认真、公正、准确，作风正派，不徇私情，坚持原则。

（2）按照监督和裁判长的要求着装。

（3）在开赛前召集双方运动员。

·介绍与运动员有关的情况。

·在准备活动前，当双方运动员或球队均在场时，主裁判抛掷挑边器，以选择发球权或场地。若在比赛开始前，准备活动期间被暂停，抛掷挑边器的结果仍然有效，但获优先权的运动员也可重新选择。

·决定运动员所穿的服装是否符合"行为准则"中关于服装条例的要求。更换服装的时间若超过15分钟，则取消其比赛资格。若15分钟内返回场地可重新进行适当的准备活动。

（4）开赛前，主裁应清楚监督或裁判长是否为运动员安排了运动员进、出场的护送人员（这一条是指国际大赛而言）。主裁应在运动员进场之前提前到场。

（5）应备有秒表，用来计时。包括准备活动，分与分之间20秒间歇，交换场地时的90秒以内及规则条款中所规定的任何其他特定时间。

（6）当认为有必要改进裁判工作时，可撤换、轮转任一司线员、司网员和脚误裁判员。

（7）主裁对比赛中出现的"规则"问题，可先做出裁决。但运动员对此有权向监督和裁判长提出申诉。

（8）按照国际网联裁判员职责和程序的要求记录比赛记分表，并在每分结束后宣报比分。

（9）只有当司线员明显误判时，主裁方可改判，并且必须在司线员错判后立即改判。一切改判必须符合国际网联裁判员职责和程序的要求。当运动员明显脚误，而司线员未判时，主裁应按照国际网联改判司线员明显误判的程序进行宣判。

（10）负责检查沙土场上的球印。除沙土球场外，其他场地不可检查球印。

（11）当观众有碍比赛进行时，主裁应婉言相劝，尽力维持赛场秩序，并请求合作。

（12）比赛时，主裁应负责引导拾球员协助运动员，而不是干扰运动员。

（13）确保比赛场上有足够的比赛用球，负责换球，并做充分的检查以避免因换球延误比赛。

（14）熟悉网球方面的英语。

（15）决定场地能否继续使用。比赛中若主裁判认为条件的变化足以影响比赛继续进行，或因雨或其他原因迫使比赛暂停时，主裁应中断比赛，并报告裁判长。若因天黑须停赛应在进行中的该盘双数局赛完后，或整盘结束后方可停赛。当监督或裁判长同意暂停或改期比赛后，主裁应记录时间和分、局、盘等比分，以及发球员姓名、双方在场上的位置，并收集所有比赛用球。

（16）比赛后，主裁应向监督或裁判长全面汇报有关比赛中所执行"行为准则"的情况。

（二）司线员的职责

司线员是大型网球比赛中不可或缺的裁判员。司线员的编制有 17 人制、11 人制、6 人制、5 人制等。司线员在场上的位置是固定不变的。边线和中线司线员应在端线后 6.40 米的地方就座或站立。司线员的具体工作范围有以下几点。

（1）按国际网联裁判员职责和程序履行职责。

（2）与其他司线员一起身着比赛大会统一规定的司线员服装。司线员不能身穿影响运动员视力的白色、黄色或其他浅色服装。

（3）每场比赛前准时到场。

（4）为争取最佳看线位置，必要时可离开座位。

（5）只负责呼报自己所管辖的线，不可对他人的宣报发表意见。

（6）当不能做出呼报时，应立即做未看见手势。

（7）当球确实触地时（成死球），方可呼报"出界"或"失误"。

（8）司线员的手势要及时、准确、大方。呼报和手势的顺序是先呼报后做手势。手势是声音的补充，做手势时手心正对主裁。

（9）当主裁改判时，司线员应保持沉默。运动员的一切询问要交主裁处理。

（10）端线、边线或发球中线的司线员负责呼报脚误。

（11）未经主裁允许不得离开场地。对主裁的改判，司线员只能服从，不得申辩。对于运动员的出言不逊，司线员不可反驳，但可报告主裁，请他做出处罚。

（三）司网员及拾球员的职责

在网球比赛中，一位坐在网柱旁的裁判人员就是司网裁判员。

司网裁判员的主要任务是：在运动员发球时，他把手扶在球网上缘，若遇有擦网，立即呼报"擦网"（NET），然后将手上举。

在大型网球赛中，场内均设有拾球员，他们在场地内跑动捡球或传球。比赛设置拾球员的目的是保证比赛的继续进行。

第十三章

跆拳道俱乐部

第一节　跆拳道俱乐部课堂教学

一、跆拳道运动概述

（一）跆拳道运动的起源与发展

跆拳道起源于朝鲜半岛，是由朝鲜半岛的自卫术演变发展而来的一项技击术，它是以手脚技术为进攻武器、以技击格斗为核心，以修身养性为基础，以磨炼人的意志、振奋人的精神为目的的一项现代竞技体育运动。通过跆拳道的训练，可以使练习者在行为规范、道德修养和完善人格等诸多方面得到提高和发展。

跆拳道源于朝鲜半岛三国时代的跆拳。其根源甚至可以追寻到古代的徒手搏击，另外，韩国民间秘密流传着民族武术，到朝鲜时代有《武艺图谱通志》出版，虽然跆拳道从搏击，跆根，花郎道发展而来，但真正被大众接受，还是从 20 世纪 50 年代起，其内涵风格以及名字均得到规范和统一。"跆拳道"一词，是 1955 年由韩国的崔洪熙将军创造。1966 年第一个跆拳道国际组织国际跆拳道联盟成立，1988 年、1992 年的两届奥运会跆拳道被列为奥委会表演项目，2000 年悉尼奥运会，跆拳道成为奥运会正式比赛项目，设男女各 4 个级别。我国于 1992 年正式开展跆拳道运动，1995 年中国跆拳道协会筹委会成立，于 2004 年 7 月正式成立中国跆拳道协会。

（二）跆拳道运动的锻炼价值

（1）改善和增强体质。跆拳道的技术动作是由全身协调配合，主要通过各种各样的腿法来表现。它能很好地促进人体的力量、速度、灵敏、耐力、协调等全面身体素质的发展，具有强身健体的作用。

（2）防身自卫。跆拳道运动直接接触对抗、较技斗力、攻防一体。在习练掌握各种攻防技法的同时，提高了人体神经系统的灵活性和反应能力以及各种运动素质，增强击打和抗击打能力。因此，在实践中自然掌握了实用技击术和防身自卫的本领。

（3）磨炼意志，培养提高品格的修养。跆拳道推崇"礼始礼终"的尚武精神。其宗旨是"礼义廉耻，忍耐克己，百折不挠"。跆拳道的训练，使习练者从开始就养成谦虚、宽容、礼让的高尚品德和尊师重道、讲礼守信、见义勇为的情操，并影响社会。

（4）娱乐观赏，陶怡情操。跆拳道是一项对抗性很强的运动，比赛中双方选手不仅较力斗勇，而且讲究较技斗智，尤其是跆拳道的精妙高超的腿法，具有极高的观赏价值。

二、跆拳道基本技术

（一）实战姿势和步法

1. 标准实战姿势

左脚在前叫作左势，右脚在前叫作右势。

（1）动作规格。

两脚前后开立与肩同宽，前脚脚尖45°斜向右前方，后脚脚跟抬起，膝关节微弯曲，重心在两脚之间。上身自然直立，45°斜向右前方，双手握拳，拳心相对两臂弯曲置于胸前，头部直立向前，目视正前方。

（2）动作要领。

身体自然，肌肉放松，膝关节松而不懈，富有弹性，心无杂念，以无意为有意。

（3）易犯错误。

全身紧张，肌肉僵硬，重心偏前或偏后，不利于启动，膝关节不弯曲，缺乏弹性。

2. 跆拳道的基本步型

跆拳道的步型是指在跆拳道的练习和实战过程中，站立位置姿势和脚步形状。基本步型有多种，每种站法都跟后面的步法动作有着直接的联系。基本步型是练习跆拳道必要的和最基本的姿势。练习者一定要按规格要求练习每种步型。

（1）并步两脚并拢，身体直立，两脚内侧贴紧并拢。（图13-1-1）

（2）开立步：亦称自然站立。两脚左右开立与肩同宽，两脚尖微外展，两臂自然下垂于体侧，两手轻握拳，身态自然。（图13-1-2）

标准实战姿势

跆拳道的
基本步法

（3）准备势：两脚分开与肩同宽，两脚尖微外展，两手握拳抱于腹前，拳面相对，拳心向内。（图13-1-3）

（4）马步：亦称骑马式站立。两脚左右开立大于肩宽，两脚平行，挺胸立腰，上体正直；屈膝下蹲，身体重心在两脚之间。（图13-1-4）

（5）侧马步：亦称半月立。由马步站法为基础，上体向侧（左或右）转，屈膝略内扣，身体重心偏重于前脚。（图13-1-5）

（6）弓步：亦称前屈立步，两脚前后开立，相距约一步半；前腿屈膝，后腿伸直，后脚前后开立与前脚的延长线成30°；前腿膝关节和脚面垂直，重心偏于前脚。（图13-1-6）

图13-1-1　　图13-1-2　　图13-1-3　　图13-1-4　　图13-1-5　　图13-1-6

（7）前行步：亦称高前屈立。两脚前后开立，姿态和平时向前走路时相似，步幅不大，身体重心偏于前脚。（图13-1-7）

（8）三七步：亦称后屈立。两脚前后相距一步，后脚尖外展约90°，后膝屈曲，前膝微屈，脚尖朝前。（图13-1-8）

（9）虚步：亦称猫足立。身体姿势和三七步相似，只是前脚的脚尖点地，脚跟提起，两膝关节微内扣，身体重心落于后脚。（图13-1-9）

（10）独立步：亦称鹤立步。一腿直膝站立，脚尖外展约90°；另一腿屈膝上提，脚贴于支撑腿内侧或膝窝处。（图13-1-10）

（11）交叉步：亦称交叉立。有两种形式：一种是一脚向另一脚的后面插步，脚掌着地，两腿膝关节交叉叫作后叉步；一种是一脚向另一脚前面插步，脚掌着地，两腿膝关节做前交叉步。（图13-1-11）

图13-1-7　　　图13-1-8　　　图13-1-9　　　图13-1-10　　　图13-1-11

3.跆拳道的基本步法

跆拳道是一种以腿法为主的武技，实战中步法的灵活运用对充分发挥腿的威力，取得实战的胜利具有极其重要的意义。脚法使用时多以后腿进攻，因此跆拳道的步法具有鲜明的特点，即身体重心落在两脚之间或偏于前腿，而且身体姿势大都以侧向站立，以便保护身体和正中的要害部位，使后腿通过拧腰转髋发力，增加击打的力量和速度。

跆拳道的步法在实战中具有极其重要的意义。首先，步法是连接技术动作的关键环节。跆拳道实战中，不论是进攻、防守，还是防守反击动作，绝大多数是在运动中完成的，因此需要灵活、快速、敏捷、多变的步法连接技术，以保证后面技术动作的完成和发挥，否则就会处于被动挨打的地位；其次，通过灵活多变的步法移动，使对方的进攻或防守落空，同时自己抢占有利的攻击或防守位置，为反击创造条件；最后，灵活多变的步法可以保持身体姿势的平衡，因为身体只有在相对平衡的状态下，才能更有力、更有效地攻击对方，达到攻击目的。跆拳道的实战是在运动中进行的，没有正确、灵活、多变的步法，就难以取得实战的胜利；第四，灵活机智地运用多种步法，可以给对方心理造成压力，使对方产生无所适从的感觉，为战胜对方创造条件。

跆拳道在实战中常用的基本步法包括以下几种。

（1）前进步。

以标准实战姿势开始，两脚成斜马步，两手握拳置于胸前。前进时后脚蹬地向前迈步，身体侧转成另一侧斜马步，可连续进行。这是前进步的一种——上步。注意拧腰转髋。前进时，后脚蹬地，前脚向前滑行称为前滑步；后蹬地，前脚向前跳跃为前跃步。前滑步和前跃步都属于前进步，是主动进攻时采用的步法。也可用于假动作，配合手臂的动作进行，便于快速接近对方。（图13-1-12）

（2）后退步。

以标准实战姿势开始，前脚掌用力蹬地，后脚先退后一步，前脚随即后退，两脚以及身体仍保持原来姿势。若前脚掌蹬地后，后脚沿地向后滑行一步，前脚随即同样向后滑行一步，两脚以及身体仍保持原来姿势，叫作后滑步退。这种步法可以拉开和对手的距离，避开对方的进攻，准备做反击动作。（图13-1-13）

（3）后撤步。

以标准实战姿势开始，以后脚前脚脚掌为轴，前脚抬起向后经后脚内侧向后撤一步，形成和原来相反的实战姿势。后撤步可根据实战需要左右变化，调整与对方的相对距离，准备进行攻击或反击。

（4）侧移步。

以标准实战姿势开始，两脚前脚掌同时向左右侧蹬地，向左右侧移动，离开原来的位置。向左移叫左移步，向右移叫作右移步。侧移步的作用是避开对方有力的攻击，移动到对方的侧面，准备进行反击。（图13-1-14）

图 13-1-12　　　　　　　图 13-1-13　　　　　　　图 13-1-14

（5）跳换步。

以标准实战姿势开始，两脚同时蹬地使身体腾空，空中两脚前后交换，同时转体；落地时身体姿势成另一侧的准备姿势。跳换步的腾空不宜高，略离地面即可；换步时要拧腰转髋，迅速敏捷，其目的是干扰对方的攻防思路，选择适宜自己进攻的方位和转换自己身体的得分部位使对方不能得分。同时争取反击的空间和时间，马上转入进攻。

（6）弧形步。

以标准实战姿势开始，前脚的前脚掌原地踮地面，后脚同时向左（右）蹬地后右（左）跨移一脚，成为和原来准备姿势不同方向的准备姿势。向左跨为左弧形步（或左环绕步），向右跨步为右弧形步（右环绕步）。

（7）前（后）垫步。

以标准实战姿势开始，后（前）脚向前（后）脚并拢的同时，前（后）脚蹬地向前（后）迈（退）步，仍成原来的实战姿势。垫步动作的要点是后（前）脚向前（后）要迅速，不等后（前）脚落定，前（后）脚就要蹬地前（后）移动，前（后）脚移动的垫步动作要迅速、轻捷、连贯，要快速接近或远离对方。后面的连接动作，无论是进攻还是防守，都要连续迅速，可在垫步过程中做动作，不给对方任何机会。

（8）前冲步。

以实战姿势开始，后脚向前迈进一步，身体姿势同时转正，随即前脚向前冲一步仍成为实战姿势。可连续冲几步成实战姿势。

前冲步的动作要点是两腿动作要连贯快速，类似加速冲刺。步幅小、频率要快，灵活多变，是主动追击对方的有效步法。连续动作要轻捷快速，给对方造成慌乱，亦可采用向后退的类似方法避守。

（二）跆拳道的腿法

1. 前　踢

（1）动作规格。

以左势实战姿势开始，右脚向后蹬地，身体重心前移至左脚；右脚蹬地顺势屈膝提起，左脚以前脚掌为轴外旋约 90°，同时，右腿迅速以膝关节为轴伸膝、送髋、顶髋，把小腿快速向前踢出，力达脚尖或前脚掌。踢击目标后右腿迅速放松弹

前　踢

回，落回原地仍成左势实战姿势。（图 13-1-15）

图 13-1-15

（2）动作要领。

①膝关节上提时大小腿折叠，膝关节夹紧，小腿和踝关节放松，有弹性。

②踢击时顺势往前送髋；高踢时往上送髋。

（3）易犯错误。

①直腿上撩，大小腿没有折叠，膝关节不夹紧。

②上体后仰过大，失去平衡。

③踢击目标时向前用力，与推踢动作混淆。

（4）进攻部位。

腹部、肋部、胸部和颌部。

2. 横　踢

（1）动作规格。

右脚蹬地，身体重心移到左脚，右脚屈膝上提，两拳置之于胸前；左脚前脚掌蹍地内旋，髋关节左转，左膝内扣；随即左脚掌继续内旋转 180°，右脚膝关节向前抬至水平状态；小腿快速向左前横踢出；击打目标后迅速放松收回小腿。右脚落回成实战姿势。（图 13-1-16）

图 13-1-16

横　踢

（2）动作要领。

膝关节夹紧，向前提膝，尽量走直线；支撑脚外旋 180°；髋关节往前顺，身体与大小腿成直线，严格注意击打的力点为正脚背；踝关节放松，击打的感觉是"面团""鞭梢"。横踢攻击的主要部位有头部、胸部、腹部和肋部。

（3）易犯错误。

① 膝关节不夹紧，大小腿折叠不够。

② 外摆的弧形太大。

③ 上身太直、太往前、重心往下落。

④ 踝关节不放松，脚内侧击打（应为正脚背）。

3. 后　踢

（1）动作规格。

左脚掌为轴内旋约 90°，上身旋转，身体重心移到右脚，屈膝收腿直线踢出，重心前移落下。（图 13-1-17）

（2）动作要领。

① 起腿后上身于小腿折叠成一团。

② 动作延伸，用力延伸。

③ 转身、提膝、出腿一次性完成，不能停顿。

④ 击打目标在正前方稍偏右。

后　踢

图 13-1-17

（3）易犯错误。

① 上身、大小腿不折叠，直腿往上撩。

② 转身、踢腿有停顿，不连贯。

③ 击打成弧线，旋转发力。

④ 肩、上身跟着旋转，容易被反击。

4. 下　劈

（1）动作规格。

以实战姿势开始，右脚蹬地，重心前移至左脚。同时，右腿以髋关节为轴屈膝上提，两手握拳置于胸前；随即充分送髋，上提膝关节至胸部，右小腿以膝关节为轴向上伸直，将右腿直举于体前，右脚过头。然后放松向下以右脚后跟（或脚掌）为力点劈击，一直到落地，成实战姿势。（图 13-1-18）

图 13-1-18

（2）动作要领。

腿尽量往高、往头后举，要向上送髋，身体重心往高起；脚放松往前落，落地要有控制；起腿要快速、果断；踝关节要放松。劈腿的主要攻击部位有头颈、脸部和锁骨。

（3）易犯错误。

① 起腿不够高，不够充分，重心不往高起。

② 踝关节紧张，下压太用力。

③ 重心控制、腿控制不好，落地太重。

④ 上身后仰太多，应随身体重心一起前移，保持直立。

5. 推　踢

（1）动作规格。

以实战姿势开始。右脚蹬地，身体重心前移，右脚以髋关节为轴提膝前蹬，用右脚脚掌向前蹬推，力点在脚掌，推力向正前方。（图 13-1-19）

（2）动作要领。

提膝后尽量收紧膝关节；重心往前移，利用身体的重量为力量；推的时候腿往前伸展、送髋；推的路线水平往前。推踢的攻击目标是腹部。

（3）易犯错误。

① 收腿不紧，直腿起，容易被阻截。

② 上身太直，身体重心往下落，腿不能水平前推。

图 13-1-19

③ 上身过于后仰，身体重心不能前移，不利于衔接下一个技术。

6. 勾　踢

（1）动作规格。

以左势实战姿势开始，右脚向后蹬地，身体重心前移至左脚，左脚支撑，右腿屈膝提起；左脚以前脚掌为轴，脚跟向内旋转约180°，右腿膝关节内扣，右腿向左前方伸出，伸直后用脚掌向右侧用力屈膝鞭打，然后右腿顺势放松屈膝回收，落回原地成实战姿势。

（2）动作要领。

• 起腿后右腿屈膝抬过水平，然后内扣。

·右脚要随转体尽量向左前伸展。

·右脚掌向右鞭打时要屈膝扣小腿。

·鞭打后顺势放松。

（3）易犯错误。

·提膝后直接向前方伸直右腿，没有做膝内扣动作，因而影响动作完成。

·鞭打后不放松，落地姿势改变。

（4）进攻部位。

头部、面部和胸部。

7. 双飞踢

（1）动作规格。

两人从闭势实战姿势开始，攻方先用右横踢攻击对方左肋部，同时，左脚蹬地起跳，身体腾空右转，腾空高度在膝关节以上，但不宜过高；左脚起跳后在空中用左横踢迅速踢击对方胸部或腹部；左右脚交换，右脚落地支撑，左脚横踢目标后迅速前落，成左势实战姿势。（图13-1-20）

双飞踢

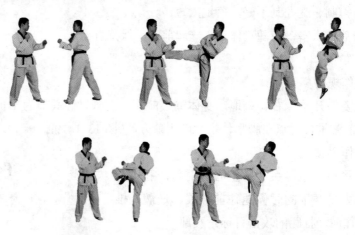

图 13-1-20

（2）动作要领。

·右腿横踢目标的同时，左脚蹬地跳。

·左脚起跳后迅速随身体右转横踢目标。

·两腿在空中交换，右脚先落地。

（3）易犯错误。

·右横踢和左脚起跳时机不对，或早或晚；应该先利用踢击沙袋练习右横踢同时左脚起跳的动作，熟练后再起左腿横踢。

·右横踢和左横踢之间间隔过长；可利用原地右横踢起跳左横踢空击练习，提高出腿和起跳的速度。

（4）进攻部位。

肋部、胸部、腹部和头部。

8.后旋踢

（1）动作规格。

实战姿势开始，两脚以两脚掌为轴均内旋约180°，身体右转约90°，两拳置于胸前。上体右转，与双腿拧成一定角度。右脚蹬地将蹬地的力量与上体拧转的力量合在一起，将右腿向后上以髋关节为轴直腿摆起，右腿继续向右后旋摆鞭打，同时上体向右转，带动右腿弧形摆至身体右侧，右腿屈膝回收；右脚落至右后成实战姿势。（图13-1-21）

后旋踢

图 13-1-21

（2）动作要领。

转身、旋转、踢腿连贯进行，一气呵成，中间没有停顿；击打点应在正前方，呈水平弧线；屈膝起腿的旋转速度要快。后旋腿攻击的主要部位有前额和胸部。

（3）易犯错误。

•转身、踢腿中有停顿，二次发力。

•起腿太早，最高点不在正前方。

•上身往前、往侧、往下，推动平衡。

（三）跆拳道的防守

跆拳道的主要防守方法有三种：一是利用闪躲、贴近等方法，通过脚步的移动，使对方的进攻落空；二是利用手臂的格挡阻截对方的进攻；三是以攻对攻，用进攻的方法阻止对方的进攻。

1.利用闪躲、贴近等方法进行防守

闪躲就是当对方进攻时通过脚步的移动，向左右两侧或向后闪躲，从而使对方的进攻落空。而贴近就是当对方进攻时快速上步与对方靠贴在一起，使对方由于距离过近而无法发挥进攻的威力。例如，当乙方使用后腿下压技术进攻甲方时，甲向左侧或右侧移动身体，避开对方的下压进攻；当乙方前旋踢进攻时，甲方可快速后撤一步或是立即上前一步，贴近乙方，使其不能用规则允许的踝关节以下的部位击打得分。

2.利用格挡的方法进行防守

按照防守方向来划分，格挡的方法基本上有向上、向（左右）斜下和向（左右）斜上防守三种。一般来说，运动员采用格挡的方法是出于以下的原因：一是对方进攻速度较快，自己来不及使用闪躲、贴近等方法时，下意识地用格挡进行防守；二是已预测到对方使用的技术，使用针对性的格挡是为了迅速作出反击动作，使格挡成为转化攻防的连接技术，为比赛得分创造条件。

（1）向上格挡。（图13-1-22）

（2）向（左右）斜下格挡。（图13-1-23）

（3）向（左右）斜上格挡。（图13-1-24）

图 13-1-22   图 13-1-23   图 13-1-24

3. 利用进攻动作进行防守

就是在对方进攻的同时，防守者也使用进攻的动作，即以攻代守。这种防守的方法在当前跆拳道比赛中被广泛使用，原因在于：当对方进攻时，身体重心发生了移动，他必然有一个调整身体重心的阶段，防守者抓住此阶段实施进攻动作，往往会使得进攻者无法快速回撤身体而限于被动或者失分。此时防守者的进攻动作属于后发制人的动作，与平常使用的进攻动作在移动方向或身体姿势上有一定的差别。

三、跆拳道基本战术

（一）技术战术

利用技术全面、熟练、有效果的特点，灵活运用各种技术，发挥自己的得意技术，掌握比赛的主动权，抑制对手，达到以取胜对手的目的。技术战术的使用策略包括进攻战术（直接攻击、间接攻击和连续攻击）和防守反击战术（防守后反击、同时反击和迎击）两种。

（二）利用假动作或假象战术

用逼真的假动作或假象欺骗对手，引其上当，分散其注意力，使其露出破绽，利用这个机会猛烈攻击而得分。

（三）心理战术

比赛开始前，利用情绪、动作和表情等威慑对手，比赛中用气势压倒对手，或利用规则允许和基本允许的各种手段，干扰对方情绪，给对方造成心理负担，使对手技能战术发挥失常，挫伤对方的锐气，发挥自己的优势，在气势上战胜对方。

（四）先得分战术

比赛时利用对方立足未稳或未适应比赛的机会，主动先得分。然后，立刻转入防守，以静制动，利用防守反击战术与对方对抗，既节省体力，更保住得分。

（五）抢分战术

比赛中得分落后的情况下，利用各种手段有效地组织进攻力争得分。这种情况下，要主动出击，不能与对方静耗或纠缠，要打破对方的保分意图，以动制静。

（六）体力战术

体力是跆拳道比赛中保证运动员充分发挥的一个重要环节，合理的分配和利用自己的体力，是跆拳道比赛中时获得最后胜利的关键。紧张激烈的比赛需要很大的体力消耗，若自己体力不如对方，那么如何将体力合理地分布到各局比赛，将是取得比赛胜利不可忽视的因素；若自己体力好于对方，那么就要充分利用自己的优势猛追猛打，不给对方喘息的机会。

四、跆拳道竞赛规则简介

跆拳道比赛时，双方运动员都要穿道服和护具，戴头盔，用脚或直拳击打对手的合法部位，即只能击打对手被护具包裹的锁骨以下、髋骨以上的躯干部位和头部（禁止用拳击打对手头部）。

（一）行　礼

比赛开始前，双方运动员互相敬礼以表示尊重。场上裁判发出"准备（Joon-bi）"和"开始（Shi-jak）"口令后，比赛正式开始。

（二）比赛时间

跆拳道比赛分为3局，每局2分钟，局间休息1分钟。蓝方和红方选手使用规则允许的技术动作努力击败对手。比赛结果根据双方运动员三局的得分总和来计算，得分多者为胜者。

（三）允许攻击的部位

跆拳道竞赛规则允许攻击的部位只有两个：一是头部；二是躯干。在对抗中，允许使用拳和脚的技术攻击躯干被护具包裹的部分，但禁止攻击后背脊柱。允许使

装备图集

用脚的技术攻击对手头部，但不能攻击对手的后脑部位。即可以用脚踢击对手头部和被护甲包裹的躯干部位，但不能用脚踢击对方后脑部位，同时禁止用拳击打头部。运动员可以使用拳的技术击打被护甲包裹的躯干的前面和侧面部位。

（四）得　分

在比赛中，用脚踢击对手躯干部位一次只能得1分，而用脚击打上对手头部则可以得2分；如果击倒对手，裁判员读秒后再加1分。因此，虽然用脚踢技术击打上对手头部的难度比较大，但许多运动员在比赛中也还是千方百计地使用脚击打头部的技术以尽可能多得分。比赛由1名主裁判员在场上主持，其他4名边裁判员根据运动员的技术使用情况负责评判并打分。

（五）如何判断得分

在比赛中，判断一名运动员是否得分，关键要看运动员的技术是否准确、被允许、有力及有效。跆拳道赛场上加油声、呐喊声总是不断。判断一方运动员是否得分，可以看双方运动员的进攻和反击时的动作，并随时看一下计分板：一个运动员如果得分了，在1秒钟内裁判员会按压手中的采分器，该运动员的得分也就及时公布在计分板上了。

（六）警告和扣分

现在的跆拳道规则对运动员倒地的判罚比较严厉。一般来说，运动员故意倒地就有可能被裁判员判罚一个警告。但如果是意外滑倒和被对手重击倒地或是技术性倒地（即在使用动作时无法控制身体平衡而倒地），则不被判罚。如果一名运动员被对方合理技术击中而身体摇晃或摔倒（一般是被击中头部），裁判员要数秒数到8。如果数到8时，该运动员站起来表示能继续比赛，则比赛继续进行；如果运动员没有站起来，则另一方赢得比赛。

在比赛中，如果一方采用搂抱、推拉对手，消极逃避比赛，用肘、膝顶击对手，摔倒对手、故意用拳攻击对手面部等犯规动作，则会被判罚警告或扣分（一个扣分扣1分）。

场上的教练员打断比赛进程或使用过激言语、行为，严重违犯体育道德，也会被主裁判警告或扣分。

如果一名运动员累计被扣掉4分，则要被判"犯规败"，也就意味着输掉了这场比赛。

（七）加时赛

在一场比赛中，如果双方打满3局而出现平分的情况时，要进行加时赛。加时赛实行"突然死亡法"，即先得到1分的一方获胜。比赛结束后，运动员在比赛区域内相对而站，听到裁判员的口令后互相行礼，等候裁判员的判定。裁判员举起哪一侧的手臂，就说明哪一侧的运动员获胜。

第二节　跆拳道俱乐部课外教学

一、跆拳道运动欣赏

跆拳道运动的比赛赏析包括品势比赛和竞技比赛两种。

（一）跆拳道品势

在欣赏跆拳道品势时，除了观赏跆拳道的手型、手法、步型、步法和腿法外，还要注意观看选手的身体姿态、走位与精神等，既要欣赏外形的美还要体会其内在的含义。

奥运会比赛

（二）跆拳道竞技欣赏

要看懂跆拳道比赛，首先要知道"ATP"。"A"指有效击打部位，指躯干部位和头部；"T"指技术，即必须使用规则规定的技术；"P"指力量或者力度，就是说技术要有力度。这些和跆拳道的竞技规则密不可分，要看懂比赛就必须要了解相应的规则，比如允许使用的技术、允许击打的部位、计分办法、胜负判断等。其次，要理解这是根植于武道的竞技项目，武道的精髓在于武艺高强、武德高尚。这两者均体现在跆拳道的比赛中，使这项运动魅力四射，美丽动人。

锦标赛

跆拳道为了进入奥运会，制定了适合奥运会项目的规则和裁判方法。首先明确了竞技跆拳道的发展宗旨是快速、有力、准确。第二是有了相对完备符合奥运会项目价值观的规则，规定了允许被击打的部位（腰部以上）、禁止使用抓、推、抱以及攻击下肢等行为。正是这些约束性规定，导致跆拳道运动员的技术在形式上具有专业、尖端、美丽的特点的同时，在技能和表现方式上，有快如急风暴雨，静如饿虎待扑、变化万千的特点。特别是出现击头、击躯干采取不同分值记分后，运动员的专业技术发展到了相当高的地步。

另外，在欣赏跆拳道竞技比赛时可以模拟、猜测、推理运动员的战术选择，当运动员进行激烈的"动态"情形时，报以热烈掌声，当瞬间的攻击化为得分时，掌声应当更加热烈；当出现击头和连续攻击时，应当掌声雷动。但是不能出现暴力粗犷的语言，比如"打他""踢他""揍死他"。这些行为和语言都与跆拳道运动本身的内涵背道而驰。观众要做到激烈而不失控，激动而不失仪表，做一个文明的观众。

二、跆拳道比赛的组织与管理

（一）跆拳道比赛的组织流程

（1）确定举行比赛或活动，发出比赛通知、比赛规则、赛程安排，发到组委会及相关组织负责人手中（包括使用网络通知）。在本俱乐部内进行动员；组织商讨活动的相关事项，明确各项目的分工。

（2）估算参赛人员规模，若人数较多可作相应的限制；规划场地，购买活动所需物品。

（3）学习相应的比赛规则，对有关人员进行培训、熟悉场地、预排（包括志愿者）。

（4）正式组织报名（注明性别、体重级别），根据组委会的统一协调，确定比赛日期。

（5）进行相关的训练与指导，俱乐部负责安排教师或学生志愿者。

（6）赛前一天进行动员大会，同时确定最后参与人员名单及服装，竞技比赛则要进行称重。

（7）比赛当天布置场地，确保设备、各岗位人员到位，保证比赛与活动顺利进行。

（8）在保证比赛正常进行的前提下，及时处理活动过程中的突发状况。

（9）写活动总结，要求图文并茂，同时找出不足之处及解决预案。

（二）跆拳道比赛的管理

1. 确定比赛时间的重要数据

（1）比赛时间，即这次比赛所有具体的时间，如局数、场数和总时数等。

（2）品势比赛的时间确定：每场比赛所需的时间数，一般水平的比赛一场约 1～2 分钟，由此测算该次赛会的比赛总容量或比赛所需的总时间。如某赛事，将举行个人赛和团体赛，都使用单败淘汰制，其中个人赛 50 人，团体赛 30 队，计算比赛所需时间。个人赛按 64 人的标准计位，所用场数为 32+16+8+4+2+1=63，个人赛时间较短约 1 分钟；团体赛按 32 人的标准计位，所以场数为 16+8+4+2+1=31，团体赛时间相对较长约 1 分半钟，所需总时间即为 $63 \times 1 + 32 \times 1.5 = 111$ 分钟，加上某些可能出现的突发状况，总时间大约 130 分钟左右。

（3）竞技比赛的时间确定：按大会规程规定的每场比赛的局数、时间等情况预算所需时间，由此测算该次赛会的比赛总容量或比赛所需的总时间。如某赛事举行男女各 3 个级别的比赛，每个级别的人数为标准 16 人，赛制使用单败淘汰制，每场比赛 2 局，计算所有比赛进行完毕所需总时间。首先计算每个级别所需场数，8+4+2+1=15，每场比赛时间 2+1+2+1=6 分钟，第二个 1 分钟为场次之间连接的预估时间。所需总时间约为 $15 \times 6 \times 6=540$ 分钟，加上处理某些可能出现的突发状况，总时间需 570 分钟左右。

（4）若是要在某个有限的时间段内完成相应的比赛，则以相应的总比赛容量时间来确定所能完成的比赛场次，最后确定报名的人数或队数。

2. 确定比赛或活动的目的

（1）宗旨，即举行本赛次活动或比赛的目的，是选拔人才、推广项目、健身展示，还是联谊活动。

（2）参赛者的身份与限制，即本赛会是本俱乐部内成员参加还是面向所有俱乐部人员，外俱乐部参加的人数比例和体重级别限制等；如果竞技在比赛前进行称重时体重不符合则一律不允许参加比赛，以限制参赛的人员胡乱报名。

（3）项目比赛的方式及名次的录取比例。

3. 严格执行相关规定

（1）比赛时间地点。

（2）报名时间、地点和特殊规定：这里要注意，如果是竞技比赛，则要出示相关的健康证明，以免在比赛中发生意外。为保证竞技比赛的顺利进行和确保参赛队员的相对安全，所有参赛人员应上交一定数目的押金。

（3）集体训练、指导、开会时间地点和规定。

（4）抽签时间地点和规定：若是比赛使用单败淘汰，比赛的偶然性较大，可组织相关人员进行抽签，保证比赛的相对公平、公正。

（5）比赛方法：品势比赛是使用打分制还是单败淘汰不评分，竞技比赛所进行的局数、每局时间等都要事先公布，在比赛中严格按要求进行。

（6）竞赛信息：包括规程、补充规定、称重结果、抽签结果、比赛顺序、临时通知等，这些均在竞赛信息栏及时公布。

（7）奖励制度：若比赛不决出第 1、2、3 名等名次，采用相应等级奖励的方法，以扩大受奖面，同时也可以减少竞赛组织的麻烦。同时相应的奖励办法要有明确的规定。

三、跆拳道裁判法

（一）裁判员的组成

（1）未使用电子护具时，设一名主裁判和三名副裁判。

（2）使用电子护具时，设一名主裁判和两名副裁判。

（二）裁判员的安排

（1）比赛确定以后再行安排临场裁判员。

（2）主裁判或副裁判与场上运动员属同一地区时须回避，若裁判员人数不足时副裁判员可例外。

（三）主裁判

（1）掌握和控制整场比赛。

（2）在比赛中根据场上情况即时宣布"Shi-jak"（开始）、"Ke-man"（结束）、"Kal-yeo"（分开）、"Kye-sok"（继续）、"Kye-shi"（计时），"Gam-jeom"（扣分）、"Kyong-go"（警告），胜负的判定和进退场等。

（3）根据竞赛规则独立行使判决权力。

（4）主裁判不记录得分。

（5）比分相同或无分时，主裁判根据三局的优势情况判定胜负。

（四）副裁判

（1）及时记录有效得分情况。

（2）如实回答主裁判的问询。

（五）判员的服装

（1）裁判员应穿着协会规定的服装。

（2）裁判员不得携带妨碍比赛的物品。

（六）记录员

记录员负责对比赛时间、休息和暂停时间进行计时，记录得分和扣分。

（七）跆拳道裁判员手势

1. 运动员进场向

上屈肘抬臂，伸出食指，发出"Chung"（青）、"Hong"（红）的口令，同时双手食指指向运动员位置。

2. 立正/敬礼

屈臂上举，掌心相对，五指并拢至眉高，发出"Cha-ryeot"（立正）的口令。两掌心相对下按，使前臂在胸前成一直线，同时发出"Kyeong-rye"（敬礼）的口令。

3. 准　备

右手掌屈臂抬至右耳处，左脚向前一步成左前弓部，右臂迅速向前伸直，略高于腰部，同时发出"Joon-bi"（准备）的口令，左手握拳自然下垂。

4. 开　始

从"准备"姿势略收左腿，两臂在胸前张开，然后迅速向中间合拢，同时发出"Shi-jak"（开始）的口令。

5. 分开/结束

左腿向前一步成左前弓步，发出"Kal-yeo"（分开）或"Ke-man"（结束）的口令，同时右手迅速劈下，动作同"准备"动作。

6. 继　续

右手直臂平伸，迅速屈臂，至右耳处，同时发出"Kye-sok"（继续）的口令。

7. 宣告胜负

主裁判发出"立正/敬礼"的口令和手势，令双方行礼。

青方获胜时，主裁判右手握拳屈臂至胸前后手掌伸开向右上方迅速举起，同时发出"Chung Seung"（青胜）的口令。

另外一侧手臂握拳自然下垂。

当红方获胜时，主裁判出左手作同样动作，并发出"Hong Seung"（红胜）的口令。

8. 计　时

用右手食指指向计时台，并发出"Kye-shi"（计时）的口令。

9. 暂　停

伸出两手食指交叉成X型，并发出"Shi-gan"（暂停）的口令。

10. 读　秒

双手握拳，按右手拇指到左手小指的顺序依次伸直，开始读秒并显示给运动员，当读到"5"和"10"时掌心要面向运动员。

11. 接触行为

右手伸开，五指并拢，屈右臂使右手贴近左肩。

12. 消极行为

双手相向握拳，屈臂至胸前成一直线，向两侧分开再合拢两次。

13. 攻击行为

左掌屈臂举起至肩高，以右拳面击左掌一次。

14. 不当行为

竖起右手食指屈臂举至嘴唇前。

15. 判罚警告

发出"Kal-yeo"（分开）口令后面向犯规者，伸出右手食指指向该运动员，并发出"Seung"（青）或"Hong"（红）的口令，然后作出犯规行为的相应手势（如攻击行为），右后握拳曲肘至左肩，再用力挥出食指，并发出"Kyong-go"（警告）的口令。

16. 判罚扣分

发出"Kal-yeo"（分开）口令后，裁判将运动员带到比赛开始的地方，面向犯规者伸出右手食指指向该运动员，同时发出"Seung"（青）或"Hong"（红）的口令，然后作出犯规行为的相应手势，成立正姿势，右臂伸直，食指上指，并发出"扣分"（Gam-jeom）的口令。

第十四章

游泳俱乐部

知识树

第一节　游泳俱乐部课堂教学

一、游泳运动概述

（一）游泳运动的起源与发展

人类的游泳活动源远流长，其产生与人类社会的生产劳动、生活娱乐及战争等紧密相连。它是在人类征服自然、改造自然的生产劳动中产生，在满足人们的娱乐、竞争中发展起来的。

原始人狩猎时，为求取食物而登山涉水，在与人或兽的战争及格斗时，游泳是最基本的技能之一。

游泳百科

随着国家的出现，古代国家发生战争时，利用水作为攻战手段，或利用泅水潜行破坏敌人的防守，配合步兵和骑兵作战。18 世纪，欧洲军队中开始建立游泳学校。不难看出，自古以来，游泳在军队中就占有极重要的地位。

古代波斯在军事训练时，游泳是强制实施的项目。古希腊关于水中活动的资料很丰富，不少古希腊文物与作品中，有许多与游泳有关的实物与记述。在希腊索伦法律中，曾规定儿童需要学习希腊文与游泳。社会上有流行讽刺愚者的谚语："他既不能文，又不能游泳"，足见他们对游泳的重视。

在我国，有文字记载的游泳活动始于春秋时期。从古代大禹治水及各朝代水师设置的资料中可以推断，各时期的水中活动技能都已有相当水准。近代海军训练有游泳课程，黄埔军校的资料记载中也有游泳科目。随着社会的发展，竞技游泳在城市中开始流行。

随着生产力的发展，人类生活水平的提高，游泳又与娱乐紧密地联系在一起，这是游泳获得发展的又一个重要原因。

（二）游泳运动的锻炼价值

游泳是在水中进行的运动项目，因而它有着与陆上运动项目截然不同的特点，参与该项运动具有重要的现实意义。游泳运动不仅是一项竞技运动项目，还是一项很有实用价值和锻炼价值的健身运动，对于强身健体、健美体形、防病治病以及丰富人们的精神文化生活，培养人的意志品质等均有积极的作用。

游泳对于提高人的心肺功能有着显著作用。游泳运动员的肺活量可达 5000 ～ 7000 毫升，呼吸差可达 14 ～ 17 厘米，而一般人的肺活量为 4000 毫升左右，呼吸差为 4 ～ 8 厘米。运动员安静时的心率为 40 ～ 45 次/分。游泳还可以使血管壁的弹性加强，毛细血管量增加，明显提高血管系统功能。游泳能有效地增强人体的免疫功能，提高人体对疾病的抵抗力。游泳时，水能对身体起良好的按摩作用，经常游泳者大量地消耗体内多余的脂肪，皮肤就会光滑、健美而富有弹性，促使体型匀称、协调地发展。游泳运动对人的意志品质和拼搏精神的培养也有独特的作用。

二、游泳的基本技术

（一）游泳的基本训练

1. 熟悉水性

在浅水池中玩耍，让水和身体进行亲密的接触。但要注意：当水的高度超过胸的位置时会产生恐惧感，这时应当保持冷静，踩住池底不要随意乱动。

2. 学习呼吸

深吸一口气憋住，把头埋进水里，用嘴慢慢吐气，同时慢慢抬头，当嘴接近水平面时猛地吐气把水吹开，当嘴离开水面后再大口吸气，反复练习这套动作。（图 14-1-1）

3. 学会漂浮

首先在泳池中让自己站住脚，不能让水淹没脖子，深吸一口气，把头埋进水里憋住气不动，然后双手抱住双膝，慢慢地放松双手使四肢完全漂浮在水中，感受一下漂浮。（图 14-1-2）

熟悉水性

图 14-1-1

图 14-1-2

（二）蛙　泳

腿是游泳的基础，蛙泳腿部动作有 4 大步骤：收腿、翻脚、蹬夹、滑行；5 大关键：收、翻、蹬、夹、停。

1.腿部练习

（1）陆上模仿练习。

跪撑翻脚压腿：两腿分开，两脚勾脚外翻，小腿和脚内侧着地，跪于地上，两手后撑，缓缓向下振压。（图 14-1-3）

坐撑模仿：坐于地上或池边，下肢置于水中，两手后撑，模仿蛙泳腿部动作，按照"收、翻、蹬、夹、停"5 步进行练习。（图 14-1-4）

图14-1-3

图14-1-4

（2）水中练习。

俯卧练习：俯卧在池边，下肢置于水中，两手臂伸直，做蛙泳腿的模仿练习——收、翻、蹬、夹、停。练习时注意收腿时抬头吸气，蹬腿时埋头呼气，一定要勾脚尖"蹬"水。（图 14-1-5）

图14-1-5

俯卧水中，做蛙泳腿的蹬腿练习——收、翻、蹬、夹、停（图 14-1-6①）练习时注意蹬腿的节奏——"收、翻"慢，"蹬、夹"快。收腿抬头吸气，蹬夹埋头呼气。（图 14-1-6②）

蛙　泳

①　　　　　　　　　　　　　　②

图14-1-6

各行各业对身体素质的要求各不相同，游泳是上肢、腰腹和腿部活动较多的运动。建议：建筑施工类、烹饪专业、机械制造专业以及长期伏案等领域的工作者适合游泳运动。

"自由"发挥的游泳赛：1896年首届奥运会游泳比赛报名的人很多，参加比赛的人却很少。200米比赛仅报名9人，参赛的5人；500米比赛报名29人，来比赛的只有3人。比赛开始以后，裁判员先用小轮船将运动员载离海岸，发令员们看到距离差不多了，就发令让运动员们往回游，不要求泳姿。

2. 手臂练习

划水练习：站立在水中，手臂伸直，身体前倾使整个手臂完全浸泡在水中，划水时掌心向外两手分开，边划边屈肘，最后两小臂靠拢，掌心向下、手臂前伸。划水和呼吸的配合：两臂外划分开时抬头吸气，手臂前伸时埋头吐气。（图14-1-7）

3. 完整配合

动作要领：一般采用划一次臂、蹬一次腿、呼吸一次的配合。两臂外划时腿不动，抬头吸气；小臂靠拢时收腿，闭气；手臂向前伸时蹬夹腿，头还原；腿、臂伸直，滑行呼气。学习时首先在陆地上进行模仿练习，然后可以带上浮球在水中进行揣摩学习，体会动作。（图14-1-8）

图14-1-7　　　　　　　　　　　　　　图14-1-8

（三）自由泳

1. 腿部动作练习

自由泳腿部动作，打腿时以髋关节为轴，大腿发力，膝和踝关节放松，大腿带动小腿做上下鞭打动作，腿向上时膝关节伸直，两腿上下活动幅度约35厘米。练习方法如下。

（1）陆上模仿练习：坐在池边或者岸边，两手后撑，两腿向前伸直并拢内旋，直腿做模仿打水的练习。（图14-1-9）

（2）水中练习：手抓水槽或撑住池底，身体呈俯卧或水平姿势，两腿伸直，做直腿或屈腿的打水练习。（图14-1-10）

图14-1-9　　　　　　　　图14-1-10

2. 手臂动作和手臂与呼吸配合的学习

先直臂划水，入水点尽量前伸，两臂划水动作要连贯。练习方法如下。

（1）陆上模仿练习。（图14-1-11）

·地两腿开立，上体前倾做直臂划水模仿练习。

·同上练习，要求划水时做屈臂的动作，移臂时肘高于手。

·呼吸练习。两腿开立，上体前倾，两手扶膝，做向侧转头吸气练习。

·臂与呼吸配合练习。同侧臂开始划水时呼气，推水时转头吸气，吸气后头迅速转回，手再次入水。

体前倾直臂划水练习　　　上体前倾直臂吸气练习　　　臂与呼吸配合练习

图14-1-11

（2）水中练习。（图14-1-12）

·站立浅水中，做划水练习。

·两臂配合练习。扶板打水，单臂划水，向同侧转头呼吸。

蹬池边滑行后，腿轻轻打水或大腿夹住浮器帮助下肢浮起，身体浮起平衡，做单臂划水动作。

划水练习　　　　　　　单臂划水

图14-1-12

（3）完整配合动作的练习。

开始时，不要过于强调臂、腿动作的准确性，而应着重于动作配合的协调性和练习时动作的放松。

三、游泳竞赛规则简介

奥运会游泳比赛中，200米以下个人项目（含200米）进行预赛、半决赛和决赛；400米以上个人和接力项目进行预赛和决赛。运动员和接力队根据报名成绩分组进行预赛，根据预赛成绩排名进入半决赛或决赛。

预赛成绩前16名进入半决赛，半决赛成绩前8名进入决赛。在设有8条泳道的游泳池内比赛时，同一组成绩最好的运动员或接力队，应安排在第4泳道。其他运动员或接力队按成绩的优劣以5、3、6、2、7、1、8泳道的顺序进行安排。接力比赛以队为单位，每单位可在报名参加比赛的同组运动员中任选4人参加接力比赛。在预、决赛中参加者可任意调换，但接力名单报送后擅自颠倒棒次或更换运动员均判为犯规。

（一）出发和到边

在奥运会游泳比赛中，任何一个运动员在出发时抢跳犯规都会被取消比赛资格。自由泳、蛙泳、蝶泳及个人混合泳的各项比赛必须从出发台起跳出发，仰泳项目在水中出发。当总裁判员发出长哨音信号后，运动员应站到出发台上（仰泳项目运动员下水，在总裁判员发出第二声长哨时迅速游回池端，在水中做好出发准备），当发令员发出"各就位"的口令后，运动员应至少有一只脚在出发台的前缘做好出发准备，手臂位置不限。当所有运动员都处于静止状态时，发令员发出"出发信号"（鸣枪、电笛、鸣哨或口令）。运动员在听到"出发信号"后才能做出发动作。在自由泳和仰泳比赛中，到达终点时运动员可以只用一只手触壁，而在蛙泳和蝶泳比赛中，必须双手同时触壁。

项目设置

装备

场地

出发

（二）转　身

奥运会游泳比赛使用的是 50 米长的标准泳池。所有距离在 50 米以上的比赛都必须在途中折返。转身时，自由泳和仰泳允许运动员使用身体的任何部分触及池壁，这就允许运动员在水下转身后，用脚去蹬池壁。转身的一个例外规则就是在个人混合泳当中，从仰泳转换泳姿到蛙泳时，运动员必须保持仰泳的姿势直到触及池壁。

转身

（三）计　时

所有游泳运动员的比赛成绩和名次都是由自动计时装置决定的。运动员出发时，出发台上的压力板将记录数据。每条泳道两端都装有触板，当运动员触壁时也会被记录。由于触板和出发台是互连的，因此可以判断参加接力比赛的运动员是否是在其队友触壁以后才入水的。接力比赛中，如果任何一个运动员在其队友触壁 0.03 秒之前离开出发台，这个队将被自动取消比赛资格（运动员可以在队友触壁的时候做出发动作，但是脚必须接触出发台）。

计时

结束

第二节　游泳俱乐部课外教学

一、游泳的安全卫生常识

游泳是一项深受人们喜爱的体育活动，游泳具有调节人体机能和增强抵抗力等作用，是男女老幼都适宜的健身运动。在进行游泳活动时，要自觉遵守游泳安全和卫生守则，防止发生意外事故和传染疾病。

选择安全卫生的人工游泳场所，池水经常消毒、排污和过滤，清晰度较高。

游泳前严格体检，患有心脏病、高血压、癫痫、活动性肺结核、传染性肝炎、红眼病、精神病、中耳炎、发烧或开放性创伤者，都不宜游泳。妇女月经期游泳要采用卫生措施，未采取措施不宜下水。

饮酒、饱食后和饥饿、过度疲劳时不能游泳。

游泳前要做准备活动，它能使身体更好地适应温差的刺激和游泳活动的需要，防止抽筋、拉伤。

游泳时最好戴上泳镜，以免双眼氯气侵入或细菌感染。

游泳时应掌握正确的呼吸方法，用嘴吸气，避免呛水。

游泳时耳朵进水，应将头偏向进水一侧，并用同侧的脚连续震跳，使水流出，

短池锦标赛

锦标赛

或者将头偏向进水一侧，用手掌紧压耳廓，屏住呼吸，然后迅速拿开手掌，反复几次后，可将水吸出。

游泳时发生肌肉抽筋，要保持镇静，不要紧张。在浅水或离岸较近时，应立即上岸进行处理；在深水或离岸较远时，应大声呼救，同时进行自救。

二、游泳救护

（一）接近溺水者

接近溺水者：指救护者在发现溺水情况后，由岸（船）边跳入水中准备赴救的过程。

（1）入水方法分两种：在熟悉的水域或游泳池，可用鱼跃式（头先入水）的出发动作，其优点是速度快（图14-2-1）。在不熟悉的水域，可用"八一"式（跨步式）动作。（图14-2-2）

（2）游近溺水者：指救护者在入水后迅速靠拢和控制溺者并做好拖带准备的过程。一般采用速度较快的抬头爬泳，也可采用头不入水的蛙泳，以便观看溺者。

（3）游到离溺水者2～3米处时，深吸一口气，采用潜深技术接近溺水者，以保证自身体力。若溺者面向自己，则潜入水中，游到溺者身旁两手扶住他的髋部，将他转至背向自己，然后进行拖带。另一种方法是正面游近溺者后，用左（右）手握住他的左（右）手，用力向左（右）边一拉，借助惯性使溺者身体转180°背向自己，然后进行拖带（图14-2-3）。若溺者背向自己，可直接游近溺者急停后，一手托腋，使其口鼻露出水面，一手夹胸做好拖带准备，并有效地控制对方。

（二）水中解脱法

水中解脱法是救护者在接近或寻找溺者时被溺者抱住后施行解脱，并进行有效控制溺水者的一项专门技术。

图14-2-1　　　　　　　　　　图14-2-2

图 14-2-3

（1）虎口反抓解脱法：虎口是指拇指与食指之间的部位。救生员的臂部（单臂或双臂）被溺水者抓住时，可握紧双拳向溺者的虎口方向外旋，肘内收并紧接着反抓溺者的右肘和右前臂，同时将溺水者右臂拧向背后，使其背向自己，随即拖运。（图 14-2-4）

（2）托肘解脱法：当溺水者从前或后面抱住救生员的颈部，救生员用一手托住溺水者一肘部，另一手握住溺水者同一手腕，同时将托肘部的手用力向上推，抓腕的手用力向下拉，即可解脱，进行拖带。（图 14-2-5）

图 14-2-4　　　　　　　　　　　　　　图 14-2-5

（3）推扭解脱法：当被溺水者从前上方拦腰抱住时，救生员一手按住溺水者的后脑勺，另一手托住溺水者的下颌，向外扭转他的头，并顺势把溺水者转至背向自己，然后进行拖带。（图 14-2-6）

（4）扳指解脱法：即救生员用右手扳动溺水者右手一指，用左手抓住溺水者左手的一指分别向右、向左用力拉开（图 14-2-7），然后放开溺水者的一只手，乘势转至溺水者背后进行拖带。

（5）外撑解脱法：当被溺水者从背后连同两臂拦腰抱住时，救生员两腿用力下蹬夹水，连同溺者一起在水中升高身体位置。当头出水后深吸口气，然后突然下沉，同时用两臂向外撑的方法进行解脱（图 14-2-8），随后转到溺水者背后进行拖带。

（三）拖带法

拖带法是指救生员采用侧泳或反蛙泳进行水上运送溺者的一项专门技术。

图 14-2-6　　　　　　图 14-2-7　　　　　　图 14-2-8

（1）侧泳拖带法：是指救生员侧卧水中，一手扶住溺水者，另一手在体侧划水，两腿做侧泳、蹬剪水的动作前进（图 14-2-9）。另一种是一手抄腋下，同侧髋部紧贴溺水者的背部，另一手在体侧划水，两腿做侧泳蹬剪水动作。（图 14-2-10）

图 14-2-9　　　　　　　　图 14-2-10

（2）反蛙泳拖带法：是指一手或两手扶住溺水者，以反蛙泳腿的动作使身体前进。拖带时，一种是仰卧水面，两臂伸直扶住溺水者的两颊，腿做反蛙泳动作使身体前进（图 14-2-11）。另一种是仰卧水面，两臂伸直，以两手的四指挟着溺水者的两腋下，大拇指放在肩胛骨上，腿做反蛙泳动作使身体前进。（图 14-2-12）

图 14-2-11　　　　　　图 14-2-12

三、肌肉痉挛自救

　　肌肉痉挛是游泳运动中经常遇到的一种突发状况。解决肌肉痉挛的有效方法，就是想方设法将痉挛部位的肌肉拉长伸展，然后配合按摩使痉挛缓解。下面介绍几种肌肉痉挛的解救方法。

（一）手指肌肉痉挛解救法

先将手握拳握紧，然后用力伸开，伸直。反复几次，痉挛就能消除。（图 14-2-13）

（二）小腿后面肌肉痉挛解救法

先伸直患腿，一手按住膝盖或小腿部位，踝关节屈，一手抓住脚趾用力后扳并蹬直患腿（大腿后面肌肉痉挛解救法与此相同），反复几次，痉挛就能消除。（图 14-2-14）

图 14-2-13   图 14-2-14

第十五章

武术俱乐部

知识树

第一节　武术俱乐部课堂教学

一、武术运动概述

（一）武术的起源与发展

中华武术，源远流长。它有着悠久的历史和广泛的群众基础，是中华民族在长期生活与斗争实践中逐步积累和发展起来的一项宝贵文化遗产。在原始社会，工具简陋，生产力低下，庞大而凶猛的野兽对人类的生存是一个主要威胁。人们为了生存不得不到处流动，从事采集和狩猎活动。狩猎是原始人类为了维持生存必需的活动。严酷的生活条件，迫使人类不断地改善自己的体力和智力，并在集体劳动过程中发展徒手或简单武器的攻防格斗技能，如拳打、脚踢、躲闪、跳跃、摔跌等。这就是拳术的萌芽。可见，武术起源于生产劳动。春秋战国以前出现的学校，把射箭、驾车、习舞干戈列为教育内容之一。春秋战国以后，列国争雄图霸，很重视技击术在战争中的运用，招募全国武艺超众者来训练军队。秦汉时期盛行角抵、手搏、击剑等。唐朝开始实行武举制，对开展竞技武术有很大的促进作用。宋元时期，以民间结社的武术组织为主体的民间练武活动蓬勃发展，明清是武术大发展时期，各种流派林立，拳种纷呈。民国时期，民间出现了许多拳社、武士会、体育会等武术组织，如1910年上海成立了"精武会"，1918年成立了"中华武士会"。1928年南京成立了中央国术馆。1936年中国武术队赴柏林奥运会参加表演，受到热烈欢迎。中华人民共和国成立后，武术成为社会主义体育事业的一个组成部分，中国共产党和人民政府非常重视和关怀中华民族传统体育，使武术得到了蓬勃发展。

武术是我国各级学校体育教学的内容之一。一方面通过武术课的教学，使学生掌握武术基本知识，基本技能；另一方面通过课外活动和组织武术代表队进行专门训练，以满足学生学习武术的兴趣。一些大中专院校还成立了院校武术协会和各种武术研究会，利用业余时间从事武术科学研究。为了能使中华武术走出国门，迈进奥运会，国家体委做了很多工作。早在1957年，国家体委就将武术列为体育竞赛项目。1984年经国务院批准设立武术硕士学位，1991年在北京举行了第1届世界武术锦标赛。1993年国家体委决定，今后我国非奥运项目只保留一个——中华武术。

（二）武术的锻炼价值

1.提高素质，健体防身

系统地进行武术训练，对人体速度、力量、灵巧、耐力、柔韧等身体素质的要求较高，人体各部位"一动无有不动"，大多数参加运动，使人的身心都得到全面锻炼。实践证明，武术运动对外能利关节、强筋骨、壮体魄，对内能理脏腑、通经脉、调精神。武术运动讲究调息行气和意念活动，对调节内环境的平衡、调养气血、改善人体机能、健体强身十分有益。武术的搏斗运动，通过攻防技术练习，拳打、脚踢等快速动作的运用，并在交手中互相扬长避短，攻彼弱点，避彼锋芒，讲究得机、得时、得势，从而提高判断力和应变能力。这无疑能提高人们克敌制胜和防身自卫的能力。

2.锻炼意志，培养品德

武术训练能培养吃苦耐劳、砥砺精进、永不自满的品质，同时又能锻炼勇敢无畏、坚韧不屈的战斗意志。经过长期锻炼，可以培养人们勤奋、刻苦、果敢、顽强、虚心好学、勇于进取的良好习性和意志品德。"未曾习武先学礼，未曾习武先习德"，尚武崇德不仅能很好地陶冶情操，还会大大有益于社会精神文明建设。

3.竞技观赏，丰富生活

武术具有很高的观赏价值，赛场上运动员斗智斗勇的对抗性项目及刀飞剑舞的套路演练，都会引人入胜，给人以美的享受，给人以启迪教育和乐趣。

4.交流技艺，增进友谊

互教互学，以武会友，切磋技艺，讲礼守信，能交流思想，增进友谊。武术通过体育竞技、文化交流等途径，在与世界各国人民友好交往中发挥着越来越大的作用。

二、武术基本功

（一）手 型

手型如图 15-1-1 所示。

手 型

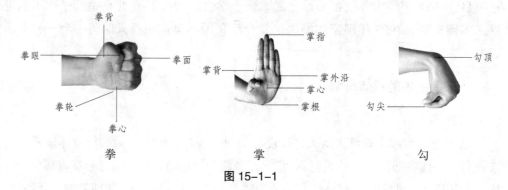

拳　　　　　掌　　　　　勾

图 15-1-1

（二）手 法

手法如图 15-1-2 所示。

手 法

抱拳和冲拳　　　架 拳　　　推 掌　　　亮 掌

图 15-1-2

（三）步 型

步型如图 15-1-3 所示。

步 型

弓 步　　　马 步　　　仆 步　　　歇 步　　　虚 步

图 15-1-3

（四）腿 功

腿功如图 15-1-4、图 15-1-5 所示。

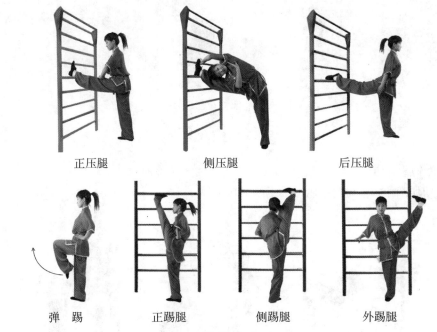

正压腿　　　　　　侧压腿　　　　　　后压腿

弹 踢　　　　正踢腿　　　　侧踢腿　　　　外踢腿

图 15-1-4

仆步压腿　　　　竖叉　　　　　　横叉　　　　正搬腿

图 15-1-5

（五）腰 功

腰功如图 15-1-6 所示。

俯 腰　　　　　　　　　甩 腰

图 15-1-6

正压腿

侧压腿

后压腿

正踢腿

侧踢腿

仆步压腿

竖叉

正搬腿

俯腰

甩腰

涮腰

肩功

涮　腰

图 15-1-6（续）

（六）肩　功

肩功如图 15-1-7、图 15-1-8 所示。

压　肩

图 15-1-7

握棍转肩　　　　　　　绕　环

图 15-1-8

三、咏春拳

（一）咏春拳简介

咏春拳是少林拳之南拳的一个分支，早年流行于广东、福建各地。此拳初传于福建永春县，为该县严三娘所创，以地名为拳名，故名"永春拳"。亦传此拳由五枚师太所创，后传授与弟子严咏春，故名"咏春拳"。此拳主要手型为凤眼拳、柳叶掌，拳术套路主要有小念头、寻桥和标指3套拳及木人桩。基本手法以三傍手为主，还有挫手、撩手、破排手、沉桥、粘打。主要步型有四平马、二字马、追马、跪马、独立步等。它是一种集内家拳法和近打于一身的拳术。它立足于实战，具有招式多变、运用灵活、出拳弹性、短桥窄马，擅发寸劲为主要特点，以大闪侧、小俯仰、耕拦摊膀、摸荡捋和曲手留中的手法，以搭、截、沉、标、膀、腕指、黏、摸、熨荡、偷、漏和"二字钳羊马"的身形步法为标志，凭借手桥肌肤灵敏的感觉，发挥寸劲力量的内家拳法。

著名武打演员李小龙曾跟随叶问系统地学习过咏春拳，可以说，李小龙创立的截拳道与咏春拳有着密不可分的关系。叶问所培养的咏春弟子中人才济济。其中出名的有：梁相、骆耀、徐尚田、黄淳梁（梁、骆、徐、黄四人后被称为叶问在香港的四大弟子）、梁绍鸿（美国海豹突击队执教7年）、朱国宪（大陆咏春大师）、何金铬、招允、卢文锦、王乔、伦佳、李小龙等。

（二）咏春拳技击原理解析

目前，欧美许多国家的军警部队都把咏春拳列为他们的必修课目。这些身高马大的外国人为什么会钟情于这种"短桥窄马"的功夫呢？原来，他们的观念与国人有所不同。他们所追求的是"实战作用"，而我们则崇尚的是表演效果。他们既然所追求的是实际的打斗效果，那么特别适合无武术基础的人修习的咏春拳便成了他们的最佳选择。能将毫无武术基础的人在极短的时间内训练成为格斗高手，咏春拳肯定有它自身极为显著的特点，当然这也是本节所要阐述的重点。

1. "守中用中"的运用

我们都知道，每个人都会有一条从正面百会穴正直下行至人中穴、咽喉、心窝、丹田，直至地面的中心线（图15-1-9），简称为"中线"。咏春拳为什么提倡"攻守抢中线"呢？一是因为"中线"是人体上的重心线，如果破坏了人的重心线，人自然会失去重心而倒地；其次是因为人体大多数的要害部位都集中在"中线"上，所以有效地打击对手的"中线要害"，也是击倒或击败对手的捷径。当然，正因为攻击对手"中线部位"可轻易将其击倒或击伤，那么你在攻击敌方中线要害的同时更要注意守护好自己的"中线要害处"，这就是咏春拳或是截拳道中的"守中用中"，也是咏春拳中最基本的核心指导理论。如果不谙"中线"之原理，则很难臻至咏春拳之最高境界。从图15-1-10至图15-1-12中可以看到，无论手法怎么变化，但对"中线"的守护则始终不变。

我们都知道咏春拳是一种高度技巧性的拳术，它的关键就在于一个"巧"字，而"攻守抢中线"便已将这个"巧"字发挥到了极限，因为即便是一个体形瘦小的人，倘能在搏击中有效击中对手的"中线要害"的话，亦能迅速制敌。当然，真正的咏春拳高手还能在对手"拳抢中线"的同时，"后发先至"而反"抢"敌"内门"，即以我方的"中线动作"将对方的手臂从"中线"上"挤"出，而使对方的攻防动作只能处于外围。这一技击特点在咏春拳中又叫"里帘必争"，当然这也是有科学上的道理的。

从另一个方面来讲，如果我方已经严密地保护住了自己的"中线"，那么对方便无法发起其威力强猛的直线攻击动作，而只能以速度较慢的弧线形攻击动作从侧面（两侧）攻来，这样一来便延长了其攻击距离，同时亦延长了其作用时间，自然也就降低了其攻击效率，而我方则可有足够的时间作出反应并进行有效的迎击或防御，而且我方在防御的同时仍可由"中线"直插进去而果断重击对手。（图15-1-13、图15-1-14）

图15-1-9　图15-1-10　图15-1-11　图15-1-12　　　图15-1-13　　　　　图15-1-14

2."经济节约线"原理的运用

所有与李小龙交过手的技击家无不惊异于他快如闪电般的惊人攻击速度。据他自己解释，他的动作之所以往往可以快人一步，取决于以下两个方面：一方面通过反复训练与不断地快速击打来练习速度；另一方面他所使用的动作本身便已决定了它将拥有极快的速度。李小龙为什么会这么说呢？原来，无论是咏春拳还是他后来所独创出的截拳道，都以那种简单、直接、强劲、快速的直线攻击动作为主（攻击动作通常分为"直线攻击动作"和"弧线形攻击动作"两种），原因是由"直线"攻出的动作所走的路线最短，与那些弧线形动作相比，它节省了大量的运动时间与运行距离，在这种情况下，就算对手抢先发起攻击，而我方却仍可后发先至迅速准确地击中对手。（图15-1-15至图15-1-17）

如果把前面的"攻守抢中线"同这里直截了当的、省时省力的"直线攻击法"相结合起来，便可得到这样一个理念：咏春拳的攻击动作之所以令人防不胜防，是因为它是由最短的路径去直接创击对手的"中线要害"或是距离己方最近的目标（图15-1-18），从而大大增加了对手对此类动作作出反应的时间与难度，此类动作的威胁性就犹如手持一柄利剑去直刺敌咽喉或心脏一般（西洋剑术都是把主攻手放在前面，以增大攻击的突发性，这一点与咏春拳的格斗风格不谋而合）。这种威胁是令人胆颤心惊的。

图 15-1-15　　　　图 15-1-16　　　　图 15-1-17　　　　图 15-1-18

　　因为咏春拳的攻击动作贯穿了省时、省力、短促、突然的原则，所以才被冠上了"经济节约线"的名号。当然，这种科学而合理的原理与原则是咏春拳所独有的，最起码咏春拳也比别的拳派更加注重此等原理的运用与发挥。咏春拳中的"后发先至"并非一定要求练习者做到，而是咏春拳本身的技术结构注定了它可以做到这样。

　　3."内外门"原理的运用

　　可能大家都听说过"手是两扇门，全凭腿打人"这句著名拳谚，那么这个"门"又到底是如何运用的呢？首先它起到一个防守的作用，不过相对于咏春拳来说，它所起到的作用好像更大一些，或者说在运用上划分得要更详细一些。

　　通常可把人体划分为两种：即"内门"与"外门"，一种是处于两手臂之外的称为"外门"，两手臂之内的则称为"内门"（图 15-1-19）。在此种"内外门"之中，当对手的攻击处于外门时我方则根本不用理会。另一种"内外门"原理是：把向前伸出的手臂之前半部分称为"外门"，后半部分即上臂部分称为"内门"。这种内外门之分是以自己的肘关节为界的（图 15-1-20）。在实战运用时，对于对方任何攻向外门的打击动作皆用己方前手来格挡。同样的道理，对于对方任何攻向己方内门的动作皆用后手来防御。也就是说，前手主要用来防御外门攻击，后手主要用来防御内门攻击。

图 15-1-19　　　　　　图 15-1-20

　　在实战中，无论对方的招式如何变化，皆不外乎是置于自己的双手之"内门"或"外门"而已。当然，我们应设法使敌双手置于己方"外门"，也就是设法使其双手离自己的"中线要害"远一些，或者说使其攻击偏离自己的身体。这就要求己方的双手应始终占牢"内门"这一关键部位。当然这一要诀也是应与"守中用中"之诀结合在一起运用的，也可以说"守住内门"是"守中用中"的一种延伸。

如果你的双手能够始终守住内门的话，除了可借此屏护住身体上的大多数要害部位外，即使己方在发起攻击时也会快捷许多，因为它也基本上由中线直接发出，故同样可节省时间与距离。格斗讲求的是瞬间的闪电般快速反应，因此哪怕是仅仅快出几分之一秒时间，都可能会抢先击中对手并一击制胜。

4. "四门" 原理的运用

咏春拳给人最大的印象恐怕就是"招法快如闪电"及"手法之防护风雨而不透"了。那么，如何才能做到手法的密集而有效地防护呢？这就需要来研究咏春拳之"挡四门"原理了，在这里且简称为"四门"原理。"四门"，也就是在身体的正面画出一个四方形，然后再在此四方形内划分为4块面积均等的方形区域作为对方攻来时各种格挡法的依据（图15-1-21为李小龙早年所绘）。此"四门"之标准是高不过眉、宽不过两肩、低不过腿。具体标准如下。

（1）前手的上半侧为"高外侧门"：该处主要用来防御攻向己方头部右侧的打击动作，而且无论对方用何种动作（包括拳或掌）向此处攻来时，我方都可用前手迅速将之挡至外侧。（图15-1-22、图15-1-23）

（2）后手的上半侧为"高内侧门"：该处主要用来防御敌方攻向己方头部左侧的打击动作，而且无论对方用何种动作向此处攻来，我方都可用后手迅速将之挡至外（左）侧（图15-1-24、图15-1-25），或挡向右侧（图15-1-26、图15-1-27）。记住，此时须一手防御另一手迅即攻击，也即做到"攻守合一"。在手部格挡的同时，身体尽量不要有左右的摆动动作，以免影响自己的重心平衡。

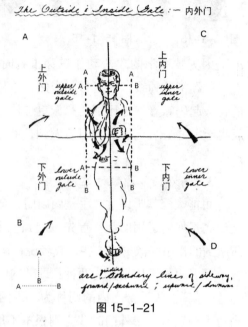

图 15-1-21

图 15-1-22

图 15-1-23

图 15-1-24

图 15-1-25　　　　　图 15-1-26　　　　　图 15-1-27

（3）前手的下半侧为"低外侧门"：主要用前手之外腕部来做短促快速的格挡动作，也就是用来防御对方攻向己方右肋、右腰等右侧要害处的打击动作（图 15-1-28 至图 15-1-30），如可用来防御对方的低位拳法或快速踢击动作。

（4）后手的下半侧为"低内侧门"：主要用来防御对方攻向己方身体左侧要害处的攻击（图 15-1-31）。例如，用来格挡其低位拳法或是中位踢法等，挡触的部位仍然是外腕部（即腕骨之下锋处）。在实战中运用本动作时，应做"双手同步动作"，也就是运用左手的同时，右手亦果断出击并准确击中对手。（图 15-1-32）

图 15-1-28　　　图 15-1-29　　　　图 15-1-30　　　图 15-1-31　　　图 15-1-32

另外，由上述防御动作还派生出了以下较为实用的防护技巧。

（1）低外侧后手挡（图 15-1-33），用左手向右下方去拍挡对方攻来的低位攻击，同时用右手进行反击。（图 15-1-34）

（2）低内侧前手挡（图 15-1-35），用右手向左下方拍挡对方攻向己方低内侧门的攻击动作。此外，亦可将前手拍向左高内侧门，或将左手左脚居前后，而将左手之上半侧变成"高外侧门"去练习。以上动作看起来繁琐，但练习起来却颇为简单，两天就可以掌握。咏春拳的整体的"四门原理"防御技术图，则如图 15-1-36 所示，这是李小龙早年手绘的标准手部格挡技术图解。

图 15-1-33　　　　图 15-1-34　　　　图 15-1-35

5. "不动肘"原理的运用

在咏春拳中，"不动肘"主要是相对于防守而言。当然也并不是说在防御或格挡敌方的攻击之时己方肘部是完全不动的，而是肘部几乎不动或者应尽量少动，仅用手或前臂的动作来完成防御，以避免因己方手臂过大的防御动作而使自身更加暴露。因为，我们都知道"摆桩法"或"戒备势"是防护最严密的姿势，你一旦发出攻击或去做过大的防御动作时，必会将你的手臂对自己相应要害部位的防护放开，从而遭到对手乘虚而入的突然打击，所以说，你的防守动作应恰到好处，肘部尽量不要做幅度较大的动作。当然，"不动肘"最好能和咏春拳的其他要诀结合起来运用，如和"四门"原理配合运用便可称得上是完美结合（图15-1-37）；根据不动肘的原理，手臂及双手的活动范围以"上至眉毛、下至大腿水平线、左右以两肩宽"为限度，在此标准内所构成的"四方形"内肘部当可发挥出最高效能。通过以上讲解，我们可以具体得知"不动肘"将具有以下几个方面的优点。

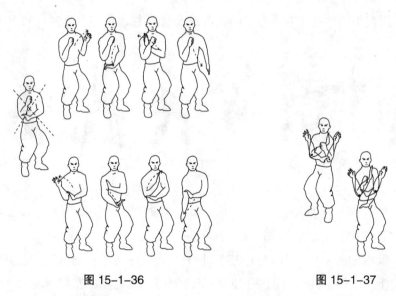

图 15-1-36   图 15-1-37

（1）以肘部为轴而用手臂去进行防御。也就是以肘关节为转轴而用手臂去做恰到好处的防御动作，这样既可以避免自身动作过大，又可以手臂的精简动作去迅速完成防御动作。

（2）肘部不动本身就是对身体的最佳保护。因为，不动肘或肘部屈曲可用来有效地保护与封闭身体上的诸多要害部位，如肋、胸、腰等，同时，手及手臂还可快速地去格挡对手的攻击。

（3）肘部的"台风眼"作用。咏春拳中的"不动肘"原理就同台风的原理一样，它的风眼通常是静止的，但其外围却具有极其强大的威力与破坏力，不动肘的原理亦即以肘部为中心，而手及手臂则可以做任何方向与角度的动作，并由此产生极大地打击威力。在这里，肘部几乎是始终不动，肘部与身体的间隔差不多有10厘米。当然，肘部虽然不动，但作为活动的轴心，却不是僵化的，它可以作为一种辅助手部运动的有效装置。例如，手与腕一旦无法控制对手的动作时，肘部可以作为辅助力量来协助手或腕化解对手的劲道与压力。

（4）肘部不动还可保持咏春拳独有的"肘底劲"的优势而使手部强劲有力地攻出。也就是攻击时直接以肘部为动力并从"中线"上果断攻出，用短促的"瞬间爆炸力"去重创对手或"洞穿"目标。当然，这种中线攻击动作也符合"守中用中"的要求。

6."攻守合一"原理的运用

"功夫之王"李小龙潜心练习咏春拳整整10年（1954—1964年），后来的"振藩功夫"及"截拳道"也仍以咏春拳为根本。那么，李小龙为什么这么重视对咏春拳的修习呢？这实际上仍是由咏春拳的科学价值所决定的。李小龙是个讲求实际效率与注重效果的人，他绝不会对无用的花招虚掷精力，相反他却会对真正有用的东西苦练不辍。正如他自己所说："我的打击动作之所以快，原因之一是因为我合理运用了'攻守合一'的打法，故而会大大提高打击速度。"

别的拳派的动作打法都是先"一攻"再"一防"，或是先"一防"再"一攻"，也就是把一个完整的动作分成了两步或者两个节拍去做，故而动作自然会慢一半，咏春拳的打法则是"在防守的同时便进行反击"（图15-1-38），亦即将别的拳派两个节拍才能做完的动作在一个节拍就可做完，用来节省一半的时间。你说李小龙的打击能会不快吗？搏击的取胜往往取决于关键性的"几分之一秒"或是"几十分之一秒"，所以哪怕是快一点点，你也会占得先机。也可以说，咏春拳或截拳道一出手就具有攻与防两种意义，也就是它们没有单纯的防守，也无单一的进攻，而是"攻中寓防，防中寓攻"。这样一来，说是防护（反击）却又可同时击中对手，说是进攻却又闪开了对手的攻击，总之是攻中有防，防中寓攻，攻不离防，防不离攻，讲求"攻守合一"与"消打合一"。

图 15-1-38

7."长桥寸劲"原理的运用

我们都知道，咏春拳是一种典型的近战拳术。它提倡以短、快、脆、狠的动作于瞬间击倒或重创对手。因为它的动作短快，所以出招迅速突然，所用的时间极短，对手极难防御。你自己可以尝试一下：一种是从50厘米以外攻来的拳法，另一种是从20厘米外攻来的拳法，是不是前者更容易防守一些？因为它的运动轨迹较长，所以你有足够的时间对此做出有效的反应，这样一来，你就知道咏春拳运用"短小"或"短快"招数的秘密了吧。原来它是为了让对手难以防御而去专门设计的。

有人可能会问如果距离短，它发出的拳法之力道是不是就会相对小一些呢？之所以会有这个问题产生是因为大家对咏春拳还不够了解，是因为武术中的劲力大体上可分为两种：一种是快速精彩的短劲，也就是发出前后时间短、速度快、穿透力极强的类似于压缩的弹簧突然弹出时的劲力，这种劲起动的时间短及预动相当小，故对手极难发觉，也不容易防范；另一种则是以腰、腿、胯、肩节节相推顺势涌出的劲力，这种劲运行的距离较长，份量也很重，叫作"长劲"。不过咏春拳所主张运用的是前面的那种"能入里透内"的具有"震荡力"的极强的短劲，无论是截拳道一代宗师李小龙，还是在海外有数千家咏春分馆的梁挺，都以超强的"寸劲拳"而著名。同时，在实战中，运用"寸劲"还有一大优点，那就是一旦攻击落空时不易影响自身的重心平衡。

四、双节棍

（一）操棍的姿势

双节棍有各种不同的操棍姿势。姿势，是在与敌方相对时，从我方的状态看最利于攻防自然的握棍形态。

双节棍通常用的姿势有双手擎天、乌龙翻腾、苏秦背剑和白蛇吐信等4种。其中，实际使用最多的是双手擎天和乌龙翻腾。

1. 双手擎天势

双手擎天势是使用最多的姿势，攻击和防守都适合，上挑下砸，左拦右格，劈打搅扫，进退攻守，均较胜于其他姿势。

双手擎天势是自然姿势（右势），右足在前，左足在后，前后斜线拉开，比肩稍宽，右脚向前一步，脚尖内扣，然后将左脚横放，脚跟略抬，双膝微屈，上体侧对敌方。

双手分别握住A（右手握的棍）、B（左手握的棍）两棍的棍端，拉直使棍平行于地面（或使棍竖起，垂直于地面）棍端意指敌方身体中部。

收腹含胸，背部自然伸直。

目光注视敌方胸膛。

左势姿势与右势姿势动作相同，唯方向相反（图15-1-39）。左、右势均可前、后、左、右移动，也可原位挥动，进行劈、扫击、撩、抽等练习。

2. 乌龙翻腾势

乌龙翻腾势动作简便，移动灵活，出棍极快，是攻守兼备的姿势。从双手擎天姿势的基本要领出发，右手紧握棍手两棍的棍端，手心向内，两棍与地面约垂直靠近右胯旁。（图15-1-40）

3. 白蛇吐信势

白蛇吐信势是攻击用的姿势，不太适合于防守。从双手擎天势的基本要领出发，

将B棍收回右腋下并以右大臂夹紧棍端，左手成立掌向左前方推出。下颌微收，目视前方。（图15-1-41）

4.苏秦背剑势

苏秦背剑势是主动攻击时使用的姿势，不太适合防守。从双手擎天势的基本要领出发，把B棍向前上、向后荡起，左手张开在右肋下接握荡回的B棍，并使铁链紧靠肩部，下颌微收，目视前方。（图15-1-42）

上述基本姿势动作要求：以静止开始，迅速挺身进入对敌方攻击距离。果断、迅猛，力决胜负。身、心、棍融为一体。

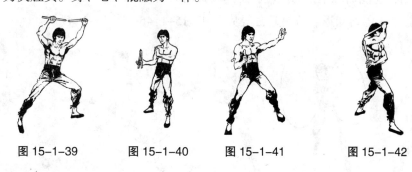

图15-1-39　　　图15-1-40　　　图15-1-41　　　图15-1-42

（二）单双双节棍技法

开始学习双节棍必须循序渐进，切忌操之过急，每个单式必须进行全方位的练习。在单式动作纯熟后，可以将之组合成组合动作而加以练习，以增强其连续性和变化攻击的凶猛威力，但其步法也必须不断根据实战需要而加以变化。在练习中，掌握速度、平衡、时间及打击点的准确性是非常重要的。

单双节棍技法十三式技法如下。

1.流星赶月

动作要点说明如下。

（1）右手握住棍端，在体侧向上向后立圆抡棍（也可向下、向后）。

（2）臂部与肋部距离不可太远，挥动时以手腕发力为主，左右手均需练习。（图15-1-43）

作用：主要用于保护体侧并伺机发起攻击。

此势可接先奏后斩等势。

2.左右逢源

动作要点说明如下。

（1）手握棍端，在体前做横"八"字挥甩，左右手均需练习，其法相同。

（2）臂部及腕部要协调用力，身步配合协调。（图15-1-44）

作用：能保护全身，能攻能守。

此势可接流星赶月、白蛇吐信等势。

3.喧宾夺主

动作要点说明如下。

（1）以食指置于两棍端之间（图15-1-45）执棍，A棍在上，B棍在下。

（2）松开下面三指，运用腕力使B棍弹起到达A棍上方，同时松开的三指立即回收，握住A棍，而原来握住A棍的食指立即翻起，放在A棍上面，当B棍弹起落下时，即上下棍位置互换。A棍和B棍可轮流对换，左右均需练习。

（3）上述动作是在极短时间内进行，一气呵成。

作　用：它能训练手指的反应和迅速收棍的灵活性。

此势可接倦鸟知返、流星赶月等势。（图15-1-46、图15-1-47）

图15-1-43　　　图15-1-44　　　图15-1-45　　　图15-1-46　　　图15-1-47

4.白蛇吐信

动作要点说明如下。

（1）用右腋夹住B棍的一端，右手握住A棍。（图15-1-48）

（2）松开腋窝，手臂前伸的瞬间，右腕立刻运劲将B棍挥弹而出。（图15-1-49）

（3）利用臂腕力量，迅速将棍拉回腋下，并以臂部夹紧（图15-1-50、图15-1-51）。左右手均需练习，其法相同。

（4）棍挥弹而出时，肩、臂、肘、前臂等部位要同时向前弹伸，当棍收回时，肘部要偏离身体一些，以便顺势带引挥出的棍返回腋下。

作　用：此势是极为实用的招式。它可用于攻击对方的头、面、肩、下颌、胸及下阴等部位而难被对方识破。

此势可接先纵后擒、流星赶月等势。

图15-1-48　　　图15-1-49　　　图15-1-50　　　图15-1-51

5.苏秦背剑

动作要点说明如下。

（1）右手握A棍，左手松开（图15-1-52）。右手运劲将棍向身旁前下方挥去，呈立圆打击。（图15-1-53）

（2）待棍去尽时，又运劲向前上方荡起绕环一周回复至右肩上，左手张开伸向右肋后方迎接荡回之棍。左右手交换练习，其法相同。（图15-1-54至图15-1-56）

（3）收回棍后，要把铁链紧靠肩部，才不致打痛自己。

作用：它能自上而下地打击对方头、面、手腕等部位。

此势可接流星赶月、倦鸟知返等势。

图15-1-52　　图15-1-53　　图15-1-54　　图15-1-55　　图15-1-56

6.倦鸟知返

动作要点说明如下。

（1）马步姿势站立，双手握棍。（图15-1-57）

（2）左手松棍使之向下垂落。在棍即将去尽时，右手腕迅速运劲将棍弹起，使之返回左手中，再松开右手轮换进行练习。（图15-1-58至图15-1-61）

图15-1-57　　　图15-1-58　　　　图15-1-59　　　　图15-1-60　　　　图15-1-61

作用：它的作用在于迷惑对方，弄不清你从哪一方进攻，并可打击对方脚、裆、腰、肋和头等部。

此势可接流星赶月、双手擎天等势。

7.射棍势

动作要点说明如下。

（1）右手握棍，双棍必须保持平行，棍与地面平行，不可一高一低，否则对其技术发挥有所影响。（图15-1-62）

（2）劲注右手，以拇指及手掌内缘夹紧下方的棍，以阳劲猛烈将叠在上方的棍疾射而出。（图15-1-63、图15-1-64）

（3）当棍射至尽头，将棍向后拉回，使棍折叠，握于掌中。左右手均需练习，

其法相同。（图 15-1-65、图 15-1-66）

作用：此势为突击对方头脸的杀招。此势可接流星赶月、先奏后斩等势。

8. 雪花盖顶

动作要点说明如下。

挥棍在头顶作平圆旋转，两手分别练习并进行正反两个旋转方向的练习。（图 15-1-67）

作用：此势主要用于保护头部并伺机出击，打击对方太阳穴、脸颊等部位。此势可接流星赶月、左右逢源等势。

图 15-1-62　图 15-1-63　图 15-1-64　图 15-1-65　图 15-1-66　图 15-1-67

9. 翻山越岭

动作要点说明如下。

（1）以自然姿势站立，双手握棍。（图 15-1-68）

（2）松开左手，右手握棍从身后向右前上方荡起至头上方，转动手腕，使棍在右上方打一小弧圈向身体左方荡去。（图 15-1-69 至图 15-1-73）

图 15-1-68　图 15-1-69　图 15-1-70　图 15-1-71　图 15-1-72 图 15-1-73

（3）时腰部迅即向右方微微一旋，手腕上扬使棍向右上方荡去；左手迅即自身前转至背后，握住向背后落下之棍，然后，用同样方法进行另一手的练习。（图 15-1-74 至图 15-1-81）

图 15-1-74　图 15-1-75　图 15-1-76　图 15-1-77　图 15-1-78　图 15-1-79　图 15-1-80 图 15-1-81

（4）当棍挥摆至腰、背部时，要用铁链紧靠背部，同时初练时不可用力过猛，以免受伤。

作用：此势训练身、手协调配合，在上空旋转和借用腰部作支点是扰乱敌方视线和令对方防不胜防的出奇制胜招数。

此势可接雪花盖顶、左右逢源等势。

10. 先奏后斩

动作要点说明如下。

（1）自然姿势站立，双手握棍。松左手，右手前臂上挥上臂后摆，使右手臂成一横线（有如跳板一般）。使上挥向后的棍刚好打在手臂做成的跳板上，使之反弹，如图 15-1-82 所示。

（2）当棍反弹回可纳于手中，也可接着当棍弹起向前时并不收棍，立刻提起右脚相迎，使棍的近链处部分触及大腿，如图 15-1-83 所示。

（3）借着大腿之力，弹棍而起，至头前上方；同时右脚落地，手腕运力，使之返回右手中。（图 15-1-84）

图 15-1-82　　　　　图 15-1-83　　　　　图 15-1-84

作用：此势主要利用棍打着手臂或大腿弹起时的力及身步的配合，出其不意地打击敌人。

此势可接左右逢源、流星赶月等势。

11. 双手擎天

动作要点说明如下。

（1）侧弓步站立，双手握棍上举。（图 15-1-85）

（2）松开右手，左手运力挥棍向左下方作弧形抡扫，随着力点和马步的转移，挥出的棍经体前落到右手再松开左手，进行练习，方法同上。（图 15-1-86 至图 15-1-90）

图 15-1-85　　图 15-1-86　　图 15-1-87　　图 15-1-88　　图 15-1-89　　图 15-1-90

作用：此势主要用于扫击敌人头部、颈脖、肩部、下阴及腰肋等部位。

此势可接威震八方、倦鸟知返等势。

12. 威震八方

动作要点说明如下。

（1）马步站立，双手握棍。（图15-1-91）

（2）松开左手，右手提棍至与颚高（图15-1-92）；同时右手发力将棍在体前呈横"八"字挥甩。（图15-1-92至图15-1-95）

（3）当棍向左方落下至左腰部时，以左手纳之，恢复至原来姿势。左右手均需练习

图15-1-91 　　图15-1-92

（图15-1-96至图15-1-98）。此势要求较强的腕力，如腕力不足者，初期不可过度用力。

图15-1-93 　 图15-1-94 　 图15-1-95 　 图15-1-96 　 图15-1-97 　 图15-1-98

作用：它主要用于保护全身、打击对方。

此势可接流星赶月、左右逢源等势。

13. 先纵后擒

（1）弓步站立，右手握棍，另一棍夹于右腋下。（图15-1-99）

（2）右臂内旋，向右下发出其中一节；同时右脚后撤一步，然后右手向右侧移动，并向上环形抽甩棍节，右脚同时前移。（图15-1-100、图15-1-101）

（3）当棍环行至下行轨迹时，右脚撤回；向后再向前圆形抽甩双节棍，同时右脚再前移；当棍绕完360°时，肘部微张，顺势将棍收回腋下。然后左右手交替练习。（图15-1-102至图15-1-107）

图15-1-99 　　 图15-1-100 　　 图15-1-101 　　 图15-1-102 　　 图15-1-103

图 15-1-104　　图 15-1-105　　图 15-1-106　　图 15-1-107

作用：此势是左右逢源与流星赶月的混合招式，能连续打击对方。

此势可接倦鸟知返、白蛇吐信等势。

（三）双双节棍技法六式

1. 大鹏展翅

动作要点说明如下。

双手分握双双节棍置于身体两侧，约与肩同高，双棍一齐由后向前作弧形挥动。稍停，作反方向由前向后弧形挥动练习。（图 15-1-108）

作用：同流星赶月势。

2. 双龙出海

动作要点说明如下。

（1）双手分握双节棍各一对，夹于腋下。（图 15-1-109）

（2）同时松开夹棍之双臂膀，手腕运劲将棍弹出，同时手臂尽量前伸。（图 15-1-110）

（3）待棍弹至尽头后又立刻收回，回归腋下，回至原来位置再反复练习。（图 15-1-111）

作用：同白蛇吐信势，不过增加了一对棍威力更大，难度自亦提高。

此势可接大鹏展翅、猛虎下山等势。

3. 蛟龙翻江

动作要点说明如下。

（1）双手分握棍一对，身体自然站立。（图 15-1-112）

（2）双手以拇指夹住其中一棍，松开扣住另一节棍的其余四指，同时双臂向上、后挥棍，使之刚好打在大臂上并被反弹，借反弹之力，再运劲使双棍向身旁前下方挥甩。（图 15-1-113）

（3）当双棍至尽头后又运劲向前上方荡起，再顺势收回至开始状态。（图 15-1-114）

作用：其作用同先奏后斩势。

此势可接大鹏展翅、罗通扫北等势。

图 15-1-108　图 15-1-109　图 15-1-110　图 15-1-111　图 15-1-112　图 15-1-113　　图 15-1-114

4. 罗通扫北

动作要点说明如下。

（1）预备势，自然站立，双手各持一双节棍。

（2）左脚前进一步，重心前移，两手持棍向两侧一前一后挥摆（右手向前，左手向后）。（图 15-1-115）

（3）右脚提起，上体左转，同时右手持棍经体前向左上方平抢，左手持棍向后下方平抢。（图 15-1-116）

（4）左脚蹬地跳起，身体向左后转，左脚随体转后摆落地，左右手持棍抢甩一周，回复至开始状态。（图 15-1-117）

（5）双棍抢甩时要互相拉开，身形与棍要协调。

作用：其势威力很大，能横扫对方腿、腰、肋等部位。

此势接狂龙乱舞等势。

图 15-1-115　　　　　　　图 15-1-116　　　　　　　图 15-1-117

5. 猛虎下山

动作要点说明如下。

（1）预备势同双龙出海。

（2）右手握棍从腋下向斜上方挥甩而出，至尽头后即屈肘将棍收回，并继续用右手持棍正抢一周，使铁链斜压于前臂，右脚同时前移。（图 15-1-118、图 15-1-119）

（3）当棍梢运行至后上方时，上体向左转带使棍经体前向左、向上挥甩。（图 15-1-120）

（4）当棍运行至尽头，随即拉回收于腋下，右脚同时收回至开始状态。再换左手交替练习。（图 15-1-121）

（5）此势动作一定要协调，收棍时肘部微张，以顺势将棍收回腋下。

作用：此势用于打击对方全身任何部位，且隐蔽性很大。

此势可接双龙出海、大鹏展翅等势。

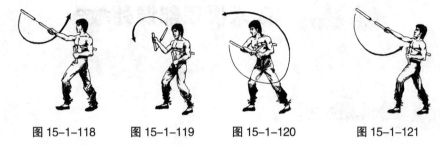

图 15-1-118　　　图 15-1-119　　　图 15-1-120　　　图 15-1-121

6.狂龙乱舞

动作要点说明如下。

（1）两手握棍，约与腰平（图 15-1-122）。其作用同先奏后斩。

（2）两手上举，略高于肩，左右手握棍成"X"形（即左手向右下方，右手向左下方）交叉挥摆。（图 15-1-123、图 15-1-124）

（3）在双手交叉挥至尽头之际，立即转动双手腕，使双棍成"八"字形向身旁左、右下方撇落，回到预备姿势再继续重复练习。（图 15-1-125 至图 15-1-130）

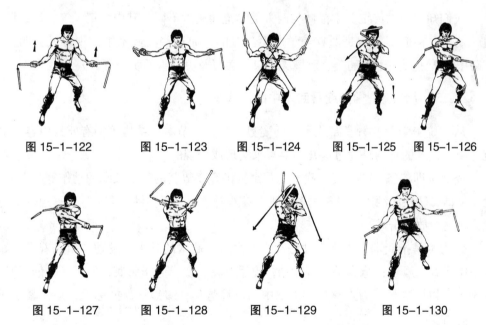

图 15-1-122　　　图 15-1-123　　　图 15-1-124　　　图 15-1-125　　　图 15-1-126

图 15-1-127　　　图 15-1-128　　　图 15-1-129　　　图 15-1-130

（4）此势难度较大，要求手腕灵活，肩膀与身体的距离正确，身形稳定。

作用：此势是双节棍技术的全面运用，故威力很大，保护面部及全身，攻击对方身体各部位。

此势可接大鹏展翅、蛟龙翻江等势。

第二节　武术俱乐部课外教学

一、武术运动欣赏

武术是中国传统文化的重要组成部分，是我国民族体育的主要内容之一，它是中华民族的宝贵文化遗产之一，是民族智慧的结晶。在国外，中国武术被称为"功夫"。长久以来，作为功夫的武术文化在很长一段时间里，成为了世界人民了解中国文化的一个窗口，有很多外国人因为爱上了中国功夫，也爱上了中国。

对武术美的欣赏可以分下面两种。

（一）中国传统美学范畴在武术中的体现

我们知道中国传统美学范畴与西方美学范畴迥然不同。其中如精、气、神、境、道、劲力、神韵等范畴是西方美学所不具有的，而这些在武术中体现得尤为明显。套路中的美主要在于神韵美、意境美、自然美以及美与善的统一等。

（二）从传统美学角度看武术中的形式美

从传统美学角度看套路武术中的姿势、劲力、节奏、结构等特有要素内容。也就是说，武术的神韵是通过这几大要素来实现或表现的。

姿势美即姿态、架势美。武术套路是很讲究姿势美的，如长拳的动作舒展大方，动作灵活，轻快潇洒；少林拳的矫捷刚健；八卦掌的身灵步活，姿势连绵；通臂拳的发力顺达，放长击远等。

劲力美是指武术中丰富的劲法和力度之美。武术的劲力从发劲和招式着眼，如长拳中讲劲力顺达；咏春拳富有寸劲，出手含蓄，要求起于脚底，发于腰，催于肘，达于手。协调顺畅，力点清晰。南拳中的步稳势猛，多短拳，擅标手，动作紧凑而刚劲有力。

结构美即武术、技术、战术的配合组织美。特别是武术套路，因为它按照攻守进退，动静急徐，刚柔虚实等矛盾运动变化规律编排而成，由手眼身法步诸动作要素在同一时空中运作而成。对武术套路中的节奏形象描述为：动如涛、静如岳、起如猿、落如阙、站如松、立如鸡、转如轮、折如弓、轻如叶、重如铁等。套路借阴阳对立转化中表现出节奏之美。

武以德显，就是说，武术的真谛在于重德。中国的武术，发于防身，立于健身，博于赛场，习于日常，载于武艺，归于武德。武德作为习武者应具有的一种美德，它指导、规范着习武者的日常生活及其行为准则，并渗透于习武者的思想和言行之中。

二、武术比赛组织与管理

（一）竞赛活动的策划和竞赛规程的制定

竞赛计划是将要举行的比赛进行设计和规划，主要包括：竞赛名称、竞赛目的、竞赛时间和地点、组织单位、参赛单位、名次录取办法和奖励办法、裁判员的选用、所需的场地器材、后勤保障工作的安排、开闭幕式的预计方案。

竞赛规程是整个竞赛工作的依据，是竞赛组织者和参加者的指导性文件。规程的内容要周全，用语要明确，文字要精练，并提前发至各有关单位及人员，以便理解和执行。竞赛规程一般包括的主要内容有：竞赛名称、竞赛的主办单位和承办单位、竞赛日期和地点、参加单位和参加办法、竞赛性质和办法、竞赛项目、报名与报道、录取名次与奖励办法、裁判员和仲裁委员会的组成。

竞赛项目

（二）武术套路竞赛的编排方法

编排的一般原则有：每场比赛的时间大体相同；每次比赛时，若干场地的比赛时间大体相同；同一时间的若干场地，应安排不同项目、不同组别的比赛；同一项目的比赛应集中在同一场地一起赛完，可以延续比赛，但不能随意更换改组裁判员；要充分考虑兼项运动员的比赛时间与项目的安排，保障运动员水平的发挥。

编排的注意事项：以时间为依据，首先计算两个时间（实际举行竞赛的时间，每个项目所需的时间）；比赛的分组，一般在同类项目中，可分为 10 个人一组；在一个场次的比赛中，一个运动员最好只安排一个项目；分组时注意运动员的技术水平。

编排的一般步骤和基本方法：熟悉竞赛规程；审查和统计工作；制定竞赛日程；竞赛分组；确定每一组运动员的出场顺序；归类核查。

（三）秩序册和竞赛表格的设计与编印

竞赛秩序册通常包括的主要内容有：武术竞赛规程；组织委员会名单；竞赛监督委员会名单；裁判员名单；总日程表；竞赛日程；代表队名称；参赛人数统计表；开、闭幕式程序；比赛场地及住地示意图等。

竞赛时间

竞赛表格主要有：赛前训练表、裁判员出场表、各项目运动员报名表、检录（评分记录）表、总成绩表、项目数统计表、自选套路创新技术审批表、录取名次表等。赛前训练表是为参赛队在比赛前一两天内到达比赛地点，为了适应气候、熟悉场地、保持体力各队都要进行热身练习做出的赛前训练安排，避免各队到达后引起的竞赛管理和运作混乱。

（四）武术竞赛场地与器材的准备

场地

场地要求：①个人项目的场地为14米×8米，其周围至少有2米宽的安全区。②集体项目的场地为16米×14米，其周围至少有1米的安全区。③场地四周内沿，应标明5厘米的白色边线。④场地地面空高度不少于8米。⑤两个比赛场地间的距离6米以上。

其他器材准备：电脑评分系统1套（有条件的情况下）；标准比赛场地1块；座椅板凳若干；摄像机2台；红黄牌若干张。游标卡尺2个，用与检测棍、枪的粗细；胶带纸若干；别针若干；手提喇叭2个，电池适量；卷尺1把；电子秤1台。

（五）裁判员的选调、赛前学习和具体工作

评分规则

裁判员的选调：裁判员的选调应考虑下面几点：思想正派，有良好的职业道德；熟悉武术规则并掌握裁判法；有一定的武术技术与基本理论；身体健康，精力充沛；能严肃、认真、公平、准确地做好裁判工作；不同级别的比赛要注意选调不同级别的裁判员。

赛前学习：学习时间和方式可根据竞赛的性质、任务及经费的多少来决定，最好是集中学习。学习内容主要是学习有关竞赛的文件和规定，统一执裁尺度和熟练电脑评分系统。

裁判员的具体工作：赛前阶段有认真学习规程和规则，对规则不理解不明确的问题，应及时提出来以求解决：A组裁判应熟悉评分编码；B组裁判应熟悉套路比赛的必选动作；C组裁判应进一步领会难度动作评分细则，做到心中有数。竞赛阶段有在场上执行裁判时要集中精力，认真观察运动员的演练过程，及时做好记录：A组裁判做好动作质量评分；B组裁判做好套路演练水平的评分；C组裁判做好运动员难度加分的认定评分。结束阶段的工作主要是总结自己的裁判工作，以便进一步提高执裁水平。

第十六章

健美俱乐部

第一节　健美俱乐部课堂教学

一、健美运动概述

（一）健美运动的起源与发展

2000 多年前，古代奥林匹克运动会上，希腊人全身涂上橄榄油，进行裸体角逐，以显示其身体的健美。近代健美运动于 19 世纪末在欧洲兴起，由德国的体育家尤金·山道首创，并于 1901 年 9 月 4 日在英国举办了第 1 次健美比赛。山道对健美运动的发展起到了很大的推动作用，被人称为"健美运动的鼻祖"。1949 年，加拿大人本·韦德兄弟创建了国际健美协会，现已有 172 个会员，是国际体育联合会排名第 6 位的单项运动协会。国际健美协会每年定期举办洲际、世界业余和职业健美比赛。

（二）健美运动的锻炼价值

健美运动的一个突出作用是可以有效地锻炼全身肌肉、增长力量。健美训练中经常使用各种各样的杠铃、哑铃等负重器具，这样能够使肌肉得到强烈的刺激，从而使肌纤维增粗，肌肉中的毛细血管网增多，肌肉的生理横断面增大，使肌肉变得丰满、结实而发达。人体的主要肌肉部位如图 16-1-1 所示。

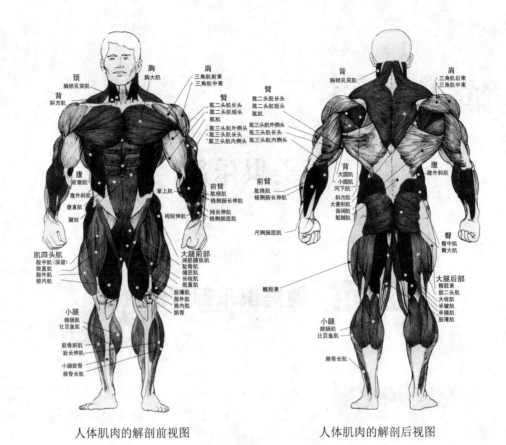

| 人体肌肉的解剖前视图 | 人体肌肉的解剖后视图 |

图 16-1-1

此外，健美运动还能对心血管系统、呼吸系统和消化系统等各内脏器官的功能产生良好的影响；能改善体型体态，使全身各部位的比例匀称、协调，使肌肉具有优美的线条；能调节心理活动，陶冶美好情操，培养顽强的意志品质。

二、人体主要肌群的锻炼方法

（一）腿部肌群

双腿是人体的基座，承担着整个身体的重量，如两腿无力，将会给日常生活和工作带来不便，更谈不上健美。人的衰老从腿开始。两腿无力，行走活动减少，会导致心肺功能下降，因此应重视腿部肌群的锻炼。

1. 股四头肌、臀大肌

（1）负重深蹲。（图 16-1-2）

在动作过程中，应始终抬头、挺胸、紧腰，使杠铃垂直上升，意念集中在股四头肌、臀大肌上。

负重深蹲

（2）跨举。（图 16-1-3）

下蹲和起立时，腰背要挺直，两臂伸直，不得屈臂和耸肩。起立时应完全靠腿部力量。屈膝下蹲时，不可突然下蹲，应以股四头肌、臀大肌的力量控制杠铃缓缓下降，意念集中在股四头肌、臀大肌上。

图 16-1-2　　　　　　　　　图 16-1-3

2. 股二头肌

（1）俯卧腿弯举。（图 16-1-4）

做俯卧腿弯举时，腹部要始终紧贴凳面，臀部不能撅起，意念集中在股二头肌上。

（2）立姿腿弯举。（图 16-1-5）

动作不可太快，待股二头肌极力收缩后，稍停，再缓缓放下。意念始终集中在股二头肌上。

图 16-1-4　　　　　　　　　图 16-1-5

3. 小腿肌群

（1）立姿提踵。（图 16-1-6）

做动作时，要保持重心稳定，下降时，脚跟要低于垫木面。意念集中在小腿肌群上。

（2）坐姿提踵。（图 16-1-7）

在动作过程中，杠铃横杠的位置要正对脚跟，脚跟下降时，要低于垫木面。意念集中在小腿肌群上。

交替弯举

负重弯举

负重提踵

图 16-1-6　　　　　　　　图 16-1-7

（二）胸部肌群

胸部肌群包括位于胸前皮下的胸大肌、位于胸廓上部前外侧胸大肌深层的胸小肌和位于胸廓外侧面的前锯肌。在锻炼胸肌时，需要采用不同的动作从不同的角度来对胸肌进行不同的刺激，才能使胸部肌肉练得既发达又有线条。

1.杠铃平卧推举

要求上推路线要垂直。意念集中在胸大肌上。（图 16-1-8）

2.仰卧飞鸟

要求肩、肘、腕始终在同一垂面内。意念集中在胸大肌和三角肌前束上。（图 16-1-9）

图 16-1-8　　　　　　　　图 16-1-9

（三）背部肌群

背部肌群主要由上背部斜方肌、中背部背阔肌和下背部骶棘肌三部分组成。强壮发达的背部肌肉，使上体成"V"字形，并能使腰背挺直，塑造良好的体形。

1.直立耸肩

在动作过程中，两臂不得上提杠铃，臂部和两手仅起固定杠铃的作用。耸肩时，不得弯腰、弯背。意念始终集中在斜方肌上。（图 16-1-10）

2.单杠引体向上

在动作过程中，身体不能摆动，向上拉时不能用蹬腿力量，拉得越高越好。意念始终集中在背阔肌上。（图 16-1-11）

图 16-1-10   图 16-1-11

（四）肩部三角肌

肩部是否健美，主要看三角肌发达与否。三角肌位于肩部皮下，成三角形，底向上，尖向下，从前后外侧包裹着肩关节，它的最前部和最后部的肌纤维呈梭形，而中部肌纤维呈多羽状，这种结构使三角肌具有较大力量。

1. 颈前推举

要求上体保持正直，不得借助腰、腿力量。意念集中在三角肌前束上。（图16-1-12）

2. 颈后推举

要求两肘始终保持外展，杠铃垂直向上推。意念集中在三角肌后束上。（图16-1-13）

颈前推举

图 16-1-12   图 16-1-13

（五）臂部肌群

臂部肌群分上臂肌和前臂肌。上臂肌主要是肱肌、肱二头肌和肱三头肌。前臂肌主要是旋前圆肌、屈手肌、伸手肌、手肌。

1. 上臂肌群

（1）杠铃弯举。（图16-1-14）

弯臂时，上体切忌前后摆动。意念集中在肱肌、肱二头肌上。

（2）反握引体向上。（图16-1-15）

在上拉过程中，不得借助腰、腹的振摆来做动作。意念集中在肱二头肌上。

图 16-1-14   图 16-1-15

2. 前臂肌群

反握腕弯举。（图 16-1-16）

手腕向上弯曲时，要尽量收缩前臂肌。意念集中在前臂屈肌群上。

图 16-1-16

（六）腹部肌群

腹部肌群由腹直肌、腹外斜肌、腹内斜肌构成。

1. 单杠悬垂举腿

做动作时不得借助身体摆动的助力。意念集中在下腹部。（图 16-1-17）

2. 仰卧起坐

做上体前屈时动作要慢，不得后仰助力。意念集中在腹直肌上。（图 16-1-18）

图 16-1-17   图 16-1-18

第二节　健美俱乐部课外教学

一、健美运动欣赏

　　一场健美比赛，是展示运动员完美体形的过程，也是人体艺术美的表演舞台。在比赛中，观众和裁判员不仅要欣赏健美运动员的肌肉、体形、线条，还要对健美运动员展示完美体格的各种艺术造型进行评判。

　　评分标准：比赛分为规定动作和自选动作两部分。

　　评分标准：肌肉、平衡、匀称、线条、造型。

　　规定动作（图16-2-1）：要求根据规定的技术动作规格，充分展现重点部位的肌肉，并显示其他各部位的肌肉群。

　　男子自选动作：能运用控制肌肉的能力，展示肌肉块；整套动作的过渡、衔接合理，并以艺术造型的表演技能来配合音乐节奏，体现出完美的表演水平。

　　女子自选动作：能运用控制肌肉的能力，展示各部位肌肉块，并以艺术造型的表演技能，运用体操、芭蕾和舞蹈的手势和步法配合音乐旋律，使整套动作的过渡、衔接和音乐节奏协调一致，体现出完美的表演技能。

健美欣赏

前展肱二头肌　　　前展背阔肌　　　侧展胸部

后展肱二头肌　　　后展背阔肌　　　侧展肱三头肌　　　前展腹部和大腿

图16-2-1

二、健美的营养补充

健美训练本身是在破坏肌肉，而休息则是在重建。重建实际上就是超量恢复的原理在起作用。重建需要一定的营养做保证，合理的营养摄取和严格的饮食制度是健美训练取得成功不可忽视的条件。

人体需要的主要营养素有蛋白质、碳水化合物、脂肪、维生素、矿物质、膳食纤维和水，对于健美练习者来说应该合理地对这些物质进行补充，以满足有机体的需要。

蛋白质的需求对于健美练习者来说极为重要，因为肌肉主要是由蛋白质构成，健美训练对蛋白质的要求很高，而人体内蛋白质不能储存，每日都要更新。人体每3个小时最多只能吸收 25～35 克蛋白质，因此健美饮食要求必须少食多餐，才能够摄取更多的蛋白质。

健美运动员至少每千克体重吸收 2 克蛋白质，每天需要进食 5～6 次或更多。

健美训练也对碳水化合物提出很高要求。碳水化合物提供人体热能，由于高负荷的训练会不断消耗体内的糖原储备，碳水化合物可以满足和保证高强度训练能量的供应和糖原的消耗。如果肌糖原储备过低，就会迫使机体使用蛋白质来提供能量，长此以往，肌肉会减少。

其他营养素的摄取也是很重要的，如维生素和矿物质的补充对生长肌肉帮助很大。另外多饮水也对提高运动能力有好处。总之只有营养跟得上，膳食合理、科学，才能保证健美训练效果。

三、健美运动训练方法

（一）定量间歇训练

一个动作在一次课中所用的重量、练习组数与每组次数基本固定，组与组之间间歇 1～2 分钟。这类方法较常用，尤其对初练者较适宜。

（二）金字塔形训练

一个动作在一次课中用的质量由轻逐组加重，再由重逐组减轻。练习次数随重量变化逆向的变化进行训练，动作的组数较多，适合有一定训练基础的练习者采用。

（三）组合训练

两个或两个以上动作合成一组进行训练，包括相对部位动作组合和相同部位动作组合。适合有一定训练基础的练习者采用。

（四）分段训练

将一个动作在一组练习中分成两个阶段进行练习，这类方法可以弥补协同用力肌得不到锻炼的不足。

（五）循环训练

将一次课中安排的全部动作，从第一个做到最后一个为一循环，再从第一个动作开始做第二、第三循环。这种方法既可使训练达到相当大的运动量，又可使身体得到较全面的锻炼，适合初级训练者、女子、以减肥或健身为主要目的者采用。

四、一般训练安排的要求

（1）通常在一周中应有三四次训练（除上课外，可自行练习两三次）。

（2）一次课中安排的动作一般在八个左右，锻炼的部位要全面。

（3）课中的每个动作练习四组左右。

（4）动作的一组练习重复十次左右，范围在八至十五次效果最佳。

（5）一课中动作顺序一般是先上肢后下肢，再腰腹；先屈肌，再练伸肌；先练以发达肌肉为主的练习，再练减肥或增强肌肉耐力为主的练习。

 健美训练注意事项

（1）要持之以恒，长期锻炼才能见效。

（2）动作要求准确，包括动作的部位、弧度、起止、路线等。

（3）器械练习要由轻到重，循序渐进。

（4）每组动作的最后几次应尽力完成。

（5）组与组之间的间歇时间不超过2分钟。

（6）呼吸要与动作协调配合，一般用力时吸气，放松时呼气。

（7）每一次训练课开始时，要认真充分做好准备活动，结束时做好放松整理活动。

第十七章

健美操俱乐部

知识树

第一节　健美操俱乐部课堂教学

一、健美操概述

（一）健美操的起源与发展

健美操运动起源于20世纪70年代末，英文原名为"Aerobics"，意思是"有氧运动""健身健美"。20世纪80年代初，美国影视演员简·方达编写出版了《简·方达健美术》引起了世界的轰动。这对健美操运动在全世界的普及与发展起到了积极的作用。现代健美操运动于20世纪80年代初传入我国。随着我国经济的发展，人民生活水平的提高，尤其是在我国全民健身计划实施以来，健身变成了人们生活中不可缺少的一部分。健美操作为一项很有特色的运动，在我国全民健身活动中占有非常重要的地位，是近年来非常流行的一项体育运动。

（二）健美操的锻炼价值

1.增强体质，增进健康

（1）健美操锻炼对心血管系统产生的影响。

长期参加健美操锻炼可以使心肌增厚，心腔容量增大，血管弹性增强，进而提高心脏的功能。

（2）健美操锻炼对呼吸系统机能产生的影响。

健美操锻炼能提高呼吸深度，增加每次呼吸时的气体交换量，保证在激烈运动时满足气体交换的需要，提高机能水平。

（3）健美操锻炼对消化系统机能产生的影响。

肌肉活动可消耗大量能量，加之健美操的髋部全方位活动较多，刺激了肠胃蠕动，增强消化机能，有助于营养物质的吸收和利用，从而提高对疾病的抵抗能力。

2.塑造健美形体，培养端庄体态

健美操运动的独到之处在于它可以对身体比例的均衡产生积极的影响，特别是能增加胸背肌肉的体积，消除腰腹部沉积的多余脂肪，使体态变得丰满、线条优美，能矫正不正确的身体姿势，培养正确端庄的体态。

3.提高神经系统机能，发展身体素质

健美操动作的路线、方向、速度、力度等不断变化，可以加强人的动作记忆和再现力，提高神经系统的灵活性，全面发展人的协调性。同时，使肌肉、肌腱、韧带的力量得到增强，弹性得以提高，从而全面发展人的身体素质。

4.调节心理活动，陶冶美好情操

健美操是在音乐伴奏下进行的身体练习。通过优美明快的音乐节奏、活泼愉快的形体动作，人陶醉在美的韵律之中，很快消除心理上的紧张与烦恼，身心得到全面调节，精神面貌和气质修养都会有所改善和提高。

二、健身健美操的基本动作

健美操的基本动作由上肢动作、躯干动作和下肢动作组成。

（一）基本手型

基本手型如图 17-1-1 所示。

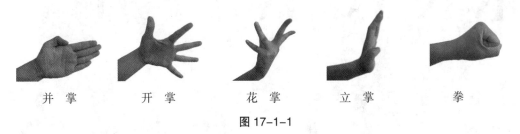

并　掌　　　　开　掌　　　　花　掌　　　　立　掌　　　　拳

图 17-1-1

（二）下肢动作

下肢动作是健美操练习的重要组成部分。健美操的基本步法是根据人体运动时对地面的冲力大小而划分的，包括低冲击力步法、高冲击力步法和无冲击力步法。

1.低冲击力步法

低冲击力步法包括四大类：踏步、点地、迈步、跳步。

（1）踏步类：踏步的主要基本步法有踏步（图 17-1-2）、走步（图 17-1-3）、

健美操技术

基本手型

大众基本步法

"一"字步（图17-1-4）、"V"字步（图17-1-5）和漫步（图17-1-6）等。

图17-1-2　　　　图17-1-3　　　　　　　图17-1-4

图17-1-5　　　　　　　　图17-1-6

（2）点地类：点地的基本步法主要有脚跟点地、脚尖向前或向侧点地。（图17-1-7）

（3）迈步类：迈步的基本步法主要有并步（图17-1-8）、迈步屈腿（图17-1-9）、迈步吸腿、迈步踢腿（图17-1-10）和交叉步。（图17-1-11）

图17-1-7　　　　　　　图17-1-8　　　　　　　图17-1-9

图17-1-10　　　　　　　　图17-1-11

（4）抬腿类：抬腿的基本步法主要有吸腿（图17-1-12）、踢腿（图17-1-13）、弹踢（图17-1-14）和后屈腿（图17-1-15）等。

图 17-1-12　　　　　　图 17-1-13

图 17-1-14　　　　　　　　图 17-1-15

2. 高冲击力步法

高冲击力步法包括四大类：迈步起跳、双脚起跳、单脚起跳、后踢腿跑。

（1）迈步起跳的基本步法有：并步跳（图 17-1-16）、迈步吸腿跳（图 17-1-17）和迈步后屈腿跳（图 17-1-18）。

图 17-1-16　　　　　　图 17-1-17　　　　　　图 17-1-18

（2）双脚起跳的基本步法有：并立纵跳（图 17-1-19）、开合跳（图 17-1-20）、小马跳（图 17-1-21）和弓步跳（图 17-1-22）。

（3）单脚起跳的基本步法有：钟摆跳（图 17-1-23）和踢腿跳（图 17-1-24）。

（4）后踢腿跑如图 17-1-25 所示。

图 17-1-19　　　　　　　　　图 17-1-20

图 17-1-21　　　　　　　　　图 17-1-22

图 17-1-23　　　　　　　图 17-1-24　　　　图 17-1-25

3. 无冲击力步法

无冲击力步法是指双脚不离开地面的动作。它包括：双膝弹动（图 17-1-26）、半蹲（图 17-1-27）、弓步（图 17-1-28）和提踵（图 17-1-29）。

图 17-1-26　　　　图 17-1-27　　　　图 17-1-28　　　图 17-1-29

三、健美操大众锻炼标准三级套路

健美操大众锻炼标准三级套路图解和说明如下。

三级健美操

组合一

动作		1	2	3	4	5	6	7	8

节拍		下肢步法	上肢动作
预备姿势		站立	
一	1~4	右脚开始向侧迈步后屈腿2次，2时右转90°	1~2右臂摆至侧上举，左臂摆至胸前平屈，3~4同1~2，但方向相反
	5~8	向右迈步后屈腿2次，6时右转180°	双手叉腰

动作		1	2	3~4	5	6~7	8

节拍		下肢步法	上肢动作
二	1~2	1/2"V"字步	1右臂侧上举，2左臂侧上举
	3~8	6拍漫步，8右转90°	随脚的动作自然前后摆动

动作		1	2	3	4	5	6	7	8

节拍		下肢步法	上肢动作
三	1~8	右脚开始交叉步2次，左转90°呈"L"形	1双臂前举，2胸前平屈，3同1，4击掌。5~8同1~4

动作		1	—	2	3~4	5~6	7~8

节拍		下肢步法	上肢动作
四	1~4	右脚侧并步跳，1/2后漫步	1~2双臂侧上举，3~4右臂摆至体后，左臂摆至体前
	5~8	左转90°，左脚开始小马跳2次	5~6右臂上举，7~8左臂上举

第5~8个8拍，动作相同，但方向相反

组合二

动 作			
	1　2　3　4　5　–　6　7　8		

节 拍		下 肢 步 法	上 肢 动 作
一	1～4	右脚向右前上步吸腿 2 次	双臂自然摆动
	5～6	左脚向后交换步	双臂随下肢动作自然摆动
	7～8	右脚上步吸腿	双臂自然摆动

动 作			
	1　　2　　3　　4　　5～6　　7～8		

节 拍		下 肢 步 法	上 肢 动 作
二	1～4	左脚开始向右侧交叉步	双臂随步法向反方向臂屈伸
	5～8	右转 45°，左脚做漫步	5～6 双臂侧屈外展，7～8 经体前交叉摆至侧下举

动 作			
	1　2　3　4　5　–　6　7　–　8		

节 拍		下 肢 步 法	上 肢 动 作
三	1～4	左脚开始"十"字步，同时左转 90°	双臂自然摆动
	5～8	左脚开始向侧并步跳 2 次	双臂自然摆动

动 作			
	1　2　3　4　5　6　7　8		

节 拍		下 肢 步 法	上 肢 动 作
四	1～8	左脚漫步 2 次，右转 90°	双臂自然摆动
第5~8个8拍，动作相同，但方向相反			

组合三

动 作									
		一	1	2	3	4	5	6	7	8

节 拍		下肢步法	上肢动作
一	1~6	右脚开始做侧点地3次	1~2右臂向下臂屈伸，3~4左臂向下臂屈伸，5~6同1~2动作
	7~8	左脚开始向前走2步	击掌2次

动 作								
	1	2	3	4	5	6	7	8

节 拍		下肢步法	上肢动作
二	1~4	左脚开始吸腿跳2次	1侧上举，2双臂胸前平屈，3同1，4叉腰
	5~8	吸右腿跳，向后落地，转体180°，吸左腿	双手叉腰

动 作								
	1	2	3	4	5	6	7	8

节 拍		下肢步法	上肢动作
三	1~4	左脚开始向前走3步吸腿跳，同时左转体180°	1~3叉腰，4击掌
	5~8	5~8右脚开始向前走3步吸腿	5~6手臂同时经前下摆，7~8经前侧屈外展至体前击掌

动 作								
	1	2	3	4	5	6	7	8

节 拍		下肢步法	上肢动作
四	1~8	左脚开始并步4次，呈"L"形	双臂做屈臂提拉4次
第5~8个8拍，动作相同，但方向相反			

组合四

| 1 | 2 | 3 | 4 | 5 | 6 | 7 | 8 |

节 拍		下肢步法	上肢动作
一	1~4	右腿上步吸腿	双臂做向前冲拳、后拉 2 次
	5~8	左脚向前走 3 步吸腿	手臂同时经前向下摆，8 击掌

| 1 | 2~3 | 4 | 5~6 | 7~8 |

节 拍		下肢步法	上肢动作
二	1~4	右脚向侧迈步，2~3 向右前 1/2 漫步，4 左脚向侧迈步	1 侧上举，2~3 随脚的动作自然摆动，4 同 1 动作
	5~8	右脚向左前方做漫步	双臂自然摆动

| 1 | 2 | 3 | 4 | 5 | 6 | 7 | 8 |

节 拍		下肢步法	上肢动作
三	1~6	右脚开始上步吸腿 3 次	1 肩侧屈外展，2 击掌，3~6 同 1~2 动作
	7~8	左脚 1/2 漫步	双臂自然摆动

| 1 | 2 | 3 | 4 | 5 | 6 | 7 | 8 |

节 拍		下肢步法	上肢动作
四	1~8	左转 90° 向左做侧交叉步转体 180° 侧交叉步	1~4 双臂做外展、内收、外展、击掌，5~8 同 1~4 动作

第 5~8 个 8 拍，动作相同，但方向相反

第二节 健美操俱乐部课外教学

一、健美操运动欣赏

健美操欣赏

健美操是在音乐的伴奏下，通过完成不同类型的动作来展示健康、力量和美的艺术性运动项目。比赛中运动员、音乐、成套动作的艺术性与创造性以及动作的完成情况是人们欣赏健美操的重要内容。

（一）人体美欣赏

对于健美操比赛来说，审美的对象是运动的人。赛场上运动员匀称的体形，女运动员优美的曲线，男运动员结实的肌肉、健康的肤色和得体的服装，以及展示健美操力量、灵巧、平衡、柔韧等素质的能力和引起观众共鸣的感染力，无一不体现了人体的美，这是审美和欣赏健美操比赛的最重要的因素。

（二）音 乐

音乐是健美操的灵魂，是健美操艺术性创造的动力。独特而完整的音乐可以使动作富有生命力，能渲染气氛和调动观众的情绪，使比赛产生强烈的艺术冲击力。

（三）艺术性与创造性

艺术性与创造性是指成套动作。音乐的选择要有新意，动作与音乐要相吻合，运动员的表现要与动作、音乐的风格相一致；难度动作要敢于创新；成套动作的编排要新颖、美观，风格要独特，素材要多样化；动作的连接要合理、巧妙；队形变换要自然、清晰、流畅，并且要充分利用场地；运动员配合要默契，相互间要有交流。

（四）动作的完成情况

一套完美的健美操动作，除需要有表演者、音乐、艺术性及创造性等因素外，成套动作的完成情况是给观赏者留下美好印象的又一重要因素。完成情况包括身体姿势正确、技术规范、动作有力而富有弹性、完成动作准确到位、集体动作整齐划一、动作幅度大小一致。

（五）难度动作

竞技健美操中的难度动作是区别于健身健美操的重要标志。竞技健美操中的难度动作共包括 4 类，即俯卧撑类、支撑类、腾空跳跃类、柔韧类。在一套动作中，难度动作数量应限制为 12 个。

二、健美操的动作编排

健美操的编排是以 32 拍为一个基本单位，也就是 4 个 8 拍为一组，其结构与音乐相同。

（一）基本动作节拍

举例：1 个踏步 =1 拍，1×8 拍可做 8 次。

1 个开合跳 =2 拍，1×8 拍可做 4 次。

1 个一字步 =4 拍，1×8 拍可做 2 次。

1 个迈步点地 =2 拍，1×8 拍可做 4 次。

（二）组合动作的基本方式

掌握健美操基本步法后，利用这些动作就可以进行锻炼了。最初可以反复重复这些步法，目的是为了进一步理解和巩固这些动作，以提高练习的负荷量。当步法熟悉了以后，可以把这些单一步法按照自己的实际水平组合起来，变成一组一组的动作。初学者一组动作可包括 2～4 种步法，对于中级水平的练习者来说一组动作可包括 5～6 种步法。通常 4 个 8 拍（32 拍）为一个组合。

举例：两个动作。A=并步，B="V"字步。（表 17-2-1）

表 17-2-1　两个动作

节　拍	AABB	ABAB	ABABABAB
1×8拍	4次并步	4次并步	2次并步+1次"V"字步
1×8拍	4次并步	2次"V"字步	2次并步+1次"V"字步
1×8拍	2次"V"字步	4次并步	2次并步+1次"V"字步
1×8拍	2次"V"字步	2次"V"字步	2次并步+1次"V"字步
共32拍	AABB	ABAB	ABABABAB

举例：3 个动作。A=并步，B="V"字步，C=交叉步。（表 17-2-2）

表 17-2-2　三个动作

节拍	ABCABC	ABCABC	ACBACB
1×8拍	2次并步+1次"V"字步	4次并步	2次并步+1次交叉步
1×8拍	2次交叉步	1次"V"字步+1次交叉步	2次"V"字步
1×8拍	2次并步+1次"V"字步	4次并步	2次并步+1次交叉步
1×8拍	2次交叉步	1次"V"字步+1次交叉步	2次"V"字步
共32拍	ABCABC	ABCABC	ACBACB

举例：4个动作。A=并步，B="V"字步，C=交叉步，D=开合跳。（表 17-2-3）

表 17-2-3　四个动作

节拍	ABCD	AB CD AB CD	AC BD AC BD
1×8拍	4次并步	2次并步+1次"V"字步	2次并步+1次交叉步
1×8拍	2次"V"字步	1次交叉步+2次开合跳	1次"V"字步+2次开合跳
1×8拍	2次交叉步	2次并步+1次"V"字步	2次并步+1次交叉步
1×8拍	4次开合跳	1次交叉步+2次开合跳	1次"V"字步+2次开合跳
共32拍	ABCD	AB CD AB CD	AC BD AC BD

举例：5个动作。A=并步，B="V"字步，C=交叉步，D=开合跳，E=吸腿。（表 17-2-4）

表 17-2-4　五个动作

节拍	ABCDE	ABCDE	AB CD E BC
1×8拍	4次并步	4次并步	2次并步+1次"V"字步
1×8拍	1次"V"字步+1次交叉步	2次"V"字步	1次交叉步+2次开合跳
1×8拍	4次开合跳	1次交叉步+2次开合跳	4次吸腿
1×8拍	4次吸腿	4次吸腿	1次"V"字步+1次交叉步
共32拍	ABCDE	ABCDE	AB CD E BC

（三）动作变化的基本要素

在熟练掌握了健美操基本步法，学会了将几个单个步法组合成32拍的动作组合后，接下来要学习动作变化的基本要素，这些要素将会使动作组合变得更加丰富和更具挑战性。

1. 方向变化

在完成某一个动作时可以加上不同方向和不同角度的变化。

例如：向左、向右、向后的转动；顺时针方向90°、180°、360°的转动等。

2. 动作杠杆的变化

动作杠杆的变化指完成动作时手臂和腿的长度变化。

例如：由屈臂侧摆变成直臂侧摆；由前踢腿变成向前吸腿。

3. 节奏变化

这一变化因素与音乐的节拍及动作速度的变化有关。常见的是一个动作由半拍或两倍节奏完成。

例如：开合跳一般1拍1动，可以放慢变成2拍1动，也可加快变成2拍3动。

4. 动作重复次数的变化

这里是指重复单侧身体动作以后才换到反方向。重复次数常有1次、2次、3次、4次甚至6次。例如：1个16拍的动作组合，右脚侧点地1次（2拍）+左脚侧点地2次（4拍）+右脚侧点地3次（6拍）+右脚1个一字步（4拍），然后换成反方向动作。这时的点地动作就有1次、2次、3次的变化。

5. 冲击力的变化

在不改变动作结构的前提下，改变冲击力。

例如：把低冲击的左右侧点地动作改成高冲击的左右侧点地跳，把低冲击的上步吸腿改成高冲击的上步吸腿跳。

6. 动作移动的变化

这里是指身体从原地出发移动到不同方向的不同点，常用的有向前移动、向后移动、向侧移动、旋转。此外，还可以不通过移动而改变动作方向；也可以不通过改变动作方向而移动。

例如：交叉步可沿"□"形路线移动，并步可沿"∟"形路线移动。

7. 风格的变化

在不改变动作结构的前提下，改变动作风格。

例如：踏步加上摆髋可以变成拉丁操的风格，并步加上弹动具有街舞的风格。

8. 手臂动作的变化

在不改变基本步法的基础上，将手臂动作不断地进行变化。

例如："V"字步可以加击掌、可以加手臂左右侧上举等。

三、健美操的音乐选配

要充分体现健美操音乐的特点和发挥音乐的功能，根据不同种类的健美操选配与其相适应的音乐是非常关键的。在选配健美操音乐时应注意以下三个问题。

（一）音乐与健美操风格的融合性

健美操是健力美的统一体，强调美与力的结合，因此健美操音乐旋律要强劲、动听，力求新颖，富有变化，节奏鲜明。但根据不同种类的健美操应选择不同特点的音乐。

（二）音乐与动作风格的谐和性

健美操动作的速度、方向、幅度等方面变化较多。因此，在选择音乐时要根据不同的动作选择不同节奏的音乐伴奏。如：身体各部位的动作练习可选用中速不太快的 4/4 拍的音乐；跑跳动作可选用快速、节奏鲜明的迪斯科音乐；伸展柔和的放松动作可选用 3/4 拍的抒情性音乐。应力求动作风格与音乐的谐和性。

（三）音乐与编排的目的、任务、规则和人自身条件的相符性

在选配音乐时应想到健美操的目的、任务是为了健身、比赛或表演，不同的目的和任务的健美操对其选配的音乐有不同的要求和规则。另外，音乐的节奏和速度确定应符合运动员的条件，如：年龄、运动水平、体能等。这样才有利于人们完成动作，达到好的锻炼效果。

第十八章

瑜伽俱乐部

知识树

第一节　瑜伽俱乐部课堂教学

一、瑜伽运动概述

（一）瑜伽的起源与发展

"瑜伽"这个词，是从印度梵语"yoga"而来，其含意为"连结""结合"或"和谐"。瑜伽姿势是一个运用古老而易于掌握的方法，提高人们生理、心理方面的能力，以达到身体、心灵和谐统一的运动形式。

瑜伽起源于古印度，距今已有5000多年的历史。瑜伽发源于印度北部的喜马拉雅山麓地带。古印度瑜伽修行者在大自然中修炼身心时，无意中发现各种动物与植物天生具有治疗、放松、睡眠或保持清醒的功效。于是，古印度瑜伽修行者根据动物的姿势观察、模仿并亲自体验，创立出一系列有益身心的锻炼系统，也就是体位法。这些姿势历经了五千多年的锤炼，逐步衍化出一套理论完整、确切实用的养生健身体系，让世世代代的人从中获益。这就是瑜伽。

近现代，瑜伽在印度得到了迅速的传播与发展，如今瑜伽已经是人们生活中不可缺少的部分，是印度人民普及性最高的强身健体与拓展心灵智慧的运动。印度还有很多专门研究瑜伽的机构与培养瑜伽专业人才的学校，越来越多的瑜伽师赴欧美收徒授艺，将瑜伽向全世界传播。中国各大健身会所也将瑜伽作为一门重要的课程来吸引顾客。

随着中国瑜伽热潮的迅速升温，越来越多的爱美人士开始对瑜伽产生了较浓厚的兴趣，瑜伽的神奇功效得到了人们的广泛赞誉。练习瑜伽已经成为一种时尚、一种文化和一种生活方式。

（二）瑜伽的锻炼价值

（1）瑜伽能加速新陈代谢，去除体内废物，从内及外进行形体修复、调理养颜；培养优雅气质、轻盈体态；能增强身体力量和肌体弹性，使身体四肢均衡发展；能预防和治疗各种与身心相关的疾病；能调节身心系统，改善血液环境，促进内分泌平衡，使内在充满能量。

（2）瑜伽能消除烦恼，减压养心，释放身心，使全身舒畅，心绪平静，冷静思考，达到修身养性的目的。

（3）瑜伽能提高免疫力，增加血液循环，修复受损组织，使身体组织得到充分的营养。

（4）瑜伽能集中注意力。

二、瑜伽基础

（一）瑜伽的基本坐姿

1. 简易坐

坐于地面，两腿向前伸直。屈双膝，两腿在小腿处交叉，双手抓住脚尖向后拉，膝盖下沉。

2. 半莲花坐

保持上体位，将左脚放到右大腿根部上。

3. 莲花坐

保持上体位，将右脚抽出，放于左大腿根部上。

（二）瑜伽常用手印

1. 智慧手印

食指抵住拇指中段，其余手指自然伸直。

2. 能量手印

无名指、中指、大拇指自然相加，其余手指自然伸展。

3. 合十印

十指并拢，双手合掌，拇指相扣。

（三）瑜伽呼吸法

1. 腹式呼吸

仰卧，左手或右手放于肚脐上。吸气，将气息吸入腹部，使腹部扩张。呼气，

简易坐

半莲花坐

莲花坐

合十印

腹式呼吸

腹部向内、朝脊柱方向回收。

2. 胸式呼吸

仰卧。吸气，将气息吸入胸部，使胸部区域扩张，腹部向内收，呼气，气息下沉。

3. 完全式呼吸

把以上的两种呼吸方法结合起来完成。

三、瑜伽套路

（一）热身套路

动作名称及顺序：头部运动—肩部练习—肘部练习—脚趾练习—脚踝练习—半莲花膝部练习—动物放松功。

（二）初级瑜伽套路

1. 动作名称及顺序

山式—风吹树式—三角伸展式—三角侧伸展式—战士一式和二式—蹲式—简化脊柱扭动式—圣哲玛里琪第一式—猫伸展式—虎式—上抬腿式—犁式系列—挺尸式。

2. 动作详解

（1）山式。

并腿站立，双脚脚跟、大脚趾并拢。重心均匀分布在两腿。目视前方。双臂垂于体侧，指尖朝下（图 18-1-1），保持姿势 1 分钟。

要点：收紧踝关节、膝盖、大腿内侧、臀部和腹部，骶骨回收。脊柱立直，双肩松沉，立颈。

功效：拉长身体线条，使体态更加挺拔；消除腹部和臀部的赘肉。

（2）风吹树式。

接上体位，两脚打开与肩宽。双臂于头顶合掌。（图 18-1-2）

十指交叉，翻转掌心向上。呼气，上体右侧屈。转头看上方，保持数秒，反侧练习。（图 18-1-3）

要点：身体侧屈时，下半身不动，髋部前推，背部保持在一个平面上。

功效：消除腰部、腹部的多余脂肪，增强身体的灵活性。

（3）三角伸展式。

山式站立。双脚打开约 3 个肩宽，右脚外展 90°，左脚内扣 30°，两臂侧平举。（图 18-1-4）

呼气，身体右侧屈，右手指尖触地，两臂成一条直线。转头看左手（图 18-1-5）。

山式

三角伸展式

呼气，左手放下贴耳根（图18-1-6），保持数秒。反侧练习。

要点：向侧弯腰时，注意将髋部向前推，避免上体有向前弯的倾向。

功效：有益于胸部、腿部；可帮助消化；减少腰部脂肪。

图18-1-1　图18-1-2　　　图18-1-3　　　图18-1-4　　　图18-1-5　　　图18-1-6

（4）三角侧伸展式。

预备式同"三角伸展式"。屈右膝，大腿平行于地面。双臂侧平举。

呼气，身体右侧屈，右手手掌于右脚外缘扶地，左手贴耳根。转头看上方（图18-1-7），保持数秒。身体还原，反侧练习。

要点：保持姿势时，胸、髋、臂形成一条直线；还原时，手、躯干、脚依次回到基本站立。

功效：同"三角伸展式"。

（5）战士一式和二式。

战士一式：预备式同"三角伸展式"。屈右膝，大腿平行于地面。两臂侧平举。

身体右转（图18-1-8），双臂于头顶上方合掌。呼气，头后仰，目视指尖（图18-1-9）。保持数秒。呼气，上体前倾（图18-1-10），保持数秒。还原站姿，反侧练习。

战士二式：接一式。从基本站立式开始，呼气，转头看右手指尖（图18-1-11），保持数秒。还原站姿，反侧练习。

要点：一式中手臂上举时，肩膀松沉，伸展背部，手和背部成一条直线。

功效：加强双踝、双膝、双髋和双肩；扩展胸腔，加深呼吸，对肺部有益。

战士一式

战士二式

图18-1-7　　　　图18-1-8　　　　图18-1-9　　　　图18-1-10　　　图18-1-11

（6）蹲式。

山式站立，两脚打开。两手于腹前十指相交，两臂下垂。（图18-1-12）

呼气，屈膝下蹲。每降低一个高度，先恢复直立，再次下蹲，重心比前次略低。最后下蹲到两手略微高于地面（图18-1-13、图18-1-14）。重复练习。

要点：下蹲时，呼气；起身时，吸气。

功效：加强双踝、双膝、两大腿内侧和子宫肌肉。

（7）简化脊柱扭动式。

坐姿，双腿伸直并拢，绷脚面；立腰，目视前方；双手体侧打开。（图18-1-15）

屈右膝，右脚放于左膝外侧（图18-1-16）。左肘抵住右膝外侧，身体右转，双手体侧打开（图18-1-17），屏息数秒。还原坐姿，反侧练习。

要领：上体扭转时，保持脊柱向上直立。

功效：同"脊柱扭动式"，只是程度稍逊。

图18-1-12　图18-1-13　图18-1-14　　图18-1-15　　图18-1-16　　图18-1-17

（8）圣哲玛里琪第一式。

接上体位，屈右膝，脚跟靠近臀部。（图18-1-18）

上体前倾，右手由内向外抱住右腿，双手背后相扣（图18-1-19）。保持数秒。呼气，上体前屈，额头贴近左膝（图18-1-20），保持数秒。还原坐姿，反侧练习。

要点：初学很难弯身，不要勉强，达到自己能力所及的位置就可以了。但尽量保持脊柱直立。

功效：使内脏保持强壮健康；有益于支气管炎或肠胃问题；强壮背部、肩、两臂和两腿。

图18-1-18　　　　　图18-1-19　　　　　图18-1-20

（9）猫伸展式。

跪立。两膝、两手着地成"四脚"姿势。目视前方。（图18-1-21）

吸气抬头，塌腰翘臀（图18-1-22），屏息数秒。呼气，低头含胸，拱背收腹（图18-1-23），保持数秒，重复练习。

要点："四脚"姿势：双臂、大腿与地面垂直，上身与地面平行。

功效：有效地消除腰、腹部赘肉，丰满胸部；增强脊柱灵活性；按摩腹部脏器，促进消化。

猫式

（10）虎式。

接上体位。右腿上抬，保持数秒。（图18-1-24）

呼气，屈右膝，膝盖向前靠近胸部。低头拱背，鼻尖触膝（图18-1-25），保持数秒。重复几次，反侧练习。

要点：屈膝向前时，脚背、膝盖离地。

功效：强壮脊柱神经和坐骨神经；减少髋部和大腿区域的脂肪，强壮生殖器官。

图18-1-21　　图18-1-22　　图18-1-23　　图18-1-24　　图18-1-25

（11）上抬腿式。

仰卧，两腿伸直并拢，两臂放于体侧。（图18-1-26）

双腿离地，依次控腿30°、60°、90°（图18-1-27至图18-1-29），每个高度保持数秒。缓慢还原，勿猛然落下双腿。休息片刻，重复练习。

要点：抬腿时，膝盖伸直，头部和身体其余部分平贴地面。

功效：增强腿、背部力量；消除腰部脂肪；补养腹部脏器，刺激消化过程，消除便秘。

图18-1-26　　　　图18-1-27　　　　图18-1-28　　　　图18-1-29

（12）犁式。

仰卧，两腿伸直并拢。两臂放于体侧，掌心朝下。（图18-1-26）

两掌按地，两腿举起垂直于地面（图18-1-30）。呼气，两腿摆至头后，脚趾触地，双臂伸过头后（图18-1-31、图18-1-32），保持数秒，缓慢还原。

要点：两腿摆至头后时，臀部和下背部离地，头部不要离开地面。

功效：滋养脊柱神经，消除肩膀和肘部僵硬感；促进消化功能，消除胃胀，纠正月经失调等。

图18-1-30　　　　　图18-1-31　　　　　图18-1-32

（13）侧犁式。

接上体位。双手推背，使背部垂直于地面（图18-1-33）。呼气，双腿转向右方（图18-1-34），保持数秒。呼气，双腿转向左方，保持数秒，恢复犁式。

要点：双腿转向另一侧时，保持胸和两肩不动。

功效：同"犁式"，还可以促进排泄过程。

（14）双角犁式

接上体位。双腿分开，双手抓住双脚大脚趾，保持数秒，恢复犁式。（图18-1-35）

要点：尽量抬起脚跟使下背部抬起更高些，伸展腘旁腱肌肉群。

功效：同"犁式"，还可以伸展和锻炼双腿。

（15）挺尸式。

放松姿势。仰卧，双腿自然放于地面，双臂放于体侧，掌心朝上。（图18-1-36）

要点：闭上双眼，放松全身，平静自然地呼吸，意守自己的呼吸。

功效：消除神经紧张，使心灵得到安静，恢复能量。

图18-1-33　　　　图18-1-34　　　　　图18-1-35　　　　　图18-1-36

第二节　瑜伽俱乐部课外教学

一、瑜伽运动欣赏

瑜伽装备

瑜伽作为一种修身养性的修炼方法，既不同于体操和舞蹈，也不同于一般的有氧运动。它是一项动作舒缓，结合深长呼吸，循序渐进，强度可自行调控，动静结合的运动，有着独特的技术和文化特点。

（一）欣赏瑜伽的技术特性

从瑜伽的技术特性来看，讲求动作舒缓，动静结合。练习时瑜伽要求动作舒缓，这样可以充分地伸拉肌肉，使更多的肌纤维参与到运动中，以产生更大的肌肉张力，还能使不同身体素质的人群适应瑜伽练习，积极参与到其中。呼吸要贯穿于练习始终，技法配合深长的呼吸，能吸进更多的氧气，提升血液中血氧的浓度，以满足机体需求，滋养身心，增进健康。瑜伽表面上以静态动作为主，但要求练习者能控制自主性反应，使心率、血压、腺体分泌等发生变化，静心向内，充分促进和体会身体各个器官的活动，同时专注于呼吸，使精神更加专注、集中、静定，达到身心合一的境地。

（二）欣赏瑜伽的文化特性

1. 思想性

瑜伽的哲学思想是"梵我合一"，尽管在瑜伽的练习过程中，会经历不同形式和不同阶段，但最终都是把握自我，让自我与内在的精神融为一体，乃至达到天人合一。今天，印度古老的文化吸引了成千上万来自世界各地的人，他们用不同的方式体验着印度的文化，探索着瑜伽带给人们的种种喜悦与健康。

2. 艺术性

瑜伽的艺术性一直充分表现在印度的美术、诗歌、戏剧、舞蹈、音乐等艺术作品中。古典印度瑜伽练习者追求的榜样是人格首神奎师那，他的故事是美术中最常见的反映瑜伽文化的题材。在古印度文学中，诗歌总集《吠陀》作为印度最早的文学作品之一，其中有系统的关于瑜伽的记载。最著名的形象是四臂两足，踩踏在阿修罗身上跳着著名的坦塔瓦，瑜伽体式中的舞王式即是对此的表现。

3. 教育性

瑜伽的教育性体现在两个方面，一方面是对人审美情趣的教育性。由于瑜伽是一种柔和、均匀、缓慢的身体运动，其动作舒展优美、协调连贯，能给人以美的感受，使人感受美、鉴赏美、表现美、创造美的情感和能力，提高艺术修养和树立正确的人身观、世界观和审美观，产生积极向上、追求美好未来的健康情绪。通过瑜伽欣赏，可看到表演者"发于情而行于体"，把情感注入其全部的形体动作之中，最后塑造出形神兼备的美的形象。瑜伽演示的柔美与力量、挺拔与优雅，都由"形"可见，力量性动作能赋予人们振奋、活跃之美感；柔软性动作给人以优美舒展、如诗如画的情绪感染，使人们顿生喜悦、愉快之情，把人们的审美情趣带入更崇高的境界。

瑜伽教育性的另一方面体现在对人意志心理的塑造上，瑜伽练习，可以提高人的专注力，顽强意志的培养，彰显个人气质，增强自信心、培养奋发向上的精神。通过瑜伽习练，人们会把郁积多时的低沉、烦闷情绪统统消除掉，产生一种奋发向上的精神。实践证明，瑜伽练习有益于正确人生观和价值观的形成，有益于增强自信心和培养奋发向上的精神。

二、瑜伽的编排

（一）编排的重要因素

1. 编排者自身素质及编排水平

每个掌握瑜伽知识的人都可以进行瑜伽成套动作的编排，但质量和效果却是千差万别。编排者作为编排过程的主导者，不仅具备精湛的瑜伽专业知识，而且应具备强烈的敬业精神和奉献精神。

2. 练习者的自身条件

首先应具备一定的瑜伽基础，其次练习者需具备一定的执行和操作能力，如力量、柔韧等。最后，练习者要能够正确理解瑜伽动作。

3. 音　乐

瑜伽音乐的特点和作用是收敛心神、放松身心，在选择背景音乐时要注意这些特点，必须通过音乐节奏的变化带进动作节奏的变化。

（二）编排方法

1. 整体法

整体法就是对成套动作进行初步的设想，为成套动作设计基本的框架，确立全套动作的风格、基本内容、实践、强度和音乐等。

2. 分段法

一套瑜伽动作可划分为三个阶段进行编排：开始部分、主体部分、结束部分。

3. 移植法

移植法是将某一项目的动作移植到瑜伽动作中的方法。例如，舞韵瑜伽就是把舞蹈元素融入瑜伽动作组合中。

4. 动作创新组合法

对瑜伽体位进行组合创新。

（三）编排的程序与步骤

（1）初步构思，拟定编排方案。

（2）选配音乐。

（3）确定成套动作内容和呼吸的配合。

（4）反复实践与修改、调整。

（5）记录。

第十九章

街舞俱乐部

知识树

第一节　街舞俱乐部课堂教学

一、街舞概述

（一）街舞的起源与发展

街舞最早出现在 20 世纪 70 年代末期美国的黑人聚居区，纽约和洛杉矶是街舞的两大发源地。街舞的英文名为 Hip-Hop。街舞从字面上来看，Hip 是臀部，Hop 是单脚跳，合起来意为轻摆臀部。Hip-Hop 字面意思翻译过来就是"嘻哈"。有黑色精灵之称的黑人具有天生的韵律和极协调的运动能力，他们在音乐的伴奏下，无视表演空间的限制，道旁、街边成了他们展示音乐和舞蹈天赋的舞台。街舞是多种舞蹈风格融合于一体、崇尚舞者个性特点的舞蹈。街舞不是一种单一风格、纯粹的舞蹈，而是不同动作技巧的组合。

进入 20 世纪 90 年代，作为一种文化体育活动，街舞已与体育健身相融合。新兴的街舞在原有的基础上又有了新的突破，这时的街舞更注重身体的协调性和韵律性，同时增加了身体的律动及手部的动作和花样的步法。它集中体现在动作的张弛自如、快慢有度、流畅中的停顿和有节奏的身体弹动。在美国，街舞音乐在主流娱乐界已占据了相当的位置；在我国，街舞也得到了广泛的开展，它成了现代人展现自我的方式。近年来，随着街舞的逐渐发展和完善，已越来越不受年龄的限制。通过街舞，人们张扬个性，释放自己，充分展示生命的活力和激情，体会从身体到精神的一种彻底的放松与释放，突出体现了街舞的"自由"这一精神文化实质。

街舞的分类

（二）街舞的锻炼价值

通过跳街舞，可以提高身体的协调性，增强人们的自信心，培养人们健康的审美观，还能改善神经系统的机能。

二、街舞基本动作

（一）霹雳舞

霹雳舞是类似体操的一种地面动作，是以旋转为主，翻身为辅，以手部为主要支撑点，肢体在空中的翻腾、旋转为特色的技巧性街舞。尽管霹雳舞看起来包含许多复杂的动作，但是它们都是由基础的摇摆步、地板步衔接，加入复杂的技巧性的动作或定招，使整个舞蹈向更广更高的方向发展。霹雳舞大体上可以分为两种类型：用手、头、身体在地上旋转，称为大地板；用肢体在地上踩出复杂变化的脚步动作，加上刁钻的倒立，称为小地板。当然，跳舞的同时也可以随意去搭配你所想表现的动作。我们把专攻霹雳舞的舞者称为B-BOY或者B-GIRL。

1. K 踢

K踢（Kick），或称L踢（L-Kick）。这一动作来自坎波舞。单手撑地，双腿踢向头部上方，随着非支撑臂的位置和双腿的弯曲形态不同而有多种变形。双腿向两侧尽量分开，成"V"字形。

2. 手 转

舞者倒立且旋转，然后随着身体重量的移转由一只手换到另一只手做动作，做到脚着地为止。

3. 侧手转

侧手转（Sideglide）。与手转相似，只是肘部支撑于体侧，双腿并拢，上下叠放，身体侧立做圆周旋转。

4. 蛙 跳

蛙跳（Frog）。像青蛙一样身体下蹲向前跳，然后双手撑住地面，再接双腿的蛙跳，重复。

5. 蟋蟀跳

蟋蟀跳（Cricket），也叫跳飞机。双手撑于体下，双肘抵住腹部，双脚离地，身体平行伏于地面，双手推动身体上下跳动着旋转。注意只能用手接触地面。这个动作可以连接地板步、托马斯、蠕虫和其他飘浮动作。

6. 头 转

头转（Headspin），以头支地的旋转动作。先以头顶地倒立，双手扶地，然后两腿分开做圆周摆动，带动身体旋转，双手离地。在旋转中，朝上的双腿可以摆出各种造型或做出各种动作。

7. 托马斯全旋

分腿全旋（又称托马斯，Flare）。来自体操的旋转动作，在动力和平衡中，使双腿保持在空中，围绕身体前后旋转。

（二）机械舞

它起源于机械人动作及形态，是利用肌肉的紧绷与放松来产生身体的震动与定格。其动作规格要求有突然停顿但不能太重，而是将力量释放出来的"划过骤停"的感觉，动作要配合音乐的节拍点"卡住"，卡拍时肌肉瞬间收紧，在不卡拍时相对把肌肉放松，在肌肉紧张和放松之间把握好的"度"。由于动作要求细腻，基本功要求特别高。

1. 弗雷斯诺

弗雷斯诺（Fresno）。机械舞的基本动作。身体斜向一侧，抬起该侧手臂震，然后身体斜向另一侧，抬起该侧手臂震；做手臂弗雷斯诺的同时，加入同侧腿部动作，即猛烈向后抽动该侧腿部的膝盖，感觉像是在极力扩张肢体。这样平滑地交替做下去。（图 19-1-1）

图 19-1-1

2. 眼镜蛇舞

眼镜蛇（Cobra）。舞者用一只手做波浪的动作传到另一只手，然后再把它送回来，但是只用到肩膀。（图 19-1-2）

图 19-1-2

3. 玩具人舞

玩具人（Toyman），模仿玩偶形态的动作。（图 19-1-3）

图 19-1-3

（三）新派街舞

新派街舞是极其自由的舞蹈，没有固定的舞蹈体系，你可以采用任何舞蹈元素，你的身体可以像你的心灵一样奔放不羁，它似乎就是一种对原始非洲舞蹈精神的回归。初学者可以从律动、波浪、转动学起。

1. 律　动

律动（Up & Down）。嘻哈舞蹈的基本动作形式，也是这种舞蹈风格的主要体现方面。律动表现为身体随音乐的起伏和摇摆，分为重拍向上和重拍向下两种，前者多用于新放克（Funky）和豪斯舞蹈。（图 19-1-4）

图 19-1-4

2. 波　浪

波浪（Wave）。身体做波浪式传动，令人感觉就像一股看不见的力量穿过舞者的整个身体，可以是两臂之间水平的波浪，也可以是从头到脚垂直的波浪，还有双腿之间、肩臂之间等众多身体部位的波浪，不同的波浪可以相互组合，自由发挥。波浪动作要流畅连贯，充满律动。（图 19-1-5）

图 19-1-5

3.转 动

转动（Rolling）。用身体的各个部位均可以做转动。基本的为脖子、肩部、胸部、胯部及腿部的旋转。转动可以是一种动作与动作之间连接的基础，也可以在新爵士中表现为性感的动作。（图19-1-6）

图 19-1-6

第二节 街舞俱乐部课外教学

一、街舞的练习方法

（一）耐力的练习方法

（1）最常用的就是跑步。每天可以当晨练来做，一次3000米。这样可以锻炼跳舞跟不上的体力，改善跳舞跳完一个曲子下来很累的感觉。

（2）站直之后把一只腿慢慢地往上抬，上身要绷直，抬到不能承受的地步，坚持一会儿，在坚持到自己受不了的时候就停下来。

（二）平衡力的练习方法

（1）站立，把一只脚抬离地面，之后下蹲一点，闭上眼睛，坚持一分钟。

（2）一个人抱着另一个人的脚往前跑，后面的人单腿跳着跟着他，不要被他拖倒。每次三分钟，这样也可以锻炼平衡力。

（三）爆发力的练习方法

跳街舞时，好多动作做不出来，其实不是力量不够，而是爆发力不够。练习腿的爆发力就是做蛙跳，练习手臂的爆发力基本上就是做单手俯卧撑。

街舞竞赛
规则简介

街舞比赛场地和
器材

（四）倒立的练习方法

直立，两臂前上举，接着上体前屈，两手向前撑地（同肩宽），稍含胸，一脚蹬地，另腿后摆。当摆动腿摆至垂直上方时，蹬地腿向摆动腿并拢，顶肩立腰，脚尖向上顶，全身紧住成手倒立。手倒立的控制：如重心向前时，手指要用力顶住，同时稍抬头拉肩；如重心向后时，掌根用力，记得要有抓地的感觉，倒立时间不定，主要看个人素质。

二、街舞的编排

街舞服饰

（一）流行街舞

各种舞蹈种类可单独使用，也可以根据情况多种类型组合编排。

（1）成套动作中可以加入Breaking，但不作为加分的因素，只视为编排的一种类型，Breaking的设计应保持成套动作风格的完整性和协调性。

（2）成套编排要积极、健康、充满活力、富有创造力和新意。

（3）成套编排能充分体现所选择舞种的技术特点，能表现出基本功的深度和广度。

（4）成套编排能体现音乐的风格与内涵，动作和音乐应有完美的结合，能充分体现音乐的风格。

（5）全套动作应完整连贯、过渡自然、连接流畅；集体项目每个选手的动作编排应完整，不能出现长时间的停顿或造型（1×8拍以上），所有选手必须同时上下场，不能在成套动作开始后和结束前上下场。

（6）个人项目应充分利用场地，编排应注重艺术性和表演性；集体项目有良好的团队配合和交流，有丰富的队形变化。

（7）斗舞应运用正确的技术完成高难的技巧动作和组合，如挑战身体能力极限的高难动作和创新动作；动作的设计应独特，具有个人风格；动作类型应丰富、编排巧妙、连接流畅；应动作完整、技术准确到位，能体现出扎实的基本功；应节奏明显、动作与音乐能协调配合。

（二）健身街舞

充满活力，有创造性，动作设计必须展示街舞舞蹈特色内容。

（1）成套动作必须显示身体全面的协调能力，能够体现身体动作的均衡性（包括上、下肢及身体左、右两侧的平衡发展）。动作设计中应包含有一种或多种类型的街舞舞蹈动作，避免重复。

（2）成套动作的设计突出健身目的，要以肢体的大幅度动作和步伐移动为主，体现一定的运动强度，应避免长时间的停顿（1×8 拍以上）。

（3）动作设计要遵循健康和安全的原则。成套动作中不得出现技巧性难度动作和对身体易造成伤害的动作（例如关节过度伸展等动作）。

（4）成套动作设计中的舞蹈、造型和队形变化应始终保持完整性，并与音乐的风格和特点相吻合，要充分体现集体项目的配合与交流，队形变化丰富、连接流畅。

（三）轻器械街舞

除符合上述要求外，成套设计中还要体现出对器械合理和充分的运用，并能够正确地表现出器械的特点。

以上任何形式的街舞编排都禁止出现渲染暴力、战争、宗教、种族歧视与色情的内容。

第二十章

轮滑俱乐部

第一节　轮滑俱乐部课堂教学

一、轮滑的起源与发展

（一）轮滑的起源与发展

轮滑运动是从滑冰运动过渡而来的，据有关资料记载，轮滑在 18 世纪由不知名的荷兰人发明。最初有位荷兰的滑冰运动员，为了在不结冰的季节继续进行训练，尝试把木线轴安在皮鞋下，试图在平坦的地面上滑行，他的试验在不断失败和改进后终于取得成功，创造了用轮子鞋"滑冰"的历史，从此轮滑运动在欧洲诞生、兴起并得到了较快发展。

1760 年，伦敦有一位叫作瑟夫·梅林的乐器制造商制造了金属轮子的长靴，一次化装舞会上，他从入口溜冰进去演奏小提琴。不过在还不知道如何刹车以及如何控制那双附有轮子的鞋子情况下，他撞向了一面价值 500 英镑的大镜子，镜子打破了，人也受了伤。这件事被媒体充分报道之后，引起了人们的巨大震动，轮滑运动也被视为一项"危险的运动"，由此被冷落了相当长的一段时间。1819 年，一位叫作 M·Peitibled 的人制作了一双单排轮轮滑鞋，并记载在了法国发明专利中。1823 年，伦敦人 Robert John 设计了一双溜冰鞋，他设计的轮滑鞋是在鞋底部放置五个轮子并排成一排。1863 年，美国人詹姆斯·普利姆普顿，创造了由四个轮子在脚下并排组成的一双溜冰鞋，这种溜冰鞋可以做转弯、前进和向后的动作，深受各国轮滑爱好者的欢迎，他的发明推动了各国轮滑运动的发展。詹姆斯·普利姆普顿于 1866 年在美国纽约创建投资了一所室内轮滑场，这也是世界上第一所室内轮滑场。轮滑场落成后在詹姆斯的号召下组织成立了纽约轮滑运动协会，并且将轮滑运动首次加入体育运动的正式比赛项目之中，此时轮滑运动已经在欧洲各国得到了迅速发展。1884年，美国的理查森和雷蒙德发明了滚珠轴承，对改进轮滑技术起了极大的作用。英国在1884年举办了首次全国轮滑锦标赛。国际轮滑联盟于1892年4月1日在瑞士正式成立，轮滑运动在这一时期向着正规化、国际化发展迈出了坚实的一步。

1924年，在瑞士蒙特勒成立了国际轮滑联合会，当时参会的有来自法国、英国、德国、瑞士四国的代表，从此开始举办速度轮滑、花样轮滑、轮滑球的洲际和世界比赛。第1届欧洲轮滑球锦标赛是于1926年4月举办的，当时只有6个国家参加。首次世界轮滑锦标赛是国际轮滑溜冰联合会在1936年举办的，举办地为瑞士。轮滑项目的国际联合会是在1940年4月第43届国际奥林匹克委员会会议上正式被承认的。国际轮滑溜冰联合会于1952年正式改名为国际轮滑联合会。1983年，斯科特·奥尔森成立了专门生产单排轮轮滑鞋和器材的Rollerblade公司，使单排轮轮滑运动非常迅速地在全世界普及开来。国际奥委会正式接纳国际轮滑联合会（FIRS）成为会员，是在1997年于捷克首都布拉格举行的国际奥委会会议上。如今，速度轮滑已经成为2010年广州亚运会的正式比赛项目，共设9块金牌，并且被国际奥委会承认为奥运会候选项目。

（二）轮滑的锻炼价值

（1）轮滑是一种轻松有趣、可以长时间进行的活动，属于低冲击、全身性的有氧运动，很利于身体健康。

（2）轮滑可以促进大小肌肉的协调性，增进平衡感和专注力。

（3）"跌倒"是每个轮滑初学者的必经过程，跌倒对学习轮滑的人来说也是一种"练习"，让练习者产生对"挫折"的抗压性。

（4）轮滑比慢跑、游泳、骑单车等活动更能提高人体吸收氧气的能力，可以提高心肺功能，降低心血管疾病。

（5）轮滑和慢跑所消耗的卡路里几乎相等，能有效控制体重，达到塑身效果。

（6）轮滑对于关节的冲击力只有慢跑的一半，可以作为复健项目的一种。

（7）可以缓解压力，减缓老化。

二、熟悉性练习

（一）站立—控制身体平衡练习

（1）外"八"字站立：两脚尖外展成外"八"字，两脚跟互靠，防止滑动。

（2）两脚成"丁"字站立：防止鞋轮滑动，两脚跟靠住后脚弓。

八字站立法

丁字站立法

（3）两脚平行站立：两脚平行分开，身体重心落在两脚之间站立。（图20-1-1）

注意事项：

（1）站立时上体要尽量放松。

（2）始终将身体重心控制在两腿之间。

"八"字站立　　　　　"丁"字站立　　　　　平行站立

图20-1-1

（二）外"八"字站立蹲起练习

鞋跟靠近，身体下蹲。（图20-1-2）

注意事项：

（1）蹲起时要适当控制速度，不要过快。

（2）目视前方。

图20-1-2

（三）平行直立站立蹲起练习

平行直立开始，屈膝下蹲。（图20-1-3）

注意事项：

（1）蹲起时要适当控制速度，不要过快。

（2）目视前方。

平行直立
站立蹲起

图 20-1-3

（四）原地左右移动重心练习

平行移动身体重心，双手放在背后，鼻、膝、脚尖成一直线。（图 20-1-4）

注意事项：

（1）上体平稳，重心要低。

（2）移动中保持头和臂的同步平行移动。

原地左右
移动重心

图 20-1-4

（五）原地踏步练习

两脚交替慢抬、慢落，体会单脚支撑时的身体平衡。（图 20-1-5）

动作顺序：抬右脚—左脚单支撑—慢落下恢复站立；抬左脚—右脚支撑—慢落下恢复站立。

注意事项：

（1）身体重量全部落在支撑腿上。

（2）浮腿要迅速放松。

原地踏步

图 20-1-5

前后滑动支撑

（六）前后滑动支撑练习

两脚前后滑动，控制重心，体会轮滑鞋的性能。（图20-1-6）

注意事项：

（1）双臂维持平衡。

（2）目视前方。

（七）单脚支撑练习

单脚支撑，浮腿抬起，鼻、膝、脚尖成一条线。（图20-1-7）

注意事项：

（1）降低身体重心，紧缩肢体。

（2）身体全部重量压在支撑腿上。

原地单脚支撑

图20-1-6

图20-1-7

（八）交叉步行走练习

这是移动重心、掌握平衡的基础。准备姿势有抬右腿，跨左腿，左腿支撑；抬左腿，跨右腿，右腿支撑，重复交替。（图20-1-8）

注意事项：

（1）做交叉步时，浮腿不要抬得太高。

（2）做交叉步时，注意重心的变化。

交叉步行走

图20-1-8

（九）原地顺、逆时针方向的转体移动练习

在移动时注意随时调整身体重心，保持平衡状态。（图 20-1-9）

注意事项：

（1）双臂维持平衡。

（2）目视前方。

原地逆时针的转体

图 20-1-9

（十）正确的摔倒与站立

摔倒与站立：戴好护具，体会摔倒时身体的着地顺序。膝先着地，肘和护掌随后辅助支撑，站立时单膝跪撑（侧身双手按地）。（图 20-1-10）

图 20-1-10

前摔保护

后摔保护

侧摔保护

三、速度轮滑基本技术

（一）直道滑行技术

1.基本姿势

正确的滑跑姿势，能够减少空气阻力达到快速滑跑的目的，并有效地增加滑跑前进中的推动力，节省体能的消耗。速度轮滑直道滑跑采用上体前倾的半蹲式姿势，髋、膝、踝三关节呈蹲屈的状态。两脚、两腿并拢，两腿蹲屈，上体前

倾，肩略高于臀，两手在背后互握，目视前方。基本滑行姿势各部位的角度是：上体与地面的夹角为 15°～30°，大小腿的夹角为 90°～120°，小腿与地面（踝关节）为 55°～75°，头微抬起。（图 20-1-11）

2. 蹬地技术

蹬地力是推动运动员向前滑进的唯一动力来源。蹬地效果的好坏取决于蹬地的用力方式、角度、方向、力量、速度的运用等技术细节合理性。（图 20-1-12）

图 20-1-11　　　　　图 20-1-12

（1）蹬地动作用力方式。

速度轮滑运动的蹬地方式具有快速用力的形式和逐渐加速的特点。在蹬地的开始阶段，由于身体中心位置，蹬地角都未成熟，蹬地腿所处的关节角度也不利，因此蹬地开始阶段的蹬地速度稍慢。在蹬地的最大用力阶段，由于形成良好的蹬地角和蹬地腿的各关节角度都处在最有力的状态下，此时需要加速用力蹬地，同时力值也达到最高水平。

（2）蹬地角。

蹬地角是蹬地腿的纵轴线与水平线的内侧夹角。

在速度滑轮运动中，蹬地角可以决定蹬地的力量效果，但前提是必须全力蹬地，轮滑运动理想的蹬地角为 40°～50°，此时蹬地力量最大。

在滑行的过程中，蹬地角并非一定值，从蹬地动作开始到蹬地动作结束，蹬地角是在不断变化的，其趋势是逐渐减小，到结束蹬地时是一定值，平均变化值为 80°～40°（摆动腿轮着蹬地结束）。

蹬地角度一般根据滑跑的项目和滑跑的区域来决定，长距离项目角度较大，短距离项目角度较小，直道的蹬地角较大，而弯道的蹬地角较小。

（3）蹬地力量、速度和幅度。

滑行的速度依赖于蹬伸动作对地面产生作用力的大小，作用力与滑行速度成正比关系，而作用力的大小又取决于肌肉收缩所作用的功和功率，功和功率的公式为 $W=Fs\cos a$；$P=w/t=FV$。因此功率的大小与蹬地力量、蹬伸速度及做功的距离有关，在蹬地过程中想获得较大的功率，根据公式可知，只有加大蹬地的力量和提高蹬伸的速度。

在滑轮运动中，由于轮与地面咬合的、脱滑的现象，因此要求动作幅度不要过大，膝关节不要求完全伸直。

（4）蹬地方向。

在相对静止的条件下，凡是向前进的滑进动作，运动员只有向支点后方施以作用力才能产生推动身体向前的反作用力，速度轮滑运动中的起跑阶段是向后蹬地的，在疾跑阶段由于速度逐渐增加，蹬地的方向就要由后逐渐转向侧面，当达到一定的滑跑速度时，蹬地方向要向侧方，这时着地方向应与滑行方向相垂直。在滑速较快时，之所以必须向侧蹬地，是因为向前滑行速度大于蹬伸速度；其次，是因为人体下肢形态结构与单排轮的几何形状特点，即轮絮较长，不便向后蹬地。

3. 收腿技术

当蹬地腿完成蹬地动作后，浮腿抬离地面至再次着地前的过程称之为收腿。收腿的任务是连接蹬地与着地动作，配合身体重心的移动保持平衡及放松等。另外，浮腿积极摆动也有助于蹬地腿发挥蹬地力量。收腿的动作方法是浮腿的大腿带动小腿以最短的路线拉回，使浮腿的膝关节靠近支撑腿。收腿时髋关节内收，膝关节屈，自然形成钟摆动作。（图 20-1-13）

4. 着地技术

着地动作是指从收腿动作结束后至轮落地的动作阶段。着地包括两个动作：一是向前摆腿动作阶段；二是轮着地动作阶段。着地的动作方法是以大腿屈的动作为主，从后向前提位，以后轮领先在靠近蹬地腿内侧的前方着地。着地技术很重要，直接影响到惯性滑进和蹬地质量。着地时小腿有明显的积极前送下落动作并使浮腿充分放松，浮腿轮着地的开角不要过大，浮腿的轮在着地的瞬间浮腿暂不承担体重，当蹬地腿蹬地结束时的刹那才迅速承担体重。（图 20-1-14）

5. 惯性滑进

惯性滑进是指一条腿从轮着地后的支撑滑行至开始蹬地的动作阶段。长距离滑跑是滑进持续时间比短距离长，一般占一个单步幅的 1/2 长，而短距离的滑跑则占一个单步幅的 1/3 或者 1/4。在支撑滑进过程中，最好利用轮正面支撑，以减少轴向力对轴承压力过大而造成的速度损失。（图 20-1-15）

6. 摆臂技术

摆动时，两臂以肩关节为轴，辅以屈伸肘关节的动作，完成前后自然摆动动作。手可以半握拳或者保持微屈状态。前摆到额下，后摆到与躯体平行。摆臂的方向应与躯干的纵轴线之间成 40° 为宜。摆臂动作的节奏要与蹬地腿保持一致，臂腿做配合动作时，蹬地腿的同侧臂向前摆，异侧臂向后摆。（图 20-1-16）

直道摆臂动作

图 20-1-13　　　　　图 20-1-14　　　　　图 20-1-15　　　　　图 20-1-16

7. 技术配合

（1）两腿之间的动作配合结构与方法。

直线滑行技术属于周期性运动，在保持正确滑行姿势的基础上，两腿交替完成蹬地、收腿、着地、惯性滑进的动作，以一侧腿的动作为例：左脚惯性滑进时（左腿称为支撑腿，右腿称为浮腿）（图 20-1-17）；当支撑腿（左腿）由正刃支撑变内刃支撑开始蹬地时，浮腿（右腿）开始向前引腿，同时重心开始向右移动（图 20-1-18）；当支撑腿轮子与地面形成有利的蹬地角度时，支撑腿依靠肌力急剧用力"推弹"蹬地，浮腿开始着地接承体重，形成新的支撑腿（图 20-1-19）。蹬地腿蹬地结束借蹬地的反作用迅速收腿，在摆动腿（左腿）收腿到身体侧后位时，支撑腿（右腿）轮子进入平刃支撑惯性滑行阶段（图 20-1-20）。然后，支撑腿轮子由平刃变内刃，形成新的蹬地开始和两腿的协调配合动作。

图 20-1-17　　　　图 20-1-18　　　　　图 20-1-19　　　　　图 20-1-20

（2）摆臂动作与腿部动作配合。

两臂的摆动与腿的配合是蹬地腿的同侧臂向前摆动，异侧臂向后摆动，两肩前后交替摆臂配合下肢的蹬地、收腿、着地动作，构成完整的直道滑行动作。（图 20-1-21）

图 20-1-21

（二）弯道滑行技术

1. 基本姿势

在弯道滑行的过程中，身体始终保持向圆心前倾，并保持鼻与支撑腿的膝关节、前轮都处在同一纵轴平面上。前倾的幅度较大，蹬地角在 40°～45°。单臂或双臂前后自然摆动，身体重心的位置要落在轮的中部为宜。（图 20-1-22）

2. 蹬地技术

在弯道滑行过程中，根据克服人体向前做直线运动的惯性需要一定向心力的要求，弯道技术动作与直道技术动作相比有明显的不同。由于身体重心投影点始终在身体的左侧，并在离心力与向心力的作用下，形成了维持身体平衡使身体重心沿弧线方向运动的规律。这样也自然形成了左脚外侧轮和右脚内侧轮交替、连续、快频率向右侧蹬地的动作技术。

在弯道滑行过程中，两腿的蹬地动作有所不同，参与蹬地动作做功的肌群也不同。右腿蹬地动作是以伸髋、展髋、伸膝的动作为主，伸踝动作为辅，而左腿的蹬地动作是以伸髋、内外髋关节、伸膝的动作为主完成的。（图20-1-23、图20-1-24）

图20-1-22　　　　　　图20-1-23　　　　　　图20-1-24

3. 收腿技术

为适应弯道滑行的特性，两腿的收腿动作也不一致，右腿的收腿动作是以内收、屈髋、屈膝关节的动作为主，背屈踝关节动作为辅，膝关节领先，轮贴近地面向左侧平移，跨过左腿和左脚轮至左脚轮左侧稍偏前的适宜位置。（图20-1-25）

左腿的收腿动作是外展髋、屈髋和屈膝动作为主，以背屈踝关节为辅，以膝关节领先，使左踝保持放松状态，轮贴近地面向左上方做提拉腿的动作，将左脚收至支撑腿的左侧较适宜的位置。（图20-1-26）

4. 着地技术

右腿的着地动作是在右腿收腿动作结束后，利用右脚踝关节的背屈动作使轮的正面后轮在支撑腿（左脚）的前内侧较适宜的位置轻轻地着地。左腿轮着地动作是在左腿的收腿动作结束后，左脚踝关节背屈，使前轮稍稍跷起，利用轮外侧后部在右脚轮的前内侧较适宜的位置轻轻着地。（图20-1-27、图20-1-28）

5. 摆臂技术

双摆臂时，右臂的摆动幅度与直道摆动基本相同，摆动的方向可稍向侧，摆动的动作是以肩关节屈伸摆动动作为主，配合蹬地动作。（图20-1-29）

图20-1-25　　　图20-1-26　　　图20-1-27　　　图20-1-28　　　图20-1-29

弯道摆臂动作

6. 技术配合

（1）两腿的配合。

以一侧腿的动作为例，其动作顺序：蹬地—收腿—着地。右脚开始蹬地，左腿开始收腿；右腿蹬地最大用力后，左脚轮着地；左腿开始蹬地，右腿开始收腿，左腿蹬地最大用力后，右腿着地。（图 20-1-30）

（2）臂与腿动作配合。

两臂的摆动动作与腿部动作配合是蹬地腿的同侧臂向前摆动，异侧臂向后摆动，两臂摆至前后最高点时，蹬地腿蹬地动作结束，浮腿轮着地，两臂前后交替摆动配合下肢蹬地、收腿、着地，构成完整的弯道滑行技术动作。（图 20-1-31）

图 20-1-30　　　　　　　　　　　　　　　　　图 20-1-31

（三）停止方法

1. 内"八"字刹

适用于平缓长下坡，由于需长时间刹车，若使用"T"字刹，则脚易酸麻，避免加速太快时使用，亦可用于速度较慢时刹车。两脚张开，排成内"八"字，两脚弯曲蹲低，身体微向前倾，抬头两眼直视前方。因为脚内"八"字，所以会往内滑，此时两脚用力往外撑，就可以慢慢刹车。需要多练习才能将刹车力道均匀地施于两脚。

2. "T"字刹

就是以自由脚的轮子，取代刹车器的功用。首先单脚前溜，后脚自由脚伸直垂直放在滑行脚后面，类似弓箭步，重心完全置于溜冰脚上，抬头挺胸收小腹，上身保持正直，后脚与前脚的轮子保持垂直轻轻接触地面，此时仍是前溜，但由于后脚与前进方向垂直，轮子与地面摩擦，慢慢会停下来。

内八字刹

T 字刹

第二节　轮滑俱乐部课外教学

一、轮滑鞋与轮滑护具

（一）轮滑鞋

轮滑鞋是轮滑运动中最重要的器材。鞋的质量和性能直接影响到选手的运动成绩。常规的轮滑鞋主要由鞋靴、轮架、轮子和轴承几部分组成。

1. 鞋　靴

目前，多数练习者选择休闲轮滑鞋进行练习。因为这种鞋的鞋帮较高，而且比较坚固，所以更有利于提高初学者的平衡能力和对鞋的控制能力，但它对踝关节的活动范围会有一定的限制（图20-2-1）。鞋靴包括外壳和内衬两部分，外壳一般是由硬塑料制成，选择鞋靴要以穿着舒适、耐用为主。这就要求鞋体要厚实，外壳尤其是鞋勒应有一定的硬度，鞋舌及内衬要柔软，这样的鞋穿起来才会舒适得体，掌控自如。一些新型的鞋靴两侧和底部都有透气孔，使其具有良好的透气性和降温能力，有的鞋跟还装有减震垫，这样更适合长时间的户外滑行。另外，在选择鞋时还要考虑鞋的重量问题。有些鞋自身重量较大，外表上给人一种十分笨重的感觉，滑行时会严重影响技术动作，所以应选择那些相对轻便的鞋子。现在的轮滑鞋一般都带有鞋扣，每只鞋通常有3～5个。鞋扣能够很好地将鞋锁住，增加踝关节的稳定性。即使在运动员摔倒或受到撞击的情况下，鞋扣也不会断开，这对脚踝可以起到保护作用。

专业速度轮滑鞋的鞋帮相对较低，踝关节活动范围较大，鞋底及鞋帮的支撑部分一般由碳纤维材料制成，鞋里和鞋面由皮革等材料制成。（图20-2-2）

轮滑装备

图20-2-1

图20-2-2

2. 轮　架

轮架是用来连接鞋靴和轮子的（图20-2-3）。好的轮架重量轻、强度高，使用这样的架子可以大大减轻鞋的整体重量。轮架的长度应与鞋靴相匹配，专业轮滑鞋的轮架与鞋靴的位置可以调整，以便适应不同选手的个人需要。

3. 轮子和轴承

大部分人在选择器材时只看外形和价钱，其实轮滑鞋最主要的部分是轮子和轴承。休闲轮滑鞋一般有 3～4 个轮子，而专业的速度轮滑鞋有 4～5 个轮子，每个轮子内嵌有两个轴承，轮子通过配套的轮轴和螺丝固定在鞋架上。由于轮子是直接与地面接触的，因而轮子的硬度、弹性、直径和耐磨程度以及轴承的滑度是影响滑行速度的重要因素。

专业的速度轮滑选手，要根据场地来决定使用什么样的轮子。一般来讲，沥青和水泥场地应尽量选择硬度稍高的轮子，而木质地板场地则可以选择较软的轮子。轮子的大小也有很大不同，直径一般在 60～90 毫米间变化（图 20-2-4）。选择时应根据轮架的型号以及个人的喜好和要求来确定所使用轮子的大小。

轴承是轮滑鞋的核心部分。普通轮滑鞋通常使用 ABEC-1 或 ABEC-3 的轴承，而质量稍好一点的鞋会选用 ABEC-5 的轴承，专业速度轮滑鞋一般使用 ABEC-7 标准的轴承。（图 20-2-5）

图 20-2-3　　　　　图 20-2-4　　　　　图 20-2-5

4. 鞋　闸

休闲轮滑鞋都配有鞋闸，可用于急停，也有人觉得它很碍事而摘掉它（图 20-2-6）。这要根据练习者的水平和爱好决定安装与否。对于初学者，鞋闸是必需的，它是安全的保证，必须学会如何使用它，而速度轮滑鞋则没有制动装置。

图 20-2-6

如何选择
轮滑鞋

（二）轮滑护具

轮滑运动的滑行速度较快，滑行路面较为坚硬、粗糙，训练和比赛时选手们经常互相超越，自己摔倒和相互碰撞的情况时有发生。为了保护身体不受损伤，运动员在训练和比赛中应佩戴护具，在正式比赛时要求选手们必须戴头盔。

护具的选择应以良好的防护性为前提，同时，要尽可能地减小因佩戴护具而对运动造成的负面影响。常用的护具主要包括：头盔、护膝、护肘和护掌。

1. 头　盔

头盔是休闲轮滑和速度轮滑练习者必不可少的安全护具（图 20-2-7）。它与自行车运动员佩戴的头盔基本相同，但速度轮滑运动员的头盔在外形上不允许有明显的棱角，这与部分自行车运动员佩戴的为减小空气阻力而单独设计的具有长长尾翼的头盔有明显的区别。

头盔的结构主要是由其坚硬的外壳和柔软的内层护垫构成，它的外形具有流线形的特点，因此可以最大限度地减少空气阻力。外壳的构架式设计，使其具有良好的透气性。发生头部碰撞时，头盔的外壳首先会分散局部撞击带来的巨大冲击力；同时，具有一定的厚度且分布均匀、富有弹性的内层海绵体将更有效地起到缓冲作用，从而保护头部的安全。因而头盔的选择要注意以下几个方面：首先是外壳要具有一定的硬度和韧性；其次，内衬的软体要分布均匀且富有弹性；最后，盔体应轻便并具有流线形的外观。

2. 护膝和护肘

护膝和护肘是用来保护膝关节和肘关节的，尤其是在向前或侧前方摔倒时，常常会出现膝关节和肘关节着地的情况，佩戴护膝和护肘可以有效地避免或减轻膝关节和肘关节的撞击伤和摩擦伤，这对于初学者和业余爱好者尤为重要（图 20-2-8）。护膝和护肘的结构主要包括硬塑料外壳和内衬的软海绵体，防撞击能力是评价护膝和护肘性能的主要指标。另外，在起到防护作用的同时还要尽可能不影响关节的活动幅度。

3. 护 掌

发生摔倒的一瞬间，手掌和手腕经常会受伤，因而对手的保护也非常重要。护掌一般要轻便、耐磨、不易脱落而且能保护腕关节，同时它还应有良好的吸湿性和透气性。（图 20-2-9）

图 20-2-7

图 20-2-8

图 20-2-9

花样轮滑欣赏

极限轮滑欣赏

二、安全措施

（1）练习轮滑前，应先做好准备活动，尤其是手腕和下肢各关节及韧带，要充分活动开。

（2）应戴一些防护用具，如轮滑专用的护腕、护肘、护膝及头盔等。现在很多体育商店都有这种轮滑的专用护具。

（3）练习前要检查轮滑鞋的螺丝等紧固部件，以免滑行中因轮滑鞋出问题而受伤。

速度轮滑欣赏

自由轮滑欣赏

（4）初学者应在初学场内或规定范围内练习，或尽可能在人少的地方练习，不要任意滑行。初次学习轮滑时，最好有滑行熟练的同伴或辅导员进行辅导。

（5）禁止做危险或妨碍他人的动作，特别是在人多的公共轮滑场内，如几人拉手滑行，在速滑跑道上逆行或与大家滑行方向逆行，乱蹦乱跳，在场内横插乱窜，追逐打闹，突然停止等，这都是既妨碍他人，又容易发生危险的事情。如果在公路上滑行，更要注意交通安全，最好要在人少车少的地方练习。

（6）学习轮滑时摔跤是不可避免的，但要学会在摔跤时做自我保护。方法：当要向前或向侧摔倒时，要主动屈膝下蹲，用双手撑地缓冲，减小摔倒的力量；当要向后摔倒时，也要主动屈膝下蹲，降低重心，尽量让臀部先坐下，并注意保护尾骨处，同时低头团身，避免头部向后仰磕地。摔倒时应尽量避免直臂单手撑地，这样很容易损伤手腕。

（7）患有严重疾病的人（如有心脏病、高血压等）不宜参加激烈的轮滑活动，最多可以慢速滑行锻炼一下。此外，饮酒后和过度疲劳的人也不宜参加轮滑活动。

第二十一章

毽球俱乐部

第一节　毽球俱乐部课堂教学

一、毽球运动概述

（一）毽球运动的起源与发展

1.毽球运动的起源

踢毽子是我国一项流传很广、有着悠久历史的民族体育活动。踢毽子起源于我国汉代，盛行于六朝、隋、唐。至清末，踢毽子已达到鼎盛时期，参加的人越来越多，不仅用来锻炼身体，当作养生之道，而且把踢毽子和书画、下棋、放风筝、养花鸟、唱二黄等并提，一些人以会踢毽子为荣。因此，踢毽子的活动更加广泛，特别是在青少年中更为普遍，当时就有这样的童谣："一个毽儿，踢两半儿，打花鼓，绕花线儿，里踢外拐，八仙过海，九十九，一百。"说明踢毽子已经到了相当普及的程度。

2.毽球运动的发展

中华人民共和国成立后，第一次正式踢毽子比赛是由广州市体委于1956年举办的，并制订了简单的规则。1984年，《毽球竞赛规则》诞生，它是根据踢毽子的特点，吸收了几种球类比赛的形式综合而成的。同年，国家体委将毽球列入全国比赛项目。1985年，我国首次举办全国毽球锦标赛，此后每年举办一届。1987年9月，中国毽球协会成立，标志着毽球运动在中国进入了新的发展阶段。随着毽类运动的蓬勃兴旺，全国和地方性毽球组织相继成立。与此同时，竞赛体制基本完善，全国锦标赛、职工赛、学生赛、国际邀请赛等竞赛制度相继建立。

知识树

毽子的种类

国际毽球
联合会

随着我国改革开放的进一步发展，毽球开始走向世界，中国毽球队相继出访日本、德国等地。1993年，首届国际毽球邀请赛在我国重庆举行，来自德国、韩国、日本、越南等国家和地区的运动员与我国的毽球运动员进行了友好的交流和磋商。1999年，由中国、越南、德国、匈牙利、老挝发起成立了世界毽球联合会。2000年，我国广东的中山和惠州都举行了国际毽球邀请赛，中国花毽队赴中国香港表演取得巨大成功。2003年11月，东南亚运动会在越南举行，中国毽球协会派员观摩了其中的毽球比赛。

（二）毽球运动的锻炼价值

1.充分锻炼全身

踢毽子需要运用到很多的花样，像踢、跳、绕等，在不断变化的中需要腰部、上肢、下肢都参与进来。连续进行踢毽子，能够使心率增加到将近到160次/分，可见，踢毽子是一项能够充分锻炼全身的、运动量较大的运动。

2.强化下肢力量

踢毽子的过程中需要下肢不断进行各种动作保证毽子能够不落到地上。这个过程能够有效强化下肢肌肉，增强下肢力量，改善下肢血液循环，也能增强关节的灵活性。经常踢毽子就不用担心因为缺乏运动而关节受伤了。踢完之后要是怕长成肌肉腿，可以进行一定的肌肉放松运动。

3.提高身体反应度

踢毽子需要在短时间内做出正确的控制毽子的姿势动作，否则毽子就没办法继续完成更多的动作。经常踢毽子能够有效地提高身体的灵敏度，也能让大脑得到充分的锻炼。

4.提高身体的协调性

踢毽子需要一只脚为支撑点，能够有效锻炼人的平衡能力。更重要的是在踢毽子的过程中，既要保证毽子不落地，还要进行各种各样的花式踢法。在这个过程中，需要手、脚、肩、肘等等部位协调好，才能将这一运动进行到底。这个过程就是对人身体协调性的高度锻炼，经常踢毽子能有效提高身体的协调性。

5.提高注意力

踢毽子需要精神集中。因为毽子始终在运动而且是以多种花样在进行运动，踢毽子的人需要在短时间内准备接住毽子，不能够在运动中分神，所以经常进行踢毽子运动能够帮助提高注意力。

二、毽球基本技术

毽球基本技术

毽球技术是运动员在毽球比赛中所采用的合理动作。为了适应比赛中不断变化的复杂情况，运动员必须熟练掌握毽球的各种技术。毽球基本技术动作包括六大类，即准备姿势、移动起球、发球、踢传球、进攻和防守。

（一）准备姿势

准备姿势是运动员在场上接球前身体的一种等待状态。保持良好的姿势，是使身体能随时在瞬间由静变动，由被动的状态变主动状态的关键。准备姿势一般分两种。

1. 左右开位站势

这种站势使运动员能从静止状态快速转向左右移动的状态，尤其用在比赛的防守过程中。

2. 前后开位站势

这种站势使运动员能从静止状态快速转向前后移动的状态，较多应用在接发球和防守当中。注意后脚跟离地，身体重心要向前移，随时保持静中带动的状态。

（二）步法移动

步法是移动的灵魂，没有纯熟的步法移动技巧，在比赛中就不能变被动为主动。步法移动一般有八种，分别为前上步、后撤步、滑步、交叉步、并步、跨步、转体上步和跑动步。只有熟悉各种步法的移动运用，在比赛中才能更具主动性和灵活性。

移动技术
动作要领

（三）毽球的起球技术

起球的基本技术动作主要可分为脚内侧起球、脚外侧起球和脚背起球。除此之外，还有腿部起球、腹部起球、胸部起球和头部起球。

1. 脚内侧起球

起球前，两脚前后自然分立，两腿微屈，击球脚在后，两臂放松垂于体侧，目视来球。起球时，身体重心前移到支撑脚上，击球脚大腿带动小腿由后向前上方摆动。在向上摆腿的过程中，髋关节外张，膝关节弯曲外展，踝关节内翻击球。击球瞬间足弓击球面应端平，用脚内侧足弓中部击球，击球点一般在支撑腿膝关节高度和体前40厘米处。起球的全过程中，动作柔和，协调用力适当，大腿、小腿应顺用力方向完成送球的动作。脚内侧起球，多用于第二人次传球或调整处理球，特点是击球稳、准，便于控制球。（图21-1-1）

2. 脚外侧起球

两脚自然分立，成准备姿势目视来球。当来球在自己身体的侧面时，重心移到支撑脚上，击球腿的髋、膝内扣，屈踝，屈膝，踝关节外翻，触球脚外侧端平。利用小腿内翻快速上抬的动作完成击球，触球部位一般在脚外侧的中部和后部，击球点的高度一般不超过膝关节。当来球较高并快速向体侧后方飞行时，击球腿快速从下向后摆，踝关节自然勾起、外翻，脚趾向外，使脚的外侧基本成平面，上体成前俯姿势。击球时大腿后摆，小腿屈膝，用迅速向上摆动的动作向身体前上方击球，

触球部位在脚外侧的中部或中后部。（图 21-1-2）

3. 脚背起球

击球前做好准备姿势，目视前方。正面来球时，先移动调整体位，前脚为支撑脚，后脚从后向前摆起，脚背与地面基本水平，利用适度的伸膝和踝关节背屈协调用力的勾踢动作，把球向上踢起。击球部位应在脚的脚趾关节处，击球点应在离地面 10 ～ 15 厘米的高度为好。起球的方向、弧度和落点可以通过脚背的变化、踝关节背屈勾踢的幅度来调整。（图 21-1-3）

4. 触　球

在身体膝关节以上部位的踢球都叫作触球，可以分为大腿触球、腹部触球、胸部触球、肩触球和头触球。

（1）大腿触球时，要注意抬大腿迎球，放松小腿，用大腿正面前段击球。（图 21-1-4）

（2）腹部触球时，对准来球屈膝略向后蹲，稍含胸收腹，在腹部触球的一刹那稍挺腹。

（3）胸部触球时，两脚自然开立，当球传到胸前约 10 厘米处时，两臂自然微屈，两肩稍用力向后拉挺胸，同时两脚蹬地，身体挺起，用胸部触球。

图 21-1-1　　　　　图 21-1-2　　　　　图 21-1-3　　　　　图 21-1-4

5. 发　球

发球技术可分为脚内侧发球、脚正背发球、脚外侧发球三种。

（1）脚内侧发球。

持球抛脚前，抬大腿带小腿加转髋，用内足弓部位向前上方送髋推踢。其特点是既稳又准，破坏性强。（图 21-1-5）

（2）脚正背发球。

持球抛脚前，伸腿绷脚面，抖动加力击出球。注意绷脚尖，用正脚背向前上方发力挑踢。其特点是平、快、准。（图 21-1-6）

（3）脚外侧发球。

注意稍侧身站位，抬腿踝内转绷脚尖，用脚外侧发力扫踢。其发球的特点是既快又狠，攻击力强。（图 21-1-7）

图 21-1-5

图 21-1-6   图 21-1-7

（四）毽球进攻技术

1.脚踏攻球技术（正面脚掌）

进攻队员面对网站立，两膝微屈做好攻球准备姿势，当二传传球至攻球点时，进攻队员支撑脚迅速上步，也可二步、三步助跑，然后击球腿大腿带动小腿迅速上摆至最高点，支撑腿伸直、提踵式跳起提高击球点，同时两臂放松上摆，提高身体重心并保持平衡。击球时，击球腿、髋、膝、踝依次发力鞭打式下压，用脚掌前 1/3 处击球。击球点一般保持在攻手头前上方离身体 50 厘米的高度，远网球宜展腹直腿发力踏球，近网球可屈膝，小腿主动发力踏球，还可以利用身体转动和脚腕的变化改变攻球路线和落点。

2.倒勾攻球技术

主攻队员在进攻中采用脚的正面、内侧、外侧和凌空扣球动作将球击向对方场区，从而得分。

（1）正倒勾球。

背向网两脚平行站立，右腿蹬地起跳，左脚屈膝上摆到空中最高点时，左腿迅速下摆，同时右脚屈膝，大腿带动小腿用力上摆，当球下落到头的右侧斜前方时，小腿用力摆出，击球脚腕抖屈，以脚趾或脚趾跟位击球。击球后，应注意控制击球腿的腾空摆动幅度，避免触网，两腿依次缓冲落地，保持身体平稳。其特点是：线路多，能变线，是进攻的主要手段；但背对防守者，易被对方拦网堵防。

（2）正倒勾脚掌吊球。

攻球前，进攻队员背网站立，做好攻球准备姿势并密切观察传球情况。当二传传来的球离身体较近，落点在头前上方时，迅速调整好位置，采用原地或调整一步起跳做脚背倒勾佯攻，当身体腾空时突然变脚背倒勾攻球为脚掌触击将球吊入对方场区。击球时，击球腿微屈上摆，逐步伸直，勾脚尖屈踝使脚掌在头前呈水平状，脚掌触球并用腿向后摆的托送动作将球吊入对方场区的空当。完成攻球动作后，摆动腿和击球腿依次缓冲下落，保持身体平衡。

（3）外摆脚背倒勾攻球。

进攻队员稍向右侧背对球网站立，两腿微屈做好攻球准备姿势，密切观察二传传球信号。当传球至击球点时，采用一步或两步助跑，起跳时膝踝关节充分蹬直，摆动腿和摆臂协调用力。身体腾空后，摆动腿下落，击球腿迅速外摆，膝关节猛力伸踢，屈踝用脚背勾踢动作攻球过网。击球部位在脚背外侧的脚趾根处，击球点应在攻手头上方右侧约50厘米的落点上。击球后，应注意控制击球腿的腾空摆动幅度，避免触网，两腿依次缓冲落地，保持身体平稳。

三、毽球基本战术

（一）毽球进攻战术

1."一二"阵容

（1）阵容形式。

"一二"阵容配备就是在3个上场队员当中有一个主攻手，两个是二传手。（图21-1-8）运用此阵容配备时，主攻手一般不参与接发球，两个二传手交替接发球和做二传。这种战术的进攻特点是分工明确、稳而不乱，尤其适用于有高大主攻手、善打中一二和两次攻等高举高打的打法。

（2）战术特点。

·战术形式简单易行。"一二"阵容战术比较简单，容易掌握和实施。适用于球队在初级阶段时的战术需要，是最基本的战术形式。随着训练水平的提高，若有一名个子较高、攻球凶狠、脚法细腻、反应敏捷的主攻手和两名脚下功夫好的二传手相互默契配合，供球质量高，往往也能打出较高的水平。

·分工明确。"一二"阵容战术的攻手、保护队员和防守并组织反击队员的战术角色分工要明确，稳而不乱。这样战术容易形成，也能稳中求变。

·战术意图较明显。由于"一二"阵容在战术上只设一名攻手，战术意图容易被对方识破，若打法变化不多，比较单一、简单，对方将重点防守攻手的进攻点，提高拦网的成功率。

2."二一"阵容

（1）阵容形式。

"二一"阵容及战术形式："二一"阵容就是上场的3名队员中，有1名主攻手、

1 名副攻手和 1 名二传手的配备组合（图 21-1-9）。这种阵容配备，适用于有倒勾球、脚踏球攻击力较强的攻手各 1 名和 1 名传球水平较高的二传手的队伍。

（2）战术特点。

"二一"阵容的战术形式易于掌握，适合队员技术水平比较平衡、攻防兼备的队采用。在战术组织中可以同时出现两个攻击点，并能相互掩护，攻其不备，有效地突破对方防守。

由于两名攻手参与进攻，能充分利用网距拉开战线，扩大攻击面，分散守方的注意力，给拦网造成困难。

"二一"阵容在战术组织过程中，战术变化大，隐蔽性强，是当前各类正式比赛中运用较多的一种阵容。它要求队员密切配合，减少失误，加强攻击力，这样就可打出较高水平。

3."三三"阵容

（1）阵容形式。

全攻性战术形式。"三三"阵容配备就是在 3 个上场队员当中任何一个既是攻球手又是二传手。"三三"阵容配备场中队员接球站位一般成倒三角形，任何一个队员接到球后都可以组织两人以上同时参与进攻（图 21-1-10）。这种阵容可以打出掩护交叉战术，还可以打出快攻、背溜、双快一掩护等较复杂多变的战术进攻球。

图 21-1-8

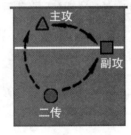
图 21-1-9

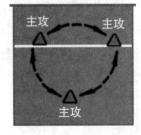
图 21-1-10

（2）战术特点。

能攻善守，技术全面。该阵容要求队员基本功扎实，技术全面，尤其是攻球技术较高并且具有创造性，能在任何一个轮次的任何位置上接发球，随时可以组织起两人以上同时参与进攻。

战术灵活多变，不拘陈套。全攻性战术可以充分利用规则允许的"3 人 4 次击球"规定，不拘泥于接球手、二传手和攻球手的固定分工以及"接、传、扣"的老三步节奏。而是根据场上实际情况，能快则快，能变则变，在 6.1 米长的网口上进行多点的复合式进攻，具有快速多变、战术组成率高的特点。

快速多变，不易防守。该战术进攻队员和防守队员不固定，场上 3 名队员都可防守和保护，同时也可以成为攻手，能充分利用网距拉开战线，使防守者陷入既要防点，又要防线，既要防面，更要防变的慌乱中，防不胜防，使其处于极为不利的被动挨打局面。

（二）防守战术

拦网战术是防守中的重要战术，是破坏对方进攻并组织反击的重要手段，在比赛中占有重要地位。拦网战术应根据对方进攻的不同特点决定本方的防守阵型。拦网一般分为单人拦网和双人拦网两种形式。

1. 单人拦网

单人拦网又称为"一拦二防"战术，就是3名防守队员中，1名队员在网前拦网，另2名队员在其身后分区防守（图21-1-11）。这种战术在对方进攻威力不太大、变化不多时采用，在拦快球时也常常被迫运用。单人拦网时，拦网队员一定要判断准确，把握好起跳时机，用身体堵防攻球点，拦住攻手主要的、威胁最大的进攻路线。其余的两名防守队员可在其身后平行落位防守或一前一后防守。这种封线分防的特点是：有两道防线，网上拦网封线路，网下中场防落点，拦防结合，利于反击。

2. 双人拦网

双人拦网又称"二拦一防"或简称为"二一"防守战术，就是场上3名队员中，有2名队员在网前拦网，另1名队员在场区中后区防守（图21-1-12）。当对方进攻力量强大、有多条进攻线路时可采用双人拦网。这样不论对方在任何位置进攻，本方均有两人起跳拦网，防守队员应站在拦网队员身后中间位置，可靠前，也可靠后加强保护与防守。这种"封线补防"的特点是：网上强行拦网封堵线路，网下保护补空缺，拦防互补，上下配合，防住对方的进攻变化，变被动为主动。

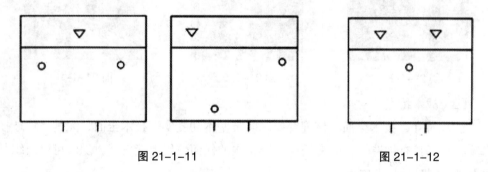

图 21-1-11　　　　　　　　　　　图 21-1-12

3. 全防守战术

这是一般球队较少采用的一种战术，就是在对方进攻威胁性不大，已方基本技术较熟练、防守能力很强、队员脚上基本功比较过硬时，也可以不拦网，谓之全防守战术。

第二节 毽球俱乐部课外教学

一、毽球比赛规则简介

（一）比赛项目

毽球运动比赛设男、女团体（三人制），男、女单人，男、女双人，男女混合双人共 7 个项目。

（二）比赛局数、得分、场区选择

各项比赛采用三局两胜每球得分制。团体赛每局 21 分，其他各项每局 15 分。比赛前抽签获胜的一方选择一个场区或另一个场区、发球或接发球。第一局结束后双方交换场区和发球；决胜局开始前，裁判员召集双方队长重新选择场区或发球。决胜局比赛中，任何一队先得 10 或 8 分时两队应交换场区。交换时，不得进行场外指导。交换场区后，双方队员的轮转位置不得变换。

毽球赛事介绍

（三）暂停与公共暂停

比赛成死球时，教练员或场上队长可以向裁判员请求暂停。暂停时，教练员可以在场外进行指导，但场上队员不得出场，不得与场外其他任何人讲话，场外人员也不得进入场内；每局比赛中，每队可以请求两次暂停，每次暂停时间不得超过 30 秒；某队在一局中请求第三次暂停，应判该队违例并失 1 分。

单人比赛任何一方先得 8 分时，增加一次 30 秒的公共暂停，允许双方队员在场内休息，但不准场外指导。公共暂停不记录在双方暂停次数内。

毽球场地与设施

（四）换 人

团体赛允许换人。比赛成死球时，教练员或场上队长可以向裁判员请求换人。每队每局换人不得超过 3 人次；替补队员上场前，应在记录台附近做好准备。换人时不得超过 15 秒，否则判该队一次暂停；如该队在该局已暂停过两次，则判该队失 1 分。

（五）局间间隙

一局比赛结束后，下局比赛开始前，中间最多可有 2 分钟供两队交换场区、换人和记录员登记号码；双方教练员在不影响上述工作进行的情况下，可进行场外指导。

发球失误

（六）发球与接发球

①各项比赛的发球队员须站在本方发球区内，用手持球，将球抛起，用脚将球从网上踢入对方场区，使比赛进行。发球队员必须在发球区内发球，在球发出后才能进入场区。②团体赛发球时，2、3号位队员不得有任何掩护动作，否则，判由对方得1分。③比赛各局若出现20或14平，执行轮换发球法，即每方轮发1分球。

重发球

（七）团体赛的轮转顺序

某队取得发球权时，先按顺时针方向轮转一个位置，然后由轮转到1号位的队员发球；新的一局开始前，可以变换本队队员的轮转顺序，并填好位置表交给记录员；每局比赛结束之前，队员的轮转顺序不得调换。

（八）触网球和触网

比赛进行中球触及两标志杆以内的球网为好球，球触标志杆为失误。比赛进行中，队员身体任何部位触及两标志杆以内的球网，均为触网违例；队员击球后，触及标志杆或标志杆以外的球网、网柱、网绳或其他物体，不判违例。

（九）计胜方法

各项比赛先得21或15分的队为胜一局；如比分是20或14平时，比赛应继续进行，直到某队领先2分，方为胜一局；某局出现20或14平时则实行轮换发球法，即首先由有发球权一方发球，无论得、失分，均由对方发球，依此类推，直到某队领先2分结束比赛。

二、毽球技战术练习方法

（一）发球练习方法

①规定姿势发球。规定用某一种方法发若干个球，并计算成功率。②定数发球。规定发球的数量，以及成功和失误的数量。③分组发球。几人一组，以小组为单位计发球成功的总成绩。④连续发球。规定必须连续发几个好球，失误者再从头算起。⑤限制区域发球。要求发出的球必须落在指定的区域内。⑥各种姿势发球。要求以各种姿势发球，并交替运用。

（二）接发球练习方法

①一抛一接，一人发球，一人接发球。②一抛二接或一发二接，要求另一人保护。③一抛三接或一发三接，要求三人配合好，不能失误，或者在接球后组织进攻。④一人抛发两侧、前后的球，一人快速移动接球。⑤一人满场飞跑接球。⑥二人以上轮流发球，一人接球，以增加接球密度。

（三）进攻练习方法

①自己传球自己进攻。自己把球传到最佳进攻位置，自己跳起进攻。②一人传一人进攻。同伴高传球后，进攻队员可自己调整传一次球，然后再进攻。③三次球或二次球。同伴传的球利于进攻，进攻队员不做调整传球，可直接起跳进攻。④有拦网者的进攻。防守一方有一人或二人拦网，以增加进攻难度。⑤运用各种战术的进攻。结合场上情况，运用各种形式的进攻或吊小球等战术。⑥踩球。同伴有目的地传出离网较近而高的球，进攻队员立即起跳运用踩球进攻。

（四）拦网练习方法

①移动拦网。面对网准备，顺网移动一步或两步起跳，徒手练习拦网。②双人拦网。二人面对网站立，顺网移动迅速起跳拦网。③一人进攻或用手拍球，一人或二人拦网，体会拦网动作要领。④判断移动。看教练员的手势移动起跳。⑤进攻者的球路不固定，拦网者根据球路作出正确判断并起跳拦网。⑥拍击出各种进攻性的球，用以提高拦网者的应变能力。

毽球鞋

毽球鞋选购
要点

第二十二章

定向越野俱乐部

第一节 **定向越野俱乐部课堂教学**

一、定向越野概述

（一）定向越野的起源与发展

定向越野起源于瑞典，最初只是一项军事体育活动。"定向"这两个字在1886年首次使用，意思是在地图和指北针的帮助下，越过不为人知的地带。真正的定向比赛于1895年在瑞典的斯德哥尔摩和挪威的奥斯陆的军营区举行，标志着定向越野作为一种体育比赛项目的诞生。

定向越野本身作为一种体育项目的开展是从20世纪初在北欧开始的，到20世纪20年代已在芬兰、挪威、瑞典和丹麦普及。1932年举行了第1次世界定向越野比赛。1961年国际定向联合会（IOF）在丹麦哥本哈根成立，现有成员协会70个。国际定联是世界定向越野的行政实体，是国际体育联合会总会之一。

世界公园定向越野组织（简称PWT）是于1995年在国际定向联合会注册的一个国际组织，每年在世界各地公园举行职业定向精英巡回赛，并设总奖金及排名。它的宗旨及目的是创造一种全新的定向越野概念，即定向越野不仅可以在野外进行，也可以在城市的公园或大学的校园里举行，力争使定向越野成为一种任何人在任何地方都可以从事的群众性体育运动。

目前，定向越野已风靡全欧洲、大洋洲和北美地区，在亚洲的日本、韩国及中国香港，南美的巴西、智利也初具规模。1998年世界公园定向越野组织来到指南针的发明地——中国，大大提高了人们参与定向越野的热情与兴趣。

（二）定向越野的锻炼价值

（1）定向越野是一项非常健康的智慧型体育项目，是智力与体力并重的运动。它不仅能强健体魄，而且能培养人独立思考、独立解决问题的能力及在外界的压力下迅速做出反应、果断决定的能力。

（2）定向越野是一项家庭体育项目。周末一家人可借此回归自然、放松身心、自我娱乐、增加乐趣。

（3）定向越野是一项精英人才体育项目。因为它富于挑战，要求运动员勇于尝试从未尝试过的方案，并要求全身心地以最高时效达到目标。

（4）定向越野是一项自然环境体育项目。因为它教会你如何在自然中把握自己、爱护自然、遵守郊野公园守则。

（5）定向越野是一项不需任何花费的群众性体育项目。所需的只是一张好的定向图和一个指北针。服装可以是定向专业套装，也可以只是普通运动服装。

（6）定向越野是一项探险寻宝体育项目，给你惊险刺激的人生经历。

（7）定向越野是一项能使人广交朋友的社交性体育项目。在这里，不论男女老少、种族背景、文化阶层、社会地位，相互交流、共享人生，有助于建立起强大的社交网络。因此，定向越野吸引了全世界男女老少、各个阶层、各个年龄段人们的广泛参与。

二、定向越野的器材与设备

（一）指北针

辨别正确方向最有用的工具是指北针，它是定向越野中可以使用的合法工具。目前，国际上的定向越野比赛常使用由透明有机玻璃材料制造的指北针。

定向越野装备

（二）定向地图

它是定向越野中最重要的材料，其质量的好坏不仅直接影响到运动员比赛的成绩，而且反映比赛的公正性。因此，国际定联已专门为国际定向比赛制定了《国际定向越野地图制图规范》，其基本要求如下。

1.比例尺

通常为1∶15000，如比赛需要时也可采用1∶10000。

2.等高线

等高线是由地面上高度相等的各点连接而成的曲线。从等高线上可以看出不同地形高度的差异，也能清楚地了解哪里有山，哪里有坑谷、山脊，以及地形的陡缓。通常地图上等高线越多，山越高；等高线越密集，地形越陡；等高线越疏，地形越缓。

3.等高距

相邻两条等高线水平截面的垂直距离称为等高距。它指的是两相邻等高线的高差。从等高线显示地貌原理可知：①等高距越小，同一幅图上等高线越多、越密，图面越不清晰，但地貌显示越详细；②等高距越大，等高线越小、越稀疏，图面越清晰，但地貌显示越简略。

4.精 度

定向比赛必须使用较高精度的地图，至少要使以正常速度奔跑的运动员没有任何不准确的感觉。

5.内容表示的重点

详细表示与定向越野直接相关的地物、地貌。要用各种颜色、符号等来详细区分通行的难易程度。

6.路线设计

一条定向路线一般包括一个起点（用等边三角形表示，边长7毫米）、一个终点（用一个不同大小的同心圆，大圆7毫米，小圆5毫米，表示起、终点不在同一地带；起点和终点在同一地带是用等边三角形外加圆圈，其直径7毫米）及一系列的检查点（用单圆表示，直径为6毫米）。检查点用于检验运动员是否按规定完成全程，因此，应设专门的标志，检查点应在定向地图中准确地标示出来。（图22-1-1）

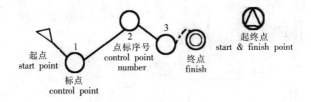

图 22-1-1

（三）号码布

运动员在比赛中所使用的号码布通常不超过24厘米×20厘米，号码的数字高度不小于12厘米，且数字清晰，字体端正。正式的比赛要求运动员的号码布必须佩戴于胸前和背后两处。

（四）点标旗

点标旗标志由三面标志旗组成。每面标志旗的尺寸是30厘米×30厘米，从对角线分开，左上为白色，右下为橙红色。点标旗通常要编上代码（国际上曾使用数字做代码，现已规定用英文字母做代码），目的是方便运动员在比赛中根据点标旗上的代码来判断自己是否找到了正确的检查点。点标旗的悬挂方法有两种，即桩式和无桩式，点标旗悬挂的高度一般是从其上方计算，距离地面80～120厘米。

（五）打卡器

它是证明运动员通过比赛中的各个检查点的凭据。运动员必须在到达每一个检查点时，使用打卡器在检查卡片上打卡或使用电子打卡系统打卡，以证实自己到达此检查点。常用的人工打卡器为钳式，也可使用印章或色笔。

（六）检查卡片

它是用于判定运动员的比赛成绩，通常用厚纸片制成，分为主卡和副卡两部分。其中主卡由运动员在比赛中携带，并按顺序把到访的每个检查点打卡图案打印在卡片的空格中，回终点时交给裁判员验证。副卡在出发前交工作人员留底和公布比赛成绩时使用。

（七）运动服装

定向越野通常对运动员的服装没有特别要求，只要求运动服装轻便、舒适。服装过紧或过厚都不利于野外运动。另外，运动鞋必须是轻便、鞋底柔软且摩擦力强、不打滑的。为保护自己，可采用一些有弹性的面料做护腿，以防损伤。

三、定向越野的基本技能

（一）识图及用图技能

在定向越野中，必须首先标定地图，即保持地图的方位与实际地形的方位一致，这就是给地图定向，它是定向越野中最重要的技能。定向地图时应边走边对照，随时确定自己在地图上的位置，做到"人在路上走，心在图中移"。

1.概略标定地图

在定向越野中，地图的方位：上北，下南，左西，右东。只要使地图的上方与现地的北方同向，地图即被标定。

2.指北针标定地图

指北针是定向越野中最重要的仪器，是找到正确方向的最有用的工具。它也是定向越野中可使用的唯一合法工具。指北针的红色指针永远指向北。

使用指北针给地图定向的方法如下。

（1）将地图与指北针都水平放置。

（2）佩带的指北针水平放置不动，转动地图直到地图上的指北线与指北针红色的指针平行，此时地图即被定向。具体方法如下。

把指北针套在左手大拇指并水平放置在地图上，接着将指北针上右侧的蓝色箭头从自己所在的位置指向你要行进的位置。

入门技术

常用技术

然后，水平转动指北针和地图（你的身体也随着转动），直到指北针上红色的指针与地图上表示南北线的北箭头同方向。

此时，指北针上蓝色箭头所指的方向就是你要行进的正确方向。

3.利用直长地物标定地图

利用直长地物（如道路、土垣、沟渠、高压线等）标定地图，首先应在图上找到这段直长地物，概略标定地图后，使图上的直长地物符号与现地直长地物方向一致，地图即已被标定。

4.利用明显地形点标定地图

在明显地形点上使用地图时，可首先确定站立点在图上的位置。方法：选择一个地图上与现地都有的远方明显地形点作为目标点，并转动地图，使地图上的站立点至目标的连线与现地的站立点至目标的连线相重合，此时地图即已标定。

5.确定站立点

标定地图后，就应立即确定站立点在图上的位置，这是在现地使用地图的关键。方法有：直接确定法、目估法和交会法等。

（1）直接确定法。

当自己所站的位置在明显地形点上时，只要从地图上找出该地形点，站立点即可确定。现地可称得上明显地形点的地物包括有：房屋、塔、桥梁、围栏和输电线等；可称得上明显地形点的地貌包括有：山地、谷地、洼地、鞍部、冲沟、陡崖、山脊和陡坡等。

（2）目估法。

利用明显地形点，采用大致估计的方法确定站立点在地图上的位置。

（3）交会法。

常用的方法有90°法、截线法和后方交会法。

90°法：当待测点位于线状地形（如道路、沟渠、山背线、谷地和陡坡交换线等）上时，如果在与运动方向相垂直的方向上能够找到一个明显地形点，线状地形符号与垂直方向线的交会点即为站立点。

截线法：测点位于线状地形上，但在其与运动方向相垂直的方向上没有明显地形点，可以采用此法。其步骤如下：在线状地形的侧方选择一个图上与现地都有的明显地形点，利用指北针的直长边缘切于图上明显地形点的定位点上，然后转动指北针，使其直长边照准该地形点，沿指北针的直长边向后画方向线，该方向线与线状地形符号的交点，就是站立点在图上的位置。

后方交会法：测点上无线状地形可利用，而且地图与现地相应地都有两个以上的明显地形点时可采用此法。通常，要求地形较开阔，视野良好。其步骤如下：在图上找到选定的方位物之后，标定地图；然后按照截线法的步骤分别向各个方位物瞄准并画方向线，图上方向线的交点就是站立点。

（二）选择路线的技能

什么是最佳行进路线？简单来说是最安全、省时间、省体力，且便于发挥自己的运动技能及体能优势的路线。路线选择应遵循的原则如下。

（1）有路不越野原则。这样运动员容易确定站立点，且路面易奔跑，更能增强运动员的信心。

（2）走高不走低原则。也就是从上到下法，这样运动员站得高、看得远，有利于确定站立点和保持行进速度。

（3）提前绕行法原则。在定向比赛中，运动员必须超前读图，提前思考，明确下一个目标点，要通观全局，提前选择好最佳的迂回运动线路。

（三）保持正确行进方向的技能

选择最佳路线后，运动员必须采取相应的方法，才能确保正确的行进方向，安全到达目的地。常见的方法有记忆法、拇指压法、"扶手"法、简化法等。

1.记忆法

采用此法一般是按线路行进的顺序，分段地记住路线的方向、距离、要经过的地形点、周围的参照（辅助）物。运用记忆法时，运动员应做到"人在地上跑，心在图中移"。这样可以减少读图时间，提高运动成绩。

2.拇指压法

在定向越野中运动员常把拿图手的拇指想象为自己（即缩小到地图中的自己），当运动员向前运动时，其拇指也在地图上做相应的移动，这种方法称为拇指压法。拇指压法可以随时帮助运动员确定自己在地图中的位置。

3."扶手"法

在定向越野中，"扶手"是指运动员把现地中的线形、地形，如各种道路、溪流、输电线、地类界等地貌比喻为人们上下楼梯时的安全扶手，作为行进的"引导"。利用这种方法运动员能较为容易和安全地到达目的地，也使运动员增强了比赛的信心。

4.简化法

运动员在读图时，要学会如何概括地形和简化地图。尤其是在一些零碎而杂乱地域时，更要注意概括该地域的地形结构，突出主要的地形特征，从而把复杂的地图在脑袋中描绘成一幅新的简化了的地图。

（四）正确寻找检查点的技能

运动员到达检查点附近后，如何正确捕捉目标点是十分关键的。掌握以下方法能有助于迅速捕捉目标点。

1.偏向法

如果运动员要穿越一块没有明显特征的地带而要寻找一个交叉口、一条路的尽头或面状地物的侧顶点时，不能正对着这一目标点直接去找，而是采用稍为偏离目标点方向瞄准，然后再顺着找到目标点。（图 22-1-2）

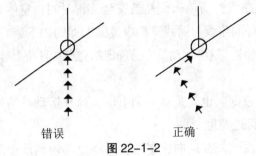

错误   正确

图 22-1-2

2."放大"法

它要求运动员在寻找检查点时尽可能地扩大视野，并从目标点附近大的、明显的地形点找起，然后再找检查点。如果目标点所在地较小，运动员只是看很小的一点地形，是很难找到它的。（图 22-1-3）

3.借点法

如检查点周围有高大的、明显的地形点或地物时，可采用此方法。运动员在行进之前，必须先将地图中的目标点（地形或地物）辨认清楚，行进中先找到这些目标点，然后再利用它来判断检查点的具体位置。（图 22-1-4）

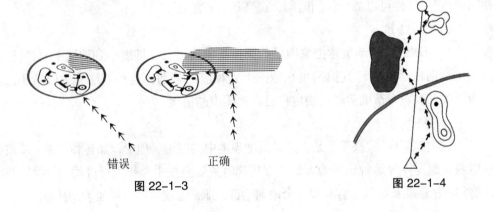

错误   正确

图 22-1-3   图 22-1-4

定向越野欣赏

第二节 定向越野俱乐部课外教学

一、定向越野著名赛事介绍

（一）国际定向越野赛事

（1）O-Ringen：瑞典五日。世界上最大规模的定向越野赛事/旅游节，每年7月吸引世界各国超过两千名定向越野员相聚瑞典。

（2）世界定向越野锦标赛：最权威的传统定向比赛，每隔1年举行1次。

（3）Jukola：世界上最大的定向接力赛，每年6月两千多个队在芬兰白昼地区持续比赛24小时。

（4）Tio-mila：世界上最刺激的夜间定向接力赛，每年4月末在瑞典举行。

（5）世界青年定向越野锦标赛、世界大师定向越野锦标赛。

（6）世界公园定向精英巡回赛：每年在世界各地公园巡回举行的职业精英赛，设总奖金总排名，只有世界排名前25的男选手和前25的女选手有资格参赛。

（二）国内主要赛事

全国定向越野锦标赛、全国定向越野冠军赛、全国定向越野公开赛、全国学生定向越野锦标赛、全国学生定向越野精英赛、全国高校定向越野巡回赛；各省定向越野锦标赛、各省定向越野冠军赛、各省学生定向越野锦标赛。

二、定向越野基本战术

（一）定向越野战术概述

定向越野战术是指为获得期望的比赛结果，运动员在定向比赛过程中根据比赛规则、比赛特点和定向越野的规律而采取的策略和行动。具体地说，就是根据比赛特点（项目、地形和难度），使体能、技能及心理和智力能力合理地组合起来，充分发挥出自己的竞技水平，取得好的比赛成绩以及使自己竞技水平不断提高的策略。

因此，定向越野中体能与智力的分配原则：保证正确读图并有效进行路线选择的前提下尽可能地快速移动。

（二）定向越野战术的运用

定向越野比赛中，战术的选择主要受到比赛路线难度、比赛环境和比赛项目的影响。定向越野战术的运用包括整个比赛的进程、战术的适用范围、参与战术行为的人数及战术中各项竞技能力的组合等要素。战术中各项竞技能力的运用见表22-2-1。

表22-2-1 战术中各项竞技能力的运用

分类标准	类 别	战术的适用范围及注意事项
比赛过程	赛前战术	根据此次比赛的特点制订相关的训练计划和适合的目标，调整至最佳状态
	赛中战术	控制好比赛（读图与奔跑）节奏，合理平衡体能与智能的分配，通视度好、坡度不大的下坡路段和平地，以直线穿越为主，遇地图与实地有误差的路段要根据实地情况及时调整穿越计划
	赛后战术	赛后分析要客观、及时、全面，内容包括路线选择策略、战术应用、心理状态、遇到问题和各段用时等

分类标准	类　别	战术的适用范围及注意事项
战术的普适性	一般战术	寻找第1、2个检查点时，速度不能太快，以顺利找到检查点，建立自信心为目的
	特殊战术	（1）在公园和校园的比赛战术主要体现"以我为主，快速准确"。 （2）在森林中的距离的比赛，地形复杂，主要体现"稳快结合，以快为主"，路线选择以直线穿越为主，少选择绕道跑。 （3）在森林的长距离的比赛，主要体现"稳快结合，以稳为主"，注意选择起伏不大、能较好控制和发挥速度的路线
路　段	开始路段战术	注意力主要集中在出发后如何找到第一个点标上
	中间路段战术	注意因体能下降而带来的注意力下降问题
	结束路段战术	主要注意临近比赛结束而带来的注意力分散
参加战术行为的人数	个人战术	（1）在短距离赛中，注意排除周围环境影响，专注自我技术发挥，体现"以我为主，快速准确"。 （2）在中距离赛中，路线选择以直线穿越为主，少选择绕道跑，体现"稳快结合，以快为主"。 （3）在长距离赛中，注意选择起伏不大、能较好控制和发挥速度的路线，体现"稳快结合，以稳为主"
	团体战术	（1）接力赛：第一、三棒安排心理素质较稳定的队员；技术不稳的安排第二棒；体能好的安排第一、三棒。 （2）团队赛：逻辑思维好、空间认知能力强的队员负责分图，技术好的队员负责前面区域，技术差的队员负责靠近终点的区域
技能与体能分配	"红绿灯"战术	以能准确读图的速度行进，根据体能消耗情况决定路线选择的策略，在体能消耗严重的情况下，选择比较安全的路线，避免穿越复杂地带而犯错误

附 录

《国家学生体质健康标准》简介

附录一　《国家学生体质健康标准》实施说明

一、说 明

《国家学生体质健康标准》（以下简称《标准》）从身体形态、身体机能和身体素质等方面综合评定学生的体质健康水平，是促进学生体质健康发展、激励学生积极进行身体锻炼的教育手段，是国家学生发展核心素养体系和学业质量标准的重要组成部分，是学生体质健康的个体评价标准。

《标准》将适用对象中高校部分分为：大学一、二年级为一组，三、四年级为一组。

大学各组别的测试指标均为必测指标。其中，身体形态类中的身高、体重，身体机能类中的肺活量，以及身体素质类中的 50 米跑、坐位体前屈为各年级学生共性指标。

《标准》的学年总分由标准分与附加分之和构成，满分为 120 分。标准分由各单项指标得分与权重乘积之和组成，满分为 100 分。附加分根据实测成绩确定，即对成绩超过 100 分的加分指标进行加分，满分为 20 分；大学的加分指标为男生引体向上和 1000 米跑，女生 1 分钟仰卧起坐和 800 米跑，各指标加分幅度均为 10 分。

根据学生学年总分评定等级：90.0 分及以上为优秀，80.0 ～ 89.9 分为良好，60.0 ～ 79.9 分为及格，59.9 分及以下为不及格。

每个学生每学年评定一次，记入《〈国家学生体质健康标准〉登记卡》。特殊学制的学校，在填写登记卡时可以按规定和需求相应地增减栏目。学生毕业时的成绩和等级，按毕业当年学年总分的 50% 与其他学年总分平均得分的 50% 之和进行评定。

学生测试成绩评定达到良好及以上者，方可参加评优与评奖；成绩达到优秀者，方可获体育奖学分。测试成绩评定不及格者，在本学年度准予补测一次，补测仍不及格，则学年成绩评定为不及格。普通高中、中等职业学校和普通高等学校学生毕业时，《标准》测试的成绩达不到50分者按结业或肄业处理。

学生因病或残疾可向学校提交暂缓或免予执行《标准》的申请，经医疗单位证明，体育教学部门核准，可暂缓或免予执行《标准》，并填写《免予执行〈国家学生体质健康标准〉申请表》，存入学生档案。确实丧失运动能力、被免予执行《标准》的残疾学生，仍可参加评优与评奖，毕业时《标准》成绩需注明免测。

各学校每学年开展覆盖本校各年级学生的《标准》测试工作，《标准》测试数据经当地教育行政部门按要求审核后，通过"中国学生体质健康网"上传至"国家学生体质健康标准数据管理系统"。测试和数据上传时间由教育行政部门确定。

本标准由教育部负责解释。

二、单项指标与权重

单项指标与权重见附表1-1。

附表1-1　单项指标与权重

测试对象	单项指标	权　重
大学各年级	体重指数（BMI）	15%
	肺活量	15%
	50米跑	20%
	坐位体前屈	10%
	立定跳远	10%
	引体向上（男）/1分钟仰卧起坐（女）	10%
	1000米跑（男）/800米跑（女）	20%

注：体重指数（BMI）=体重（千克）/身高^2（米^2）。

附录二　《国家学生体质健康标准》测试方法

一、1分钟仰卧起坐（女）

受试者仰卧于垫上，两腿屈膝，小腿与地面成45°角左右，两手轻轻地搭在双耳侧。脚底与地面平行。受试者坐起时两肘触及或超过双膝为完成一次。仰卧时两肩胛必须触垫。（附图 2-1）

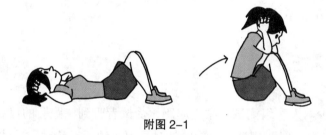

附图 2-1

二、引体向上（男）

受试者跳起双手正握杠，两手与肩同宽成直臂悬垂。静止后，两臂同时用力引体（身体不能有附加动作），上拉到下颌超过横杠上缘为完成一次。记录引体次数。

三、立定跳远

受试者两脚自然分开站立，站在起跳线后，脚尖不得踩线（最好用线绳做起跳线）。两脚原地同时起跳，不得有垫步或连跳动作。丈量起跳线后缘至最近着地点后的垂直距离，以厘米为单位，不计小数。

四、坐位体前屈

受试者两腿伸直，两脚平蹬测试纵板坐在平地上，两脚分开 10～15 厘米，上体前屈，两臂伸直，用两手中指尖逐渐向前推动游标，直到不能前推为止。测试计的脚蹬纵板内沿平面为 0 点，向内为负值，向前为正值。记录以厘米为单位，保留

引体向上

立定跳远

坐位体前屈

一位小数。测试两次，取最好成绩。（附图 2-2）

附图 2-2

五、800 米（女）跑、1000 米（男）跑

受试者至少两人一组进行测试，站立式起跑。当听到"跑"的口令后开始起跑。计时员看到旗动开表计时，当受试者的躯干部到达终点线垂直面时停表。以分、秒为单位记录测试成绩，不计小数。

六、50 米跑

受试者至少两人一组测试。站立起跑，受试者听到"跑"的口令后开始起跑。发令员在发出口令同时要摆动发令旗。计时员视旗动开表计时，受试者躯干部到达终点线的垂直面停表。以秒为单位记录测试成绩，精确到小数点后一位，小数点后第二位数按非 0 进 1 原则进位，如 10.11 秒读成 10.2 秒并记录之。

七、肺活量

房间通风良好；使用干燥的一次性口嘴（非一次性口嘴，则每换测试对象需消毒一次，每测一人时将口嘴下倒出唾液并注意消毒后必须使其干燥）。肺活量计主机放置在平稳桌面上，检查电源线及接口是否牢固，按工作键液晶屏显示"0"即表示机器进入工作状态，预热 5 分钟后测试为佳。

首先告知受试者不必紧张，并且要尽全力，以中等速度和力度吹气效果最好。令被测试者面对肺活量计站立，手持吹气口嘴，测试过程口嘴或鼻处不能漏气，如漏气应调整口嘴和用鼻夹（或自己捏鼻孔）；学会深吸气（避免耸肩提气，应该像闻花似的慢吸气）。受试者进行一两次较平日深一些的呼吸动作后，更深地吸一口气，屏住气向口嘴处慢慢呼出至不能再呼为止，防止此时从口嘴处吸气。测试中不得中途二次吸气。吹气完毕后，液晶屏上最终显示的数字即为肺活量毫升值。以毫升为单位，不保留小数。

八、体 重

测试时，杠杆秤应放在平坦地面上，调整0点至刻度尺水平位。受试者赤足，男性受试者身着短裤；女性受试者身着短裤、短袖衫，站在秤台中央。测试人员放置适当砝码并移动游标至刻度尺平衡。读数以千克为单位，精确到小数点后一位。记录员复诵后将读数记录。测试误差不超过0.1千克。（附图2-3）

九、身 高

受试者赤足，立正姿势站在身高计的底板上（上肢自然下垂，足跟并拢，足尖分开呈60°角）。足跟、骶骨部及两肩胛区与立柱相接触，躯干自然挺直，头部正直，耳屏上缘与眼眶下缘呈水平位。测试人员站在受试者右侧，将水平压板轻轻沿立柱下滑，轻压于受试者头顶。测试人员读数时双眼应与压板水平面等高进行读数，记录员复述后进行记录。以厘米为单位，精确到小数点后一位。测试误差不得超过0.5厘米。（附图2-4）

附图2-3

附图2-4

附录三 《国家学生体质健康标准》测试评分表

《国家学生体质健康标准》测试评分表见附表 3-1 至附表 3-7 所示。

附表 3-1 体重指数（BMI）单项评分表 （单位：千克/米²）

等 级	单项得分	大学男生	大学女生
正 常	100	17.9～23.9	17.2～23.9
低体重	80	≤17.8	≤17.1
超 重		24.0～27.9	24.0～27.9
肥 胖	60	≥28.0	≥28.0

附表 3-2 大学男生各测试项目评分表 （大一、大二适用）

等 级	单项得分（分）	肺活量（毫升）	50米跑（秒）	坐位体前屈（厘米）	立定跳远（厘米）	引体向上（次）	耐力跑1000米（分·秒）
优 秀	100	5040	6.7	24.9	273	19	3′17″
	95	4920	6.8	23.1	268	18	3′22″
	90	4800	6.9	21.3	263	17	3′27″
良 好	85	4550	7.0	19.5	256	16	3′34″
	80	4300	7.1	17.7	248	15	3′42″
及 格	78	4180	7.3	16.3	244		3′47″
	76	4060	7.5	14.9	240	14	3′52″
	74	3940	7.7	13.5	236		3′57″
	72	3820	7.9	12.1	232	13	4′02″
	70	3700	8.1	10.7	228		4′07″
	68	3580	8.3	9.3	224	12	4′12″
	66	3460	8.5	7.9	220		4′17″
	64	3340	8.7	6.5	216	11	4′22″
	62	3220	8.9	5.1	212		4′27″
	60	3100	9.1	3.7	208	10	4′32″

续　表

等　级	单项得分 （分）	肺活量 （毫升）	50 米跑 （秒）	坐位体前屈 （厘米）	立定跳远 （厘米）	引体向上 （次）	耐力跑 1000 米 （分·秒）
	50	2940	9.3	2.7	203	9	4′ 52″
	40	2780	9.5	1.7	198	8	5′ 12″
不及格	30	2620	9.7	0.7	193	7	5′ 32″
	20	2460	9.9	−0.3	188	6	5′ 52″
	10	2300	10.1	−1.3	183	5	6′ 12″

附表 3-3　大学男生各测试项目评分表　　　　（大三、大四适用）

等　级	单项得分 （分）	肺活量 （毫升）	50 米跑 （秒）	坐位体前屈 （厘米）	立定跳远 （厘米）	引体向上 （次）	耐力跑 1000 米 （分·秒）
	100	5140	6.6	25.1	275	20	3′ 15″
优　秀	95	5020	6.7	23.3	270	19	3′ 20″
	90	4900	6.8	21.5	265	18	3′ 25″
良　好	85	4650	6.9	19.9	258	17	3′ 32″
	80	4400	7.0	18.2	250	16	3′ 40″
	78	4280	7.2	16.8	246		3′ 45″
	76	4160	7.4	15.4	242	15	3′ 50″
	74	4040	7.6	14.0	238		3′ 55″
	72	3920	7.8	12.6	234	14	4′ 00″
	70	3800	8.0	11.2	230		4′ 05″
及　格	68	3680	8.2	9.8	226	13	4′ 10″
	66	3560	8.4	8.4	222		4′ 15″
	64	3440	8.6	7.0	218	12	4′ 20″
	62	3320	8.8	5.6	214		4′ 25″
	60	3200	9.0	4.2	210	11	4′ 30″
	50	3030	9.2	3.2	205	10	4′ 50″
	40	2860	9.4	2.2	200	9	5′ 10″
不及格	30	2690	9.6	1.2	195	8	5′ 30″
	20	2520	9.8	0.2	190	7	5′ 50″
	10	2350	10.0	−0.8	185	6	6′ 10″

附表 3-4　大学女生各测试项目评分表　　　　（大一、大二适用）

等　级	单项得分（分）	肺活量（毫升）	50米跑（秒）	坐位体前屈（厘米）	立定跳远（厘米）	1分钟仰卧起坐（次）	耐力跑800米（分·秒）
	100	3400	7.5	25.8	207	56	3′18″
优　秀	95	3350	7.6	24.0	201	54	3′24″
	90	3300	7.7	22.2	195	52	3′30″
良　好	85	3150	8.0	20.6	188	49	3′37″
	80	3000	8.3	19.0	181	46	3′44″
	78	2900	8.5	17.7	178	44	3′49″
	76	2800	8.7	16.4	175	42	3′54″
	74	2700	8.9	15.1	172	40	3′59″
	72	2600	9.1	13.8	169	38	4′04″
	70	2500	9.3	12.5	166	36	4′09″
及　格	68	2400	9.5	11.2	163	34	4′14″
	66	2300	9.7	9.9	160	32	4′19″
	64	2200	9.9	8.6	157	30	4′24″
	62	2100	10.1	7.3	154	28	4′29″
	60	2000	10.3	6.0	151	26	4′34″
	50	1960	10.5	5.2	146	24	4′44″
	40	1920	10.7	4.4	141	22	4′54″
不及格	30	1880	10.9	3.6	136	20	5′04″
	20	1840	11.1	2.8	131	18	5′14″
	10	1800	11.3	2.0	126	16	5′24″

附表 3-5　大学女生各测试项目评分表　　　　（大三、大四适用）

等　级	单项得分（分）	肺活量（毫升）	50米跑（秒）	坐位体前屈（厘米）	立定跳远（厘米）	1分钟仰卧起坐（次）	耐力跑800米（分·秒）
	100	3450	7.4	26.3	208	57	3′16″
优　秀	95	3400	7.5	24.4	202	55	3′22″
	90	3350	7.6	22.4	196	53	3′28″
良　好	85	3200	7.9	21.0	189	50	3′35″
	80	3050	8.2	19.5	182	47	3′42″

续表

等　级	单项得分（分）	肺活量（毫升）	50米跑（秒）	坐位体前屈（厘米）	立定跳远（厘米）	1分钟仰卧起坐（次）	耐力跑800米（分·秒）
及　格	78	2950	8.4	18.2	179	45	3′47″
	76	2850	8.6	16.9	176	43	3′52″
	74	2750	8.8	15.6	173	41	3′57″
	72	2650	9.0	14.3	170	39	4′02″
	70	2550	9.2	13.0	167	37	4′07″
	68	2450	9.4	11.7	164	35	4′12″
	66	2350	9.6	10.4	161	33	4′17″
	64	2250	9.8	9.1	158	31	4′22″
	62	2150	10.0	7.8	155	29	4′27″
	60	2050	10.2	6.5	152	27	4′32″
不及格	50	2010	10.4	5.7	147	25	4′42″
	40	1970	10.6	4.9	142	23	4′52″
	30	1930	10.8	4.1	137	21	5′02″
	20	1890	11.0	3.3	132	19	5′12″
	10	1850	11.2	2.5	127	17	5′22″

附表 3-6　大学生加分指标测试项目评分表一　　　（单位：次）

加　分	引体向上（男）		1分钟仰卧起坐（女）	
	大一、大二	大三、大四	大一、大二	大三、大四
10	10	10	13	13
9	9	9	12	12
8	8	8	11	11
7	7	7	10	10
6	6	6	9	9
5	5	5	8	8
4	4	4	7	7
3	3	3	6	6
2	2	2	4	4
1	1	1	2	2

　　注：引体向上（男）、1分钟仰卧起坐（女）均为高优指标，学生成绩超过单项评分100分后，以超过的次数所对应的分数进行加分。

附表 3-7　大学生加分指标测试项目评分表二　　　　　（单位：分·秒）

加　分	1000 米跑（男）		800 米跑（女）	
	大一、大二	大三、大四	大一、大二	大三、大四
10	−35″	−35″	−50″	−50″
9	−32″	−32″	−45″	−45″
8	−29″	−29″	−40″	−40″
7	−26″	−26″	−35″	−35″
6	−23″	−23″	−30″	−30″
5	−20″	−20″	−25″	−25″
4	−16″	−16″	−20″	−20″
3	−12″	−12″	−15″	−15″
2	−8″	−8″	−10″	−10″
1	−4″	−4″	−5″	−5″

注：1000 米跑（男）、800 米跑（女）均为低优指标，学生成绩低于单项评分 100 分后，以减少的秒数所对应的分数进行加分。